Aktuarisch fundierte Ruhestandsplanung

Stefan May

Aktuarisch fundierte Ruhestandsplanung

Analyse und Optimierung finanzieller Lebensentscheidungen

Springer Gabler

Stefan May
Quirin Privatbank AG
Berlin, Deutschland

ISBN 978-3-658-51937-7 ISBN 978-3-658-51938-4 (eBook)
https://doi.org/10.1007/978-3-658-51938-4

Springer Gabler ist ein Imprint der eingetragenen Gesellschaft Springer Fachmedien Wiesbaden GmbH und ist ein Teil von Springer Nature.
Die Anschrift der Gesellschaft ist: Abraham-Lincoln-Str. 46, 65189 Wiesbaden, Germany

„To avoide the tediouse repetition of these wordes: is equalle to: I will sette as I doe often in woorke use, a paire of parallele, or gemowe lines of one lengthe: =, bicause noe .2. thynges, can be moare equalle."

Robert Recorde, The Whetstone of Witte, 1557[1]

[1]Glaubt man Ian Stewart (2012), dann wird in diesem Zitat erstmalig die Konvention erwähnt, die Identität von zwei Sachverhalten durch zwei parallele, übereinander liegende Linien („gemowe lines" = Zwillingslinien) auszudrücken. Die erwähnte Motivation, sich durch diese Praxis „tediouse repetition" zu ersparen, ist – neben der Vermeidung von Missverständnissen – der wichtigste Grund, warum auch im vorliegenden Buch so viele Gleichungen vorzufinden sind.

Vorwort

Das vorliegende Buch behandelt ausgewählte Themen und Zusammenhänge, die mich in mehr als vier Jahrzehnten als Professor für Finanzmarktanalyse und als Praktiker des Anlagemanagements von ihrer herausragenden praktischen Relevanz überzeugt haben. Als Leser begeben Sie sich auf eine Reise durch die entscheidenden Etappen einer Finanz- und Ruhestandsplanung.

Dabei ist der Anspruch eine bewusst integrierte Perspektive: Finanzmarktanalyse und Finanzplanung einerseits und Aktuarwissenschaften andererseits werden nicht als getrennte Disziplinen präsentiert, sondern als zwei Seiten derselben Medaille. Eine fundierte Lebens- und Ruhestandsplanung kommt ohne finanzmathematische Logik in der Anspar- und Entnahmephase ebenso wenig aus wie ohne die aktuarische Betrachtung der Langlebigkeit und der entsprechenden Absicherungsmechanismen. Eine solche geschlossene Darstellung beider Blickwinkel fehlte bislang – zu oft werden Modelle der Kapitalanlage und Modelle der Lebensrisiken nebeneinandergestellt, ohne sie methodisch und praktisch miteinander zu verzahnen. Dieses Buch schließt genau diese Lücke.[2]

Noch immer bewegen sich Spezialisten der Finanzmarktanalyse und versicherungsmathematisch versierte Experten in getrennten Welten – mit jeweils eigener Sprache, eigenen Kennzahlen und eigenen Modellen. Das vorliegende Werk versteht sich als Brücke zwischen diesen Welten. Es zeigt, wie sich Kapitalmarktperspektiven und biometrische Realitäten zu konsistenten Entscheidungen zusammenführen lassen: von der zielorientierten Sparphase über die Gestaltung robuster Entnahmeregeln bis hin zu Lösungen, die Langlebigkeit adressieren, ohne sich dabei auf klassische Versicherungsprodukte zu beschränken.

Gedacht ist dieses Buch insbesondere für Anlage- und Vermögensberaterinnen und -berater, die ihre Kundinnen und Kunden ganzheitlich durch die Ruhestandsplanung begleiten – und dabei aktuarische Aspekte nicht länger ausklammern wollen. Es bietet einen belastbaren, lebensphasenübergreifenden Ansatz, der unmittelbar umsetzbar ist: klare Formeln, deren Lösungen wertvolle Referenzpunkte liefern, nachvollziehbare Rechenschritte, und insgesamt einen integrierten Ansatz, der sich an realen Entscheidungsproblemen orientiert. Die vorgeschlagenen Lösungen verstehen sich dabei ausdrücklich als Startpunkte, nicht als Dogmen: Wer auf Dauer gute Entscheidungen treffen

[2] Auf der theoretischen Ebene ist das bereits weitgehend geleistet, beispielsweise von Charupat, Huang und Milevsky (2012). Was bis dato fehlt, ist eine integrierte praxistaugliche Darstellung, insbesondere für den deutschsprachigen Leserkreis.

will, braucht beides – rational fundierte Referenzlösungen und die Flexibilität, davon in begründeten Fällen abzuweichen.

Um das Verständnis der besprochenen Zusammenhänge zu vertiefen, sind Leserinnen und Leser ausdrücklich eingeladen, mit den präsentierten Gleichungen zu arbeiten, Annahmen bewusst zu variieren und die Konsequenzen zu durchdenken. Dabei werden sie von einer Vielzahl vollständig durchgerechneter Beispiele unterstützt. Neben der inhaltlichen Durchdringung der Themen entsteht dadurch zugleich ein praktischer Kompass: für Sparraten, die tatsächlich zum Ziel führen; für Entnahmepläne, die Gegenwartskonsum und die Risiken eines hohen Alters austarieren; für Aktienquoten, die Risikotragfähigkeit und Zeithorizont berücksichtigen; in einem Wort: für Lösungen, die biometrische Risiken nicht ignorieren oder wegdefinieren, sondern methodisch einbinden.

Wenn dieses Buch dazu beiträgt, die erwähnten fachlichen Silos aufzubrechen und die praktische Finanzplanung um das zu erweitern, was ihr oft fehlt – die systematische Verbindung von Markt und Mensch, von Rendite und Biometrie –, dann erfüllt es seinen Zweck. Möge es seinen Leserinnen und Lesern in der Beratung wie in der persönlichen Planung ein zuverlässiger Begleiter sein: präzise, pragmatisch, und dem Ziel verpflichtet, aus guten Modellen vernünftige Entscheidungen abzuleiten.

Literatur

Charupat, N., Huang, H., Milevsky, M. A., 2012, Strategic Financial Planning over the Life Cycle, Cambridge University Press.

Stewart, I., 2012, Seventeen equations that changed the world, Profile Books, London.

Grußwort des Vorstandsvorsitzenden der Quirin Privatbank AG

Es gibt zwei Arten der Ruhestandsplanung: eine daten- und eine menschen-zentrierte. Nach meiner Überzeugung sind beide unverzichtbar. Einerseits sollte jede Empfehlung methodisch sauber begründet und auf belastbaren Fakten aufgebaut sein – damit sind wir bei der daten-zentrierten Perspektive. Andererseits bleiben selbst die besten methodischen Konzepte wirkungslos, wenn sie die Menschen nicht erreichen. Und damit sind wir bei der menschen-zentrierten Ruhestandsplanung.

Damit dürfte bereits deutlich geworden sein, dass es nicht darum gehen kann, den einen Ansatz gegen den anderen auszuspielen oder darüber zu diskutieren, welcher wichtiger ist. Aus meiner Sicht stehen beide vielmehr in einem komplementären Verhältnis zueinander. Eine daten-zentrierte Ruhestandsplanung greift zu kurz, wenn sie die Menschen und ihre konkrete Lebenssituation nicht umfassend berücksichtigt. Umgekehrt verliert eine menschen-zentrierte Ruhestandsplanung ohne eine methodisch fundierte Grundlage schnell an Glaubwürdigkeit. Erst das Zusammenspiel beider Perspektiven ermöglicht eine Ruhestandsplanung, die den Menschen wirklich gerecht wird.

Mit dem vorliegenden Buch hat unser Leiter Anlagestrategie und Produktentwicklung, Prof. Dr. Stefan May, einen wichtigen Meilenstein auf dem Gebiet der daten-zentrierten Ruhestandsplanung gesetzt. Als besonders gelungen empfinde ich die integrierte Darstellung relevanter versicherungsmathematischer und finanzwirtschaftlicher Ansätze sowie die konsequente Zusammenfassung unterschiedlichster Methoden zu einem geschlossenen Beratungskonzept, das sowohl die Anspar- als auch die Auszahlphase umfasst.

Leider spielt ein derart integrierter Ansatz in der Beratungspraxis der Finanzbranche bislang noch eine viel zu geringe Rolle. Ich bin jedoch überzeugt, dass sich das in den kommenden Jahren ändern wird. Der Zugewinn an Beratungsqualität, der dadurch möglich wird, ist schlicht zu groß, um darauf zu verzichten.

Die in diesem Buch dargestellten Methoden und Ansätze bieten jeder Beraterin und jedem Berater die Chance, wertvolle Kompetenzen in der Altersvorsorge und Ruhestandsplanung zu entwickeln – und sich damit in einem zunehmend wichtigen Beratungsfeld einen nachhaltigen Wettbewerbsvorteil zu erarbeiten.

Karl Matthäus Schmidt
Vorstandsvorsitzender der Quirin Privatbank AG
Autor des SPIEGEL-Bestsellers *„Geld im Glück"*

Danksagung

Meine Tätigkeit als Leiter Anlagemanagement und Produktentwicklung der Quirin Privatbank gab und gibt mir nach wie vor die Gelegenheit, die theoretische Phase meiner beruflichen Laufbahn als Hochschullehrer durch eine immer wieder aufs Neue inspirierende Praxis des Anlagemanagements abzurunden. Insbesondere fand ich dort Kollegen vor, die – vermutlich ohne sich dessen bewusst zu sein - indirekt zum vorliegenden Buch beigetragen hat und denen ich daher danken möchte. Besonderen Dank schulde ich hierbei Arndt und Philipp, mit denen zu diskutieren immer eine Bereicherung ist. Karl Matthäus Schmidt, dem Vorstandsvorsitzenden, wiederum bin ich ausdrücklich dankbar für seine unter Vorständen nicht allzu verbreitete Eigenschaft, wirklich zuzuhören.

Mein Dank gilt aber auch allen involvierten Mitarbeitern und Mitarbeiterinnern des Springer Verlags für die unkomplizierte Zusammenarbeit, insbesondere Herrn Guido Notthoff und Frau Andrea Ramachandran.

Das vorliegende Buch ist vor allem in den frühen Morgenstunden handschriftlich an unserem Küchentisch entstanden, insbesondere aber auch in den Abendstunden an meinem PC. Von daher hätte es nie fertiggestellt werden können, wenn meine Frau Stefanie nicht bereit gewesen wäre, dies und die damit einhergehende (geistige) Abwesenheit hinzunehmen. Vor allem ihr gilt daher mein ganz besonderer Dank.

Lebenslauf und Informationen

Prof. Dr. Stefan May
Neuhaus 1
97 478 Knetzgau
Geboren 1956 in Regensburg
Verheiratet, zwei erwachsene Kinder
Tel.: 0170 – 32 79 112; e-Mail: Stefan.May@ikf-online.de

Prof. Dr. Stefan May war über 30 Jahre Professor für „Banken, Finanzmarktanalyse und Portfoliomanagement" an der Technischen Hochschule Ingolstadt. Aktuell leitet er den Bereich Produkteentwicklung und Anlagemanagement der Quirin Privatbank, die ihre Vermögensverwaltung vollständig auf eine wissenschaftliche und evidenzgetriebene Grundlage gestellt hat.

Verwendete Symbole

Kapitel 2

r	einfacher Monatszins in der Anspar- bzw. Entnahmephase (d. h. wenn der Jahreszins beispielsweise 6 % beträgt, gilt $r = 6\,\%/12 = 0{,}5\,\% = 0{,}005$).
FV	zukünftiger Vermögenswert („Future Value“).
PV	aktueller Vermögenswert/Anfangsbetrag („Present Value“).
EV	geplantes (End)Vermögen, das am Ende der Entnahmephase zur Verfügung stehen soll.
BQ	zu Beginn der Entnahmephase festgelegtes Vermögen, das – bis dahin verzinst und entsprechend vermehr – am Ende der Entnahmephase vererbt werden soll.
T	Anlage- bzw. Entnahmezeitraum in Monaten.
S	monatliche Zuzahlung (die gegebenenfalls jeden Monat um g erhöht wird).
E	monatliche Entnahme (die gegebenenfalls jeden Monat um g erhöht wird).
g	monatliches prozentuales Wachstum von Zuzahlungen bzw. Entnahmen.

Kapitel 3

$\tilde{T}_x$	verbleibende Lebensspanne einer Person im Alter von x Jahren (Zufallsvariable, die wir manchmal auch – nicht ganz korrekt – als Lebenserwartung bezeichnen).
$E(\tilde{T}_x)$	Erwartungswert der Lebensspanne einer Person im Alter von x Jahren (eigentlich die korrekte Lebenserwartung).
m	Modalwert („Modus“) der Lebensspanne einer neu geborenen Person; Modalwert der Zufallsvariable $\tilde{T}_1$.
b	Streuungsparameter, der die Unsicherheit in der Lebensspanne ausdrückt.
q_x	Wahrscheinlichkeit, dass eine x Jahre alte Person ihren (x+1)-ten Geburtstag nicht erleben wird.
${}_xp_t$	Wahrscheinlichkeit, dass eine x Jahre alte Person (mindestens) noch weitere t Jahre leben wird [Kurzform von $W(\tilde{T}_x > t)$].

Kapitel 4

${}_xABWF$	aktuarischer Annuitätenfaktor einer unbefristeten Sofortrente von einer Geldeinheit pro Periode für eine x Jahre alte Person.
${}_xABWF_{(t-x)}$	aktuarischer Annuitätenfaktor einer unbefristeten, aber um $(t' - x)$ Perioden aufgeschobenen, d. h. in Periode t' $(t' > x)$ einsetzenden Zahlung von einer Geldeinheit pro Periode für eine x Jahre alte Person.

Kapitel 5

E_{t+1} Auszahlungen in $t + 1$ („zukünftig“)

E_t Auszahlungen in t („aktuell“)

$\ln\left(\frac{E_{t+1}}{E_t}\right)$ natürlicher Logarithmus des Auszahlungsquotienten $\frac{A_{t+1}}{A_t}$; gibt an, um wieviel Prozent die zukünftigen gegenüber den aktuellen Auszahlungen angepasst werden sollen

$E(\tilde{R})$ Erwartungswert der jährlichen Rendite $\tilde{R}$ eines in Aktien angelegten Vermögens, bzw. Erwartungswert der Rendite des Ruhestandsvermögens

i Inflationsrate

ρ individuelle Zeitpräferenzrate

${}_xp_1$ Wahrscheinlichkeit, dass eine aktuell x Jahre alte Person das vor ihr liegende Jahr überlebt (d. h. älter wird als $x + 1$ Jahre)

$\ln({}_xp_1)$ = natürlicher Logarithmus dieser „Überlebenswahrscheinlichkeit“; gibt an, wie stark sie sich im Verlauf des x-ten Lebensjahres prozentual reduziert (ausgehend von 100 %).

γ individueller Risikoaversionsparameter; misst die subjektive Risikotragfähigkeit des Anlegers

Kapitel 6

FK „Finanzkapital“, das insgesamt zur Verfügung stehende Anlagevermögen; setzt sich zusammen aus risikofreier Anlage GK („Geldkapital“) und AK („Aktienkapital“).

AK In Aktien investiertes Finanzkapital; idealerweise ein international breit gestreutes Portfolio.

GK In die risikolose Anlage investiertes Finanzkapital; idealerweise Geldmarktanlagen oder kurzlaufenden Anleihen ohne Ausfallrisiko.

HK „Humankapital“, Barwert aller sonstigen „Assets“ (insbesondere der Arbeitskraft) aus denen zukünftiges Einkommen generiert werden kann.

θ Aktienquote; Anteil des in Aktien angelegten Vermögens am Finanzvermögen (θ = AK/FK)

σ Risiko bzw. Volatilität p. a. der Aktienanlage

$VaR_{\alpha;t}$ „Value at Risk“; zeithorizontabhängige Risikokennzahl, die angibt, welches Renditeniveau nach t Jahren nur noch mit einer Wahrscheinlichkeit von α unterschritten wird.

$E(\tilde{R}_P)$ Erwartungswert der Rendite $\tilde{R}_P$ eines Portfolios. Das mit einer Quote von θ in Aktien und $(1-\theta)$ in eine risikolose Anlage zum Zinssatz r investiert ist.

P anderweitiges, regelmäßiges Pensionseinkommen, das nicht mit dem Vermögen aus der Kapitalanlage bestritten werden muss.

Kapitel 7

E_0 aktuell, d. h. zum Entscheidungszeitpunkt $t = 0$ zur Verfügung stehendes Einkommen

E_T zum Rentenantritt in T Jahren erforderliches Einkommen, welches denselben Lebensstandard sichern soll wie E_0 in $t = 0$.

S Sparleistung

Kapitel 8

$\bar{W}_T$	Risikopuffer, d. h. der Betrag, der nach Ablauf des befristeten Entnahmezeitraumes mit einer vorgegebenen Wahrscheinlichkeit noch mindestens zur Verfügung stehen soll
$\bar{W}$	am Anfang der Entnahmephase zur Verfügung stehendes Vermögen
$\tilde{W}_t$	stochastischer Vermögenswert am Ende der Periode t
$(1-\alpha)$	gefordertes Sicherheitsniveau
$N(x;y)$	Normalverteilte Zufallsvariable mit dem Erwartungswert x und der Standardabweichung y
C	pauschale prozentuale Marge, um welche die aktuarischen Barwertfaktoren im Rahmen der Optimierungen erhöht werden, um realitätsnahe Ergebnisse zu erhalten.
k	jährliche in Prozent des jeweils noch vorhandenen Vermögens anfallende Marge für Wertpapieranlagen.
E_{sofort}	Einkommen, das ab sofort aus einer Sofortrente bezogen werden kann
V_0	Preis einer Sofortrente
$\hat{E}$	anfängliche Entnahme aus einer Überbrückungsstrategie
V_0^a	Preis einer um a Jahre aufgeschobenen Leibrente, aus der nach der Ablauf der Aufschubfrist, dieselben Beträge entnommen werden können, wie aus einer Sofortrente

Kapitel 9

V_j	Depotwert am Anfang der Periode eines Anlegers im Alter von j Jahren
$E(\tilde{V}_j \mid \text{lebt})$	zu erwartender Depotwert der Tontine-Anlage am Periodenende, unter der Voraussetzung, dass der Depotinhaber am Periodenende noch lebt
$E(\tilde{L}_j)$	zu erwartende Solidaritätsprämie
SFQ	Korrekturfaktor (Selbstfinanzierungsquotient) mit der die erwartete Solidaritätsprämie an das tatsächliche Sterbegeschehen im Pool angepasst wird.
$L_j{*}$	die nach der Korrektur tatsächlich zufließende Solidaritätsprämie

Kapitel 10

$\widetilde{SPV}$	stochastischer Barwert („stochastic present value“) eines Auszahlungsplanes
C	pauschale Reduktion der Solidaritätsprämie, um eine möglichen Prämienminderung aufgrund adverser Selektion zu berücksichtigen
a	Überbrückungszeitraum für eine aufgeschobene Tontine
V_0	in eine Sofort-Tontine investierter Betrag
E_1	anfängliche Entnahme aus einer allgemeinen Entnahmestrategie
$\hat{E}$	anfängliche Entnahme aus einer Überbrückungsstrategie
V_0^a	in eine um a Jahre aufgeschobene Tontine investierter Betrag
E_{sofort}	aus einer Sofort-Tontine entnommene anfängliche Auszahlung
E_{a+1}	aus einer um a Jahre aufgeschobenen Tontine anfänglich entnommene Auszahlung

Inhalte

Liste der Abbildungen

Liste der Tabellen

1 Einleitung

Finanzielle Lebensplanung ist ein vielschichtiges und komplexes Thema. Es umfasst die möglichst konkrete Festlegung finanzieller Ziele, die Formulierung und Umsetzung angemessener Finanzstrategien zur Erreichung dieser Ziele, Vermögenszuwachs- und -entnahmestrategien, bis hin zur Planung eines auskömmlichen Lebensabends.

Bereits diese allgemeine Beschreibung einiger weniger ausgewählter Aspekte der Finanzplanung macht klar, dass ihre Themen beileibe nicht nur finanzwirtschaftlich-aktuarischer oder auch ökonomischer Natur sind, sondern bis in die Bereiche der Psychologie und Soziologie hineinreichen; wie schon gesagt: Finanzplanung ist ein weites Feld.

Im Laufe der Jahrzehnte hat sich die wissenschaftliche Forschung aus den unterschiedlichsten Gründen immer wieder mit Fragestellungen befasst, die im weitesten Sinne auch die Finanz- und insbesondere auch die finanzielle Ruhestandsplanung berühren. Manche Forscher haben ihre Ergebnisse formal dargestellt, sprich, sie haben sie in eine mathematische Form gebracht.

Die entsprechenden Formeln lassen sich häufig zweifach interpretieren. Zunächst kann man sie stets als eine präzise und unmissverständliche Antwort auf eine konkrete Fragestellung ansehen. Häufig aber sind sie mehr als das und bieten darüber hinaus im Rahmen einer Finanzplanung konkrete Entscheidungsunterstützungen.

Im vorliegenden Werk sind die relevantesten dieser Zusammenhänge thematisch zusammengefasst und die jeweiligen Hintergründe ausführlich dargestellt.

1.1 Wesentliche Inhalte

Ganz konkret wird der Weg vom Sparen bis zur Rente nachgezeichnet und es werden zentrale Fragen beantwortet, denen sich Privatanleger im Laufe ihres Lebens gegenübersehen – in Kapitel 2 zunächst noch unter der Annahme sicherer Verzinsungen und Planungshorizonte. Welche regelmäßige Sparleistung führt zu einem anvisierten Zielvermögen? Wie lange trägt dieses Vermögen, wenn bestimmte Beträge entnommen werden? Kalkulationen entsprechend dynamisierter Pläne – steigende Sparleistungen während des Berufslebens, flexible Entnahmen im Ruhestand – runden Kapitel 2 ab. Durch seinen Fokus auf

S. May, *Aktuarisch fundierte Ruhestandsplanung*,
https://doi.org/10.1007/978-3-658-51938-4_1

Berechnungen unter Sicherheit, stellt es zugleich eine praxisorientierte Darstellung grundlegender finanzmathematischer Zusammenhänge dar.

Im Zentrum von Kapitel 3 und 4 steht die große Unwägbarkeit, der jede Lebensphasen übergreifende Finanzplanung ausgesetzt ist: Nämlich, wie lange jeder von uns eigentlich noch zu leben hat. Da eine längere Lebenserwartung im Ruhestand auch längere Einkommensströme erfordert, muss jede realistische finanzielle Lebensplanung zwingend auch aktuarische Aspekte berücksichtigen. Diese werden durch das anerkannte Gompertz-Makeham-Mortalitätsmodell erfasst, dessen Grundstruktur in Kapitel 3 erläutert wird. Hierbei steht die Frage im Vordergrund, mit welcher Wahrscheinlichkeit einzelne Altersgruppen noch ein bestimmtes Lebensalter erreichen und wie breit die entsprechenden Lebensspannen statistisch gestreut sind. Die Integration aktuarischer Aspekte schafft die Unsicherheit über die verbleibende Lebensspanne zwar nicht aus der Welt, sie hilft aber, im Rahmen einer Finanzplanung auf rationale Weise mit ihr umzugehen.

Die Frage, was einen guten Entnahmeplan ausmacht, ist Gegenstand von Kapitel 5. Einerseits schützt er vor einem zu frühen Verbrauch des Vermögens, erlaubt andererseits aber auch einen angemessenen Gegenwartskonsum. Insbesondere aber kann er an veränderte Rahmenbedingungen angepasst werden – etwa hinsichtlich Alter, Vermögensstand oder Marktlage. Ausführlich wird ein konkreter Anpassungsmechanismus besprochen, der das gewährleistet.

Wer noch lange anlegen kann oder bereits aus anderen Quellen ein Einkommen bezieht, kann in der Regel mehr Schwankungen vertragen als jemand kurz vor der Rente, der ausschließlich auf Entnahmen aus seinem Vermögen angewiesen ist. Dieser Zusammenhang wird in Kapitel 6 in eine konkrete Gleichung gegossen, mit der zu jedem Zeitpunkt eine angemessene Aktienquote kalkuliert werden kann. Entsprechend dieser Formel verändert sich die Aktienquote im Verlauf des Lebens und sinkt entlang eines sogenannten „Gleipfades“ sukzessive ab.

Kapitel 7 widmet sich dem Sparverhalten. Zunächst wird abgeleitet, welches zukünftige Einkommen den heutigen Lebensstandard gewährleistet, welches Vermögen dafür (mindestens) erforderlich ist und mit welcher Sparleistung es erreicht werden kann.

In den abschließenden Kapiteln 8, 9 und 10 werden vor dem Hintergrund der in den vorherigen Kapiteln besprochenen aktuarischen und finanzwirtschaftlichen Zusammenhänge verschiedene Möglichkeiten analysiert, Entnahmepläne umzusetzen und hinsichtlich ihrer Vor- und Nachteile miteinander verglichen. Gegenstand von Kapitel 9 ist dabei die spezielle Frage, wie das sogenannte Langlebigkeitsrisiko auch ohne klassische Versicherung abgefedert werden kann. Als interessanteste Möglichkeit hierzu wird ausführlich die sogenannte „Tontine-Anlage“ vorgestellt, eine der ältesten Anlageformen überhaupt, die derzeit angesichts der weltweit erodierenden Alterssicherungssysteme sowohl in der Praxis als auch in der Theorie eine Art Renaissance erlebt.

Vor allem in den letzten Kapiteln des vorliegenden Buches werden verschiedene konkrete Vorschläge zur Gestaltung einer finanziellen Lebensplanung unterbreitet, durch die in der Erwerbszeit tragfähige Sparpläne und im Ruhestand stimmige Entnahmen realisiert werden können. Insgesamt ergibt sich auf diese Weise ein roter Faden, mit dessen Hilfe alle mit einer solchen Planung verbundenen Fragestellungen fundiert und alltagstauglich beantwortet werden können.

1.2 Zum „Umgang" mit den Berechnungsformeln

Die vorliegende Ausarbeitung ist prall gefüllt mit den unterschiedlichsten Berechnungsformeln. Die von den jeweiligen Formeln gelieferten Antworten und Lösungen sind dabei nicht als allgemeinverbindlich zu interpretieren, sondern lediglich als eine Art Referenzlösung. Bei Vorliegen entsprechender Gründe kann von ihnen – ja soll sogar! – in reflektierter Weise abgewichen werden.

Diese „Default-Lösungs-Eigenschaft" der dargestellten Formeln schmälert ihre Nützlichkeit in keiner Weise, im Gegenteil. Wer je vor einem finanzplanerischen Entscheidungsproblem gestanden hat, mit einer nahezu unübersehbaren Vielzahl an entscheidungsrelevanten Einflussgrößen, weiß, wie wertvoll ein einfacher und transparenter Referenzpunkt ist.

Wie man mit den abgedruckten Formeln am besten umgehen sollte, möchte ich gerne mit einer Analogie aus dem Zwischenmenschlichen verdeutlichen. Um eine Person wirklich kennen zu lernen, gibt es im Grunde zwei (sich durchaus ergänzende) Möglichkeiten. Die Erste besteht darin, sich über ihren gesamten Werdegang zu informieren. Man recherchiert Details aus ihrer Kindheit und Jugend, erfährt, durch welches Elternhaus und welche Peer-Group sie geprägt wurde; welche Ausbildungen sie absolviert hat; was sie bisher beruflich gemacht hat; ob sie verheiratet ist und Kinder hat – und dergleichen mehr.

Die zweite Möglichkeit des guten Kennenlernens besteht darin, mit der entsprechenden Person intensiv zusammen zu arbeiten. Selbst ohne Details ihrer Vita lernt man sie dadurch sehr gut kennen. Man stellt fest, wie kollegial und zuverlässig sie ist; wie sie unter Stress reagiert; welche Verhaltensweisen sie insgesamt charakterisieren usw. Vermutlich erfährt man dadurch mehr über die Person als durch sämtliche Details ihres bisherigen Werdegangs.

Analoges gilt für die in der vorliegenden Ausarbeitung enthaltenen Gleichungen und Formeln. Auf die Darstellung ihrer „Vita", sprich die Details ihrer Herleitung, wurde bewusst verzichtet. Stattdessen sollen Leserinnen und Leser mit den Gleichungen durch eine intensive Zusammenarbeit vertraut werden. Hierzu wurde eine Vielzahl von vollständig durchgerechneten Anwendungsbeispielen eingefügt, von denen die meisten mit einem Taschenrechner nachvollzogen werden können. Darüber hinaus ist es sehr erhellend, mit den Gleichungen durch Variation der Eingabeparameter herumzuexperimentieren. All das dient – wie auch eine enge berufliche Zusammenarbeit – dem gegenseitigen Kennenlernen.

Auf die wenigen Beispiele, die nicht unmittelbar mit einem einfachen Taschenrechner nachvollzogen werden können (bzw. nur unter Inkaufnahme eines großen rechnerischen Aufwands) wird ausdrücklich hingewiesen. Dies hat dann aber keine konzeptionelle Ursache, sondern liegt an einfachen Komplikationen, wie beispielsweise, dass Summen mit sehr vielen Summanden ermittelt werden müssen. Sämtliche Ergebnisse lassen sich mit Hilfe einer Tabellenkalkulation reproduzieren. Alternativ kann hierzu auch die Tabelle in Anhang 1 herangezogen werden. Die ausführliche Darstellung der jeweiligen grundsätzlichen Vorgehensweisen erlaubt aber auch in diesen Fällen ein tieferes Verständnis der entsprechenden Zusammenhänge.

Vor allem in den letzten Kapiteln zeigen die Beispiele häufig Ergebnisse quantitativer Optimierungskalküle. Diese können nicht unmittelbar nachvollziehen zogen werden, bzw. nur mit einer entsprechenden Software. In diesen Fällen bitte ich meine Leserinnen und Leser auf die Korrektheit der entsprechenden Ergebnisse zu vertrauen.

2 Mit welcher Sparleistung erreiche ich ein bestimmtes Vermögen und wie lange hält es?

Ausgangspunkt vieler Finanzplanungen ist ein bereits vorhandenes Vermögen, das weiter gesteigert werden soll. Das wird einerseits durch die Rendite der Anlage möglich, andererseits aber auch durch regelmäßige Zuzahlungen.

Ist schließlich ein bestimmtes Vermögen erreicht, stellt sich häufig die Frage der Dekumulation, d. h. welche Beträge regelmäßig entnommen werden können, ohne dass das Vermögen am Ende unter einen bestimmten festgelegten Endwert fällt. Verknüpft man nun diese beiden Phasen – Ansparung und Dekumulation –, dann steht als Ausgangpunkt einer differenzierteren Finanzplanung ein Grundmodell der Vermögensbildung und -verwendung zur Verfügung.

Dieses Grundmodell lässt sich wie folgt veranschaulichen:

Abbildung 2.1 zeigt die Vermögensakkumulation während einer 25-jährigen Ansparung von 400 € monatlich (Startvermögen = 100.000 €) und den (teilweisen) Vermögensverzehr sowie die jährlichen Entnahmen in einer 20 Jahre andauernden Dekumulationsphase, in der ein anfänglicher Monatsbetrag von 3.000 € entnommen wird, der jährlich mit der Inflationsrate von 2 % ansteigt. Hierbei wurde für die Ansparphase eine zu erwartende Rendite von 8 % p. a. und eine Volatilität von 15 % p. a. unterstellt. Für die Entnahmephase dagegen entsprechend reduzierte 4 % bzw. 4,5 %.[1]

2.1 Relevante Fragen in der Ansparphase

Um konkrete Fragen beantworten zu können, welche die Ansparphase betreffen, verwenden wir eine Art Basisformel der Zinseszinsrechnung, wie sie im Grunde in jedem Lehrbuch zur Finanzmathematik dargestellt ist, z.B. in Heitmann, Skill ud Weiß (2022). Sie stellt einen funktionalen Zusammenhang zwischen den folgenden sechs Größen her: Start- und Zukunftswert des Vermögens (*PV* und *FV*), monatliche Zuzahlung sowie deren

[1] Diese Wertentwicklungsszenarien wurden – gewissermaßen als Vorgriff auf spätere Kapitel – auf Grundlage stochastischer Renditen erstellt, obwohl in Kapitel 2 noch von Entscheidungen unter Sicherheit ausgegangen wird.

S. May, *Aktuarisch fundierte Ruhestandsplanung*,
https://doi.org/10.1007/978-3-658-51938-4_2

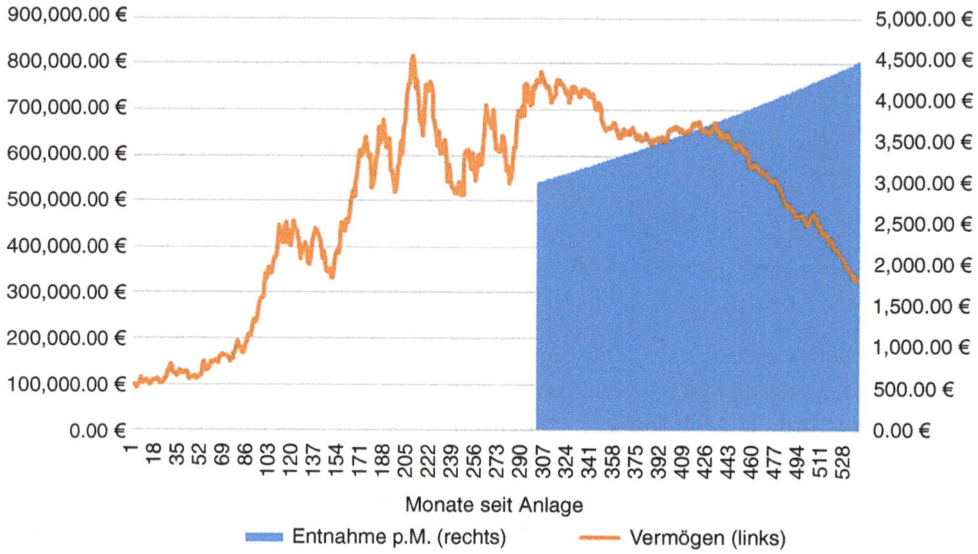

Abb. 2.1 Das Grundmodell der Ruhestandsplanung: Stochastische Entwicklung von Vermögen und Auszahlungen einer 25-jährigen Anspar- und einer 20-jährigen Entnahmephase

jährliche Anpassung (S und g) und schließlich den monatlichen Zinssatz in der Ansparphase sowie die Anlagedauer in Jahren (r und T).

Man kann sich diese Funktion als eine Art Computer vorstellen, in den die exakten Zusammenhänge zwischen den oben genannten Größen einprogrammiert wurden und der immer eine Antwort gibt, je nachdem, nach welcher Größe gefragt wird.

Zunächst werden wir uns mit den beiden wichtigsten Fragen einer Ansparphase befassen: Erstens nach der Höhe des zukünftigen Vermögenswertes bei gegebener Sparleistung und zweitens nach der erforderlichen monatlichen Sparleistung, um ein bestimmtes Vermögensziel zu erreichen. Zunächst zur ersten Frage:

Wie hoch ist mein zukünftiges Vermögen?

Der zukünftige, d. h. nach T Monaten (bzw. $T/12$ Jahren) vorliegende Wert FV eines Startvermögens PV sowie einer monatlichen Zuzahlung in Höhe von S, ergibt sich bei einem Monatszins[2] in Höhe von r als:

$$FV = PV(1+r)^T + S\left[(1+r)^T - 1\right]\frac{1}{r} \qquad (2.1)$$

[2] Üblicherweise werden Zinssätze als Jahreswerte (p. a.) angegeben. Um die folgenden Formeln nicht zu unübersichtlich werden zu lassen, bezeichnen wir r als Monatszins, d. h. r = Jahreszins/12.

Hierbei ist $PV(1+r)^T$ der zukünftige Wert des Anfangsvermögens und $S\left[(1+r)^T-1\right]\frac{1}{r}$ der zukünftige Wert der monatlichen Zuzahlungen.

Beispiel:

Wir gehen von einer monatlichen Sparleistung in Höhe von 300 € aus, die über 20 Jahre bezahlt wird. Ferner ist ein Anfangsvermögen von 150.000 € vorhanden, das sich gemeinsam mit den jeweiligen Sparbeträgen jährlich mit 4,80 % verzinst. Nun wollen wir wissen, über welches Vermögen wir nach 20 Jahren verfügen können. Lösung: Das Anfangsvermögen ist nach 20 Jahren auf $150.000\ €\left(1+\frac{0,048}{12}\right)^{20*12}=391.005,02\ €$ *angewachsen. Die Zuzahlungen, die ja ebenfalls verzinst angelegt werden, summieren sich auf einen Zukunftswert von* $300\ €\left[\left(1+\frac{0,048}{12}\right)^{20*12}-1\right]\frac{12}{0,048}=120.502,51\ €$. *Insgesamt beträgt das Vermögen in 20 Jahren daher 391.005,02 € + 120.502,51 € = 511.507,53 €.* ◄

Häufig hat man in der Ansparphase jedoch ein bestimmtes Vermögensziel vor Augen und möchte wissen, welche Sparleistung nötig ist, um dieses Ziel zu erreichen. Damit sind wir bei der zweiten relevanten Fragestellung.

Wieviel muss ich sparen, um ein bestimmtes Vermögen zu erreichen?

Um diese Frage zu beantworten, kann dieselbe Formel benutzt werden, wie bei der ersten Frage. Hierzu muss sie lediglich etwas umgestellt und nach S aufgelöst werden:

$$S=\frac{FV-PV(1+r)^T}{\left[(1+r)^T-1\right]\frac{1}{r}} \tag{2.2}$$

Insgesamt soll das Vermögensziel FV erreicht werden. Dazu trägt einerseits das bereits vorhandene Startvermögen PV bei, andererseits aber auch die Sparleistung, deren Höhe ja ermittelt werden soll. Das Anfangsvermögen wird nach T Monaten auf $PV(1+r)^T$ angewachsen sein. Darum wird dieser Wert oberhalb des Bruchstrichs von FV abgezogen, so dass dort nur noch der Betrag $FV-PV(1+r)^T$ steht, der mittels Sparleistung erreicht werden muss, um insgesamt auf FV zu kommen. Die Division durch $\left[(1+r)^T-1\right]\frac{1}{r}$ wandelt diesen Betrag in eine Sparleistung um.

Beispiel:

Wir stellen uns einen 50-jährigen Mann vor, der mit 65 in den Ruhestand gehen möchte. Er hat ausgerechnet, dass er hierzu bei Rentenantritt 500.000 € benötigt. Es ist bereits ein Vermögen in Höhe von 200.000 € vorhanden und er möchte nun wissen, wieviel er monatlich sparen muss, um sein Vermögensziel von 500.000 € zu erreichen. Wir unterstellen eine Verzinsung von 3,50 % p. a. Lösung: Das vorhandene Vermögen wird in 15 Jahren auf $200.000\,€\left(1+\frac{0,035}{12}\right)^{15*12} = 337.833,52\,€$ *angewachsen sein. Mit der Sparleistung muss also „nur" noch ein Betrag von 500.000 € – 337.833,52 € = 162.166,48 € erreicht werden. Division dieses Betrags durch* $\left[\left(1+\frac{0,035}{12}\right)^{15*12}-1\right]\frac{12}{0,035}$ *liefert uns den entsprechenden Wert:*

$$S = \frac{500.000\,€ - 337.833,52\,€}{\left[\left(1+\frac{0,035}{12}\right)^{15*12}-1\right]\frac{12}{0,035}} = \frac{162.166,48\,€}{236,29} = 686,30\,€$$

Es müssen somit monatlich 686,30 € gespart werden, um das Vermögensziel zu erreichen. ◄

2.2 Relevante Fragen in der Entnahmephase

Analog zur Ansparphase unterstellen wir auch für die Entnahmephase zunächst einen allgemeinen funktionalen Zusammenhang, der die Abhängigkeiten zwischen den relevanten Größen beschreibt:

$$PV = \frac{EV}{(1+r)^T} + E\left[1 - \frac{1}{(1+r)^T}\right]\frac{1}{r} \tag{2.3}$$

Mit der Gleichung (2.3) wird der Barwert PV einer T Jahre geleisteten jährlichen Zahlung E in Abhängigkeit vom „Restwert" EV sowie vom Zinssatz r ermittelt. (2.3) lässt sich auch etwas kompakter wie folgt schreiben:[3]

$$PV = EV(1+r)^{-T} + E\left[1-(1+r)^{-T}\right]r^{-1} \tag{2.3'}$$

[3] Bei der Umstellung wurde der Zusammenhang $\frac{1}{x^T} = x^{-T}$ benutzt.

Die verschiedenen Größen in (2.3) bzw. (2.3)′sind folgendermaßen zu interpretieren: *PV* ist nun der zu Beginn der Entnahmephase vorhandene Geldbetrag, *EV* der Betrag, der am Ende noch zur Verfügung stehen soll, *E* die monatliche Entnahme, *r* der monatliche Zinssatz in der Entnahmephase und *T* deren Dauer in Monaten.

Beispiel:

Ein kurz vor seinem Ruhestand stehender Angestellter möchte wissen, welchen Betrag er bei einem Zinssatz von 3 % p. a. anlegen muss, um 40 Jahre lang ein Einkommen von 3.000 € monatlich zu beziehen. Allerdings soll sein Depot am Ende noch ein Guthaben von 150.000 € aufweisen. Lösung: Um am Ende noch 150.000 € verfügbar zu haben, muss er heute den Betrag $150.000\ €\left(1+\frac{0,03}{12}\right)^{-40*12} = 45.286,84\ €$ *anlegen. Um die regelmäßigen Zahlungen von 3.000 € monatlich finanzieren zu können, benötigt er* $3.000\ €\left[1-\left(1+\frac{0,03}{12}\right)^{-40*12}\right]\frac{12}{0,03} = 838.025,29\ €$. *Insgesamt benötigt er daher 838.025,29 € + 45.246,84 € = 883.272,13 €* ◄

Neben der Frage, welchen Betrag man benötigt, um einen bestimmten Zahlungsstrom zu finanzieren, stehen in der Entnahmephase vor allem zwei Fragen im Vordergrund. Erstens, die Höhe des Betrages, der über eine bestimmte Anzahl von Jahren entnommen werden kann, ohne dass das Vermögen einen vorgegebenen Endwert unterschreitet; und zweitens der Zeitraum, den das Vermögen ausreicht, um feststehende Entnahmen zu finanzieren, so dass am Ende noch ein bestimmter Betrag vorhanden ist.

Wieviel kann monatlich entnommen werden?

Um die die erste Frage konkret beantworten zu können, muss Gleichung *(2.3)′* nach *E* aufgelöst werden:

$$E = \frac{PV - EV(1+r)^{-T}}{\left[1-(1+r)^{-T}\right]r^{-1}} \tag{2.4}$$

Beispiel:

Ein frisch gebackener Pensionist, der gerade 68 Jahre alt geworden ist, rechnet damit, 100 Jahre alt zu werden. Um seinen Lebensstandard in den ihm verbleibenden 32 Jahren finanzieren zu können, hat er bereits 700.000 € angespart. Er möchte aber seiner Enkelin ein Erbe in Höhe von 250.000 € hinterlassen. Nun möchte er wissen, wieviel er monatlich entnehmen kann. Er rechnet mit einem Zinssatz von 2,5 %

p. a. Lösung: Um seiner Enkelin in 32 Jahren 250.000 € hinterlassen zu können, muss er bereits heute $250.000\,€\left(1+\frac{0,025}{12}\right)^{-32*12} = 112.425,76\,€$ *gewissermaßen beiseitelegen und separat anlegen. Für seine Entnahmen stehen ihm daher nur noch 700.000 € – 112,425,76 € = 587.574,24 € zur Verfügung. Dieser Betrag wird durch die Division durch* $\left[1-\left(1+\frac{0,025}{12}\right)^{-32*12}\right]\frac{12}{0,025}$ *in eine monatliche Zahlung umgewandelt:* $S = \frac{587.574,24\,€}{\left[1-\left(1+\frac{0,025}{12}\right)^{-32*12}\right]\frac{12}{0,025}} = \frac{587.574,24\,€}{264,14} = 2.224,48\,€.$ *Es stehen ihm also 2.224,48 € monatlich zur Verfügung.* ◄

Wie lange hält mein Vermögen?

In den meisten Fällen wissen Anleger durchaus, wieviel Geld sie monatlich benötigen, um ihren gewohnten Lebensstandard aufrecht erhalten zu können. Aber sie haben in der Regel keine Vorstellung davon, wie lange es dauert, bis ein bestimmtes Vermögen durch die entsprechenden Entnahmen aufgebraucht ist.

Um diese Frage zu beantworten, müssen wir die Gleichung (2.3) nach T auflösen:[4]

$$T = \frac{1}{\ln(1+r)} * \ln\left(\frac{E}{E - r * PV}\right) \tag{2.5}$$

Die Formel gibt uns die Information, wie lange ein zu Beginn der Entnahmephase zur Verfügung stehendes Vermögen PV hält, wenn monatlich der Betrag E entnommen wird.

Man beachte, dass die obenstehende Formel nur für Konstellationen definiert ist, in denen die Monatsentnahme E größer ist als der monatliche Zinsertrag, d. h. $E > r*PV$. Anderenfalls würde das Vermögen nie aufgebraucht werden.

Beispiel:

Wir bleiben bei dem frisch gebackenen Pensionisten des letzten Beispiels, der gerade 68 Jahre alt geworden ist, bereits 700.000 € angespart hat und damit rechnet, 100 Jahre alt zu werden. Bei einer Entnahmedauer von 32 Jahren, einer geplanten Vererbung von

[4] Hierbei unterstellen wir EV = 0. Gleichung (2.5) herzuleiten ist technisch etwas komplizierter als die bisherigen Umformungen, weil nun nach der Größe T aufgelöst werden muss, die in (2.3) ja im Exponenten steht. Das ist der Grund, warum in (2.5) nun plötzlich das Zeichen ln für den sogenannten natürlichen Logarithmus eine Rolle spielt. Angeblich wurde eine Version der Gleichung erstmals von keinem Geringerem als dem berühmten Mathematiker Leonardo Fibonacci verwendet, obwohl damals Logarithmen noch unbekannt waren. Siehe hierzu Milevsky (2010).

250.000 € und einem Zinssatz von 2,5 % p. a. standen ihm monatlich 2.224,48 € zur Verfügung. Dieser Betrag ist ihm nun aber zu gering. Stattdessen möchte er 4.000 € monatlich haben und er stellt sich die Frage, wie lange sein Vermögen hält, wenn er darauf verzichtet, etwas zu vererben. Lösung: Zunächst ermitteln wir den Logarithmus des Quotienten $\frac{E}{E - r * PV} = \frac{4.000}{4.000 - \frac{0,025}{12} * 700.000} = 1,5738$: $\ln(1,5738) = 0,4535$.

Diesen Wert teilen wir nun durch $\ln\left(1 + \frac{0,025}{12}\right) = \ln(1,002083) = 0,002081$ *und erhalten als Ergebnis 0,4535/0,002081 = 217,92 Monate bzw. gut 18 Jahre. Sein Vermögen reicht also nur bis zu seinem 86. Lebensjahr. Der Leser ist aufgefordert, die Formel einmal mit einer Entnahme von 3.000 € monatlich und/oder für den Fall auszuprobieren, in dem der Pensionist seiner Enkelin bereits zu Beginn des Entnahmezeitraumes 200.000 € als Schenkung überlässt.* ◄

2.3 Dynamisierte Ansparungen bzw. Entnahmen

Die bisher gestellten Fragen der Anspar- und der Entnahmephase lassen sich auch beantworten, wenn die Zuzahlungen bzw. Entnahmen nicht konstant sind, sondern monatlich beispielsweise an die Inflationsentwicklung angepasst werden. Die Beträge, die wir dann für S und E unterstellen bzw. erhalten, sind in solchen Fällen lediglich Anfangswerte, die in $t - 1$ zugezahlt bzw. entnommen und monatlich um den Prozentsatz g erhöht werden.

Wir unterstellen dabei, dass die erste, nach einem Monat ($t = 1$) geleistete Zuzahlung S beträgt, nach zwei Monaten $S(1 + g)^1$, nach drei Monaten $S(1 + g)^2$, nach vier Monaten $S(1 + g)^3$ usw. Analoges gilt für die Anpassung der Entnahmen.

Um die im letzten Abschnitt diskutierten Fragen auch unter der Voraussetzung dynamischer Zuzahlungen bzw. Entnahmen beantworten zu können, müssen die entsprechenden Formeln (2.1), (2.2), (2.4) und (2.5) wie folgt angepasst werden:[5]

$$FV = PV(1+r)^T + S\left[(1+r)^T - (1+g)^T\right]\frac{1}{r-g} \tag{2.1$'$}$$

$$S = \frac{FV - PV(1+r)^T}{\left[(1+r)^T - (1+g)^T\right]\frac{1}{r-g}} \tag{2.2$'$}$$

[5] Aus Gründen besserer Lesbarkeit sind r und g in den folgenden Formeln als Monatswerte zu verstehen und T als Entnahmedauer in Monaten.

$$E = \frac{PV - EV(1+r)^{-T}}{\left[1-(1+g)^{T}(1+r)^{-T}\right](r-g)^{-1}} \tag{2.4)'$$

$$T = \frac{1}{\ln(1+r) - \ln(1+g)} * \ln\left(\frac{E}{E-(r-g)*PV}\right) \tag{2.5)'$$

Die folgenden Beispiele sollen die Handhabung obenstehender Formeln verdeutlichen. Dabei unterstellen wir dieselben Vorgaben wie in den bisherigen Beispielen, mit dem einzigen Unterschied, dass wir nun von einem monatlichen Zuwachs der Zahlungen bzw. Entnahmen in Höhe von 0,16 % (d. h. 2 % p. a.) ausgehen.

Beispiel [zu Gleichung (2.1)′]:

Wir unterstellen eine monatliche Sparleistung über 20 Jahre in Höhe von anfänglich 300 €, die nun aber monatlich um 2 %/12 = 0,16666... % erhöht wird. Ferner ist ein Anfangsvermögen von 150.000 € vorhanden, das sich gemeinsam mit den jeweiligen Sparbeträgen jährlich mit 4,80 % verzinst. Nun wollen wir wissen, über welches Vermögen wir nach 20 Jahren verfügen können. Lösung: Das Anfangsvermögen ist nach 20 Jahren auf $150.000\,€\left(1+\frac{0,048}{12}\right)^{20*12} = 391.005,02\,€$ *angewachsen. Die dynamisch erhöhten Zuzahlungen, die ja ebenfalls verzinst angelegt werden, summieren sich auf einen Zukunftswert von*

$$300\,€\left[\left(1+\frac{0,048}{12}\right)^{20*12} - \left(1+\frac{0,02}{12}\right)^{20*12}\right]\frac{12}{0,048-0,02} = 143.404,98\,€.$$

Insgesamt beträgt das Vermögen in 20 Jahren daher 391.005,02 € + 143.404,98 € = 534.410 €. Diesen Wert vergleiche man mit den 511.507,53 €, die sich ergeben, wenn die monatliche Sparleistung konstant bleibt. ◄

Beispiel [zu Gleichung (2.2)′]:

Wir stellen uns einen 50-jährigen Mann vor, der mit 65 in den Ruhestand gehen möchte. Er hat ausgerechnet, dass er hierzu bei Rentenantritt 500.000 € benötigt. Es ist bereits ein Vermögen in Höhe von 200.000 € vorhanden und er möchte nun wissen, wieviel er monatlich (anfänglich) sparen muss, um sein Vermögensziel von 500.000 € zu erreichen. Wir unterstellen eine Verzinsung von 3,50 % p. a. sowie eine jährliche Erhöhung der Sparleistung um 2 %. Lösung: Das vorhandene Vermögen wird in 15 Jahren auf $200.000\,€\left(1+\frac{0,035}{12}\right)^{15*12} = 337.833,52\,€$ *angewachsen sein. Mit der Sparleistung muss also „nur" noch ein Betrag von 500.000 € – 337.833,52 € = 162.166,48 € erreicht werden. Division dieses Betrags* *durch* $\left[\left(1+\frac{0,035}{12}\right)^{15*12}-\left(1+\frac{0,02}{12}\right)^{15*12}\right]\frac{12}{0,035-0,02}=271,72$ *liefert uns den entsprechenden Wert:*

$S=\frac{162.166,48\ €}{271,72}=596,81\ €$. *Diesen Wert vergleiche man mit den 636,30 €, die monatlich gespart werden müssen, wenn die Sparleistung konstant bleibt.* ◄

Beispiel [zu Gleichung (2.4)′]:

Wir unterstellen wieder einen 68 Jahre alten, frisch gebackenen Pensionisten, der damit rechnet, 100 Jahre alt zu werden und seinen Lebensstandard über 32 Jahre mit den angesparten 700.000 € finanzieren möchte. Unverändert will er aber auch seiner Enkelin 250.000 € hinterlassen. Nun möchte er wissen, wieviel er im ersten Monat des Entnahmezeitraumes entnehmen kann, wenn er diese Entnahmen monatlich um 2 %/12 = 0,1666 % erhöht. Er rechnet mit einem Zinssatz von 2,5 % p. a.
Lösung: Um seiner Enkelin in 32 Jahren 250.000 € hinterlassen zu können, muss er bereits heute $250.000\ €\left(1+\frac{0,025}{12}\right)^{-32*12}=112.425,76\ €$ *gewissermaßen beiseitelegen und separat anlegen. Für seine Entnahmen stehen ihm daher nur noch 700.000 € – 112,425,76 € = 587.574,24 € zur Verfügung. Dieser Betrag wird durch die Division durch* $\left[1-\left(1+\frac{0,02}{12}\right)^{32*12}*\left(1+\frac{0,025}{12}\right)^{-32*12}\right]\left(\frac{0,025}{12}-\frac{0,02}{12}\right)^{-1}$ *in die erste (und dann monatlich erhöhte) Monatszahlung umgewandelt:*

$$S=\frac{587.574,24\ €}{\left[1-\left(1+\frac{0,02}{12}\right)^{32*12}*\left(1+\frac{0,025}{12}\right)^{-32*12}\right]\frac{12}{0,025-0,02}}=1.658,68\ €$$

Diesen Wert vergleiche man mit den 2.224,48 €, die er monatlich entnehmen könnte, wenn die Auszahlungen gleichblieben. ◄

Beispiel [zu Gleichung (2.5)′]:

Ein Vermögen in Höhe von 700.000 € aus einem der letzten Beispiele reichte ja rund 18 Jahre, um eine monatliche Entnahme von 4.000 € zu finanzieren. Nun möchte man wissen, wie lange es hält, wenn die Zahlungen an die jährliche Inflation in Höhe von 2 % angepasst, d. h. monatlich um $\frac{0,02}{12}$ *erhöht werden.*
Lösung: Zunächst ermitteln wir den Logarithmus des Quotienten $\frac{E}{E-(r-g)PV}$:

$\ln\left(\frac{4.000}{4.000-\frac{0,025-0,02}{12}*700.000}\right)=\ln(1,0787)=0,0758$. *Dieses Ergebnis* *teilen wir dann durch den Wert* $\ln\left(1+\frac{0,025}{12}\right)-\ln\left(1+\frac{0,02}{12}\right)=0,0004158869$. *Also: 0,0758/0,00041589 = 182,26. Wenn man sich also anfänglich 4.000 € auszahlen und diese Auszahlung monatlich um 2 %/12 = 0,1666 % ansteigen lässt, reicht das Vermögen 182,26 Monate, also rund 15 Jahre. Diesen Wert vergleiche man mit den gut 18 Jahren, die das Vermögen ausreicht, wenn monatlich konstant 4.000 € entnommen werden.* ◄

Zwei Arten von Risiken relevant

Alle bisher dargestellten Zusammenhänge und Formeln unterstellen Vermögensentwicklungen unter Sicherheit. Tatsächlich aber unterliegt jede Vermögensbildung gewissen Risiken, denn Gelder, welche eine einigermaßen attraktive Wertentwicklung aufweisen sollen, werden in der Regel nicht zu festen Zinssätzen, sondern an den Finanzmärkten angelegt. Dort hat man es aber mit Anlagen zu tun, welche eine stochastische Rendite abwerfen, was die Vermögensentwicklung unsicher macht. Dieses Marktrisiko beeinflusst die Vermögensentwicklung sowohl in der Anspar- als auch der Entnahmephase. Auf welche Weise man damit im Rahmen einer Finanzplanung umgehen sollte, ist Thema des sechsten Kapitels.

Im folgenden Kapitel werden wir uns zunächst mit einer anderen Art von Unsicherheit befassen, welche vor allem die Entnahmephase betrifft, nämlich der Ungewissheit, wie lange wir überhaupt noch zu leben haben, denn das bestimmt letztlich, wie lange unser Vermögen reichen muss.

Literatur

Milevsky, M. A., 2010, The 7 most important equations for your retirement, John Wiley & Sons.

Heitmann, D., Skill, T., Weiß, C., 2022, Finanzmathematik – Eine Einführung für Mathematik, Wirtschaftswissenschaften und Praxis, Springer Gabler.

3 Wie hoch ist meine Lebenserwartung und mit welcher Wahrscheinlichkeit werde ich wesentlich älter?

Die Frage, ob man die Vergänglichkeit des menschlichen Lebens mit Zahlen erfassen kann, beschäftigt vor allem Versicherungsmathematiker (die sogenannten Aktuare) bereits seit Jahrhunderten. Schon im 17. Jahrhundert wurden in England sogenannte Sterbetafeln erstellt, aus denen man für bestimmte Personen- und Altersgruppen Sterbewahrscheinlichkeiten ablesen konnte.[1]

Gleichzeitig gab es immer Bemühungen, das Ganze auch theoretisch zu verstehen und für die „Kraft der Vergänglichkeit" gewisse Gesetzmäßigkeiten abzuleiten.

Der bekannteste dieser Versuche geht auf Gompertz (1825) zurück, dessen Überlegungen von Makeham (1890) verfeinert und formalisiert wurden. Ausgangspunkt des sogenannten Gompertz-Makeham-Modells ist eine Beobachtung, die in den unterschiedlichsten empirischen Untersuchungen zur Sterblichkeit immer wieder gemacht wurde: Nämlich, dass die mit zunehmendem Lebensalter ansteigende Sterbewahrscheinlichkeit prozentual einen linearen Verlauf aufweist.

Um das zu verdeutlichen, betrachten wir als Beispiel Grafik in Abbildung 3.1, in welcher die für Deutschland empirisch ermittelten Sterbewahrscheinlichkeiten männlicher Personen im Alter zwischen 30 und 80 Jahren auf zwei Arten dargestellt sind.[2] Einmal in sogenannter Normalskalierung und zusätzlich noch in logarithmischer Skalierung. Letztere zeichnet sich dadurch aus, dass gleiche prozentuale Veränderungen auf der vertikalen Achse den gleichen Abstand einnehmen.[3] Die annähernde Linearität der logarithmisch skalierten Kurve ist ein deutlicher Hinweis, dass die prozentuale Zunahme der Sterbewahrscheinlichkeiten tatsächlich eine weitgehend konstante Größe ist.

[1] Bezeichnenderweise nennt man solche Tafeln im Englischen „life tables" wogegen man im Deutschen von „Sterbetafeln" spricht.

[2] Die Zahlen sind der sogenannten Kohortensterbetafel V2 des Statistischen Bundesamtes aus dem Jahr 2023 entnommen.

[3] Im Gegensatz zur Normalskalierung, bei der gleiche absolute Veränderungen den gleichen Abstand beanspruchen.

S. May, *Aktuarisch fundierte Ruhestandsplanung*,
https://doi.org/10.1007/978-3-658-51938-4_3

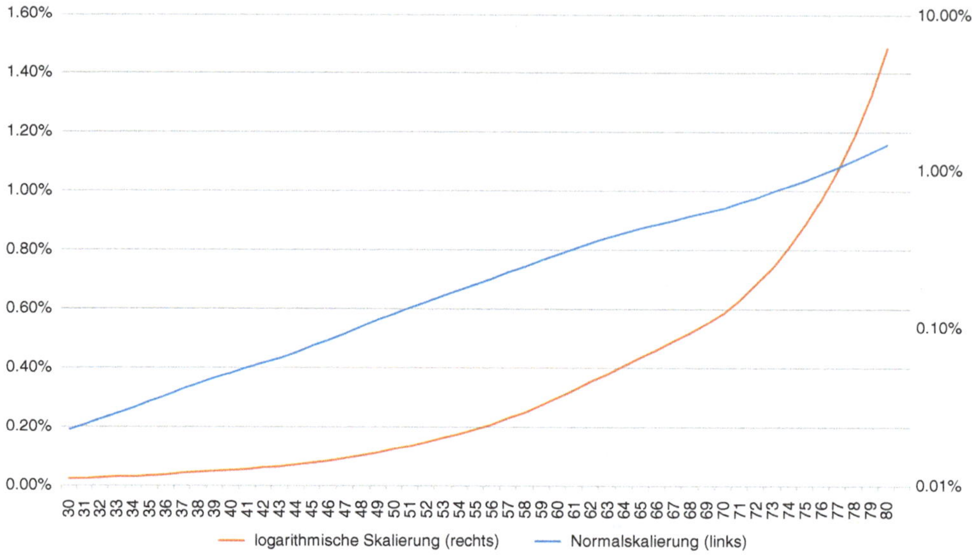

Abb. 3.1 Empirische Sterbewahrscheinlichkeiten für deutsche Männer im Alter zwischen 30 und 80 Jahren in logarithmischer und linearer Skalierung

Dass die Sterbewahrscheinlichkeiten mit zunehmendem Alter ansteigen, darüber wird sich vermutlich Niemand wundern,[4] dass dies aber mit einer konstanten Zuwachsrate geschieht, ist doch einigermaßen überraschend.

3.1 Grundstruktur des Gompertz-Makeham-Modells

Das Gompertz-Makeham-Modell hat ebenfalls die Eigenschaft einer linearen prozentualen Zunahme der Sterbewahrscheinlichkeiten. Im Zentrum des Modells steht die Größe q_x , durch welche die Wahrscheinlichkeit ausgedrückt wird, dass eine x Jahre alte Person im Verlauf des Jahres verstirbt. So ist beispielsweise q_{70} die Wahrscheinlichkeit, dass eine Person im Alter von 70 Jahren ihren 71. Geburtstag nicht mehr erleben wird.

Bezeichnet man die (stochastische) Lebensspanne einer x Jahre alten Person mit $\tilde{T}_x$, dann kann q_x wie folgt definiert werden:

$$q_x := W(x \leq \tilde{T}_x < x + 1) \tag{3.1}$$

und wird wie folgt bestimmt:

[4]Trotzdem gibt es die Vermutung, dass es für Personen, denen es gelungen ist, eine bestimmte Altersschwelle zu überschreiten, zumindest in dieser Weise nicht mehr gilt. Vergleiche hierzu Oeppen, Vaupel (2002).

$$q_x = 1 - e^{-\lambda_x} \tag{3.2}$$

Hierbei ist λ_x die bereits erwähnte und stetig zunehmende „Kraft der Vergänglichkeit", die auf eine x Jahre alte Person einwirkt[5], deren Sterbewahrscheinlichkeit sich kontinuierlich erhöht. In (3.2) wird unterstellt, dass diese „Todeskraft" im Intervall *[x;x+1]* konstant bleibt; anderenfalls müsste man (3.2) als $q_x = 1 - e^{-\int_x^{x+1} \lambda_x(t)dt}$ schreiben.[6]

Diese Kraft bestimmt sich im Gompertz-Makeham-Modell gemäß der folgenden Gleichung:

$$\lambda_x = \frac{1}{b} e^{\frac{x-m}{b}} \tag{3.3}$$

Es gilt daher:[7]

$$q_x = 1 - \exp(-\frac{1}{b} e^{\frac{x-m}{b}}) \tag{3.4}$$

x bezeichnet das Alter der Person, deren Sterbewahrscheinlichkeit ermittelt wird und m und b sind Funktionsparameter[8], welche die konkrete Form der Funktionen (3.3) und (3.4) festlegen. Für die folgenden Beispiele unterstellen wir $m = 90$ und $b = 10$, es sei denn, wir weisen ausdrücklich auf andere Parameterwerte hin.

Mini-Exkurs: Euler-Zahl

Die in (3.2) (und auch an anderen Stellen der vorliegenden Arbeit) verwendete Eulerzahl $e = 2{,}71828182\ldots$ findet sich in den meisten zeitstetigen Modellen, mit denen kontinuierliche Wachstumsprozesse beschrieben werden. Konkret ist e der Wert, den eine Population von 1 nach einer Periode erreicht hat, wenn sie sich in jeder von n Teilperioden anteilig verdoppelt, d. h., wenn die (stetige) Wachstumsrate 100 % beträgt und wenn $n \to \infty$ gilt. „Anteilig verdoppeln" meint, dass z. B. bei 4 Teilperioden der Zuwachs in jeder der vier Perioden 1/4 = 25 % beträgt und bei n Teilperioden $1/n$. Als Beispiel wählen wir die Entwicklung einer Population (Startwert = 1)

[5] In Analogie zu physikalischen Gesetzen könnte man λ_x auch als eine Größe interpretieren, welche für die Zunahme der Entropie im menschlichen Körper steht.

[6] Bzw. für den Fall, dass man monatliche Intervalle *[x;x+1/12]* möchte, als $q_x = 1 - e^{-1\int_x^{x+1/12} \lambda_x(t)dt}$.

Für das Integral im Exponenten gilt: $\int_x^{x+1/12} \lambda_x(t)\mathrm{d}t = \exp\left(\frac{x-m}{b}\right)\left(e^{\frac{1}{12b}} - 1\right)$.

[7] Um die Gleichungen einigermaßen übersichtlich zu halten, verwenden wir für die Exponentialfunktion in (3.4) und an weiteren Stellen abwechselnd die gleichbedeutenden Symbole exp(x) und e^x.

[8] m ist die wahrscheinlichste Lebenspanne einer neugeborenen Person (der sogenannte Modalwert bzw. Modus) und b ein Streuungsparameter, der den Umfang sowie die Wahrscheinlichkeit möglicher Abweichungen vom Modalwert (bzw. vom Erwartungswert) quantifiziert. Für konkrete Anwendungen des Modells müssen diese Parameter auf Grundlage empirischer Daten statistisch geschätzt werden. Vergleiche hierzu Missov et al. (2015).

über ein Jahr mit 4 Teilperioden: Periode 0: 1, Periode 1: $\left(1+\frac{1}{4}\right)^1 = 1{,}25^1 = 1{,}25$;

Periode 2: $\left(1+\frac{1}{4}\right)^2 = 1{,}25^2 = 1{,}5625$; Periode 3: $\left(1+\frac{1}{4}\right)^3 = 1{,}25^3 = 1{,}953125$;

Periode 4: $\left(1+\frac{1}{4}\right)^4 = 1{,}25^4 = 2{,}44140625$. Man kann sich leicht davon überzeugen, dass sich dieser Wert, der für $n = 4$, d. h. bei vier Teilperioden, „nur" 2,4414062 beträgt, mit jeder Erhöhung von n immer weiter dem Wert $e = 2{,}71828182\ (\ldots)$ annähert. Tatsächlich ist e genau so definiert: $e := \lim_{n\to\infty}\left(1+\frac{1}{n}\right)^n$.

Beispiel:

Auf eine 85-jährige Person wirke die folgende „Kraft der Vergänglichkeit": $\lambda_{65} = \frac{1}{10}e^{\frac{85-90}{10}} = 0{,}06065$. *Die entsprechende Sterbewahrscheinlichkeit für das laufende 85. Lebensjahr ergibt sich dann als* $q_{85} = 1 - \exp(-0{,}06055) = 0{,}05875 \approx 5{,}89\ \%$. *Die 85-jährige Person wird also ihren 86. Geburtstag mit einer Wahrscheinlichkeit von knapp 6 % nicht mehr erleben.* ◄

Linearität der prozentualen Zunahme

Dass die bereits erwähnte, empirisch beobachtete Linearität der Wahrscheinlichkeitszunahme auch im Gompertz-Makeham-Modell gilt, wird deutlich, wenn man (3.3) logarithmiert:[9]

$$\ln(\lambda_x) = \ln\left(\frac{1}{b}e^{\frac{x-m}{b}}\right) = \ln\left(\frac{1}{b}\right) + \ln\left(e^{\frac{x-m}{b}}\right) = -\ln(b) + \frac{x-m}{b}.$$

$$\Leftrightarrow$$

$$\ln(\lambda_x) = -\ln(b) - \frac{m}{b} + \frac{1}{b}x \tag{3.5}$$

Gleichung (3.5) ist eine einfache lineare Funktion der Form $a + kx$ mit dem Achsenabschnitt $a = -\ln(b) - \frac{m}{b}$ und der Steigung $k = \frac{1}{b}$.

[9] Die Bildung des Logarithmus einer Größe drückt aus, wie sie sich – ausgehend von 100 – in stetiger Weise prozentual verändert. $\ln(1{,}1)$ beispielsweise ist nichts anderes als $\ln\left(\frac{110}{100}\right) = 0{,}0953 = 9{,}53\,\%$. Dies ist jedoch genau die (stetige) prozentuale Zunahme von 100 auf 110.

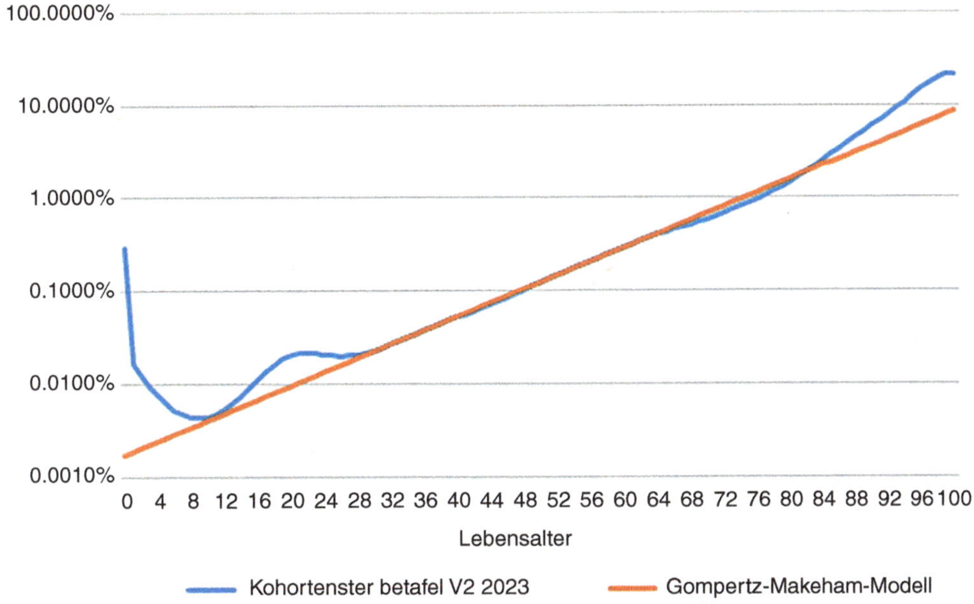

Abb. 3.2 Vergleich der Sterbewahrscheinlichkeiten männlicher Personen entsprechend der empirischen Sterbetafel V2 des Statistischen Bundeamtes aus 2023 und modellierten Werten entsprechend Gleichung (3.4) des Gompertz-Makeham-Modells

In Abbildung 3.2 ist die Funktion (3.4) für ein Lebensspannenspektrum von einem bis 100 Jahren in logarithmischer Skalierung dargestellt und wird den entsprechenden Werten für männliche Personen aus der Kohortensterbetafel V2 des Statistischen Bundesamtes des Jahres 2023 gegenübergestellt.

Die Gegenüberstellung macht deutlich, dass die erwähnte Linearität der (logarithmischen) Zunahme der Sterbewahrscheinlichkeiten lediglich in einem mittleren Altersspektrum von ungefähr 30 bis 80 Jahren beobachtet werden kann. Vorher und nachher jedoch scheinen Mortalitätsgesetze zu wirken, welche durch das Gompertz-Makeham-Modell nicht erfasst werden. Hierzu gibt es eine umfangreiche Forschung[10], deren Darstellung die vorliegende Ausarbeitung aber sprengen würde.

3.2 Wahrscheinlichkeit, ein bestimmtes Alter zu erreichen

Vorausgesetzt, dass die Parameter m und b realistisch kalibriert sind, lässt sich mit Hilfe des Gompertz-Makeham-Modells für eine Person jeden Alters ermitteln, wie groß die Wahrscheinlichkeit ist, dass sie (mindestens) noch eine weitere vorgegebene Anzahl an Jahren leben wird. Der entsprechende formale Ausdruck lautet:

[10] Vergleiche z. B. Oeppen, Vaupel (2002) oder Olshansky, Carnes, Cassel (1990).

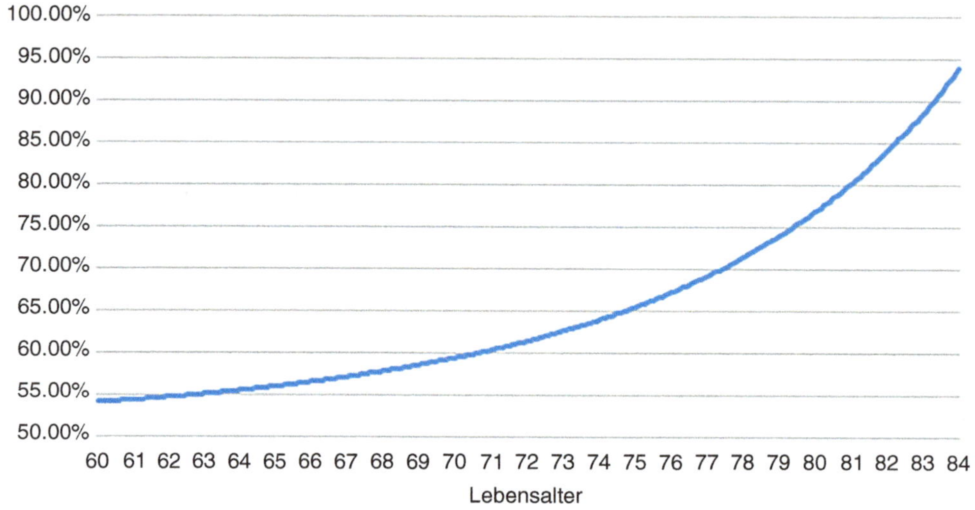

Abb. 3.3 Die Wahrscheinlichkeit, ein Lebensalter von 85 Jahren zu erreichen, nimmt mit jedem weiteren Jahr zu: Sie beginnt für eine 60-jährige Person bei 54 % und erreicht bei einem Alter von 84 Jahren knapp 94 %. Zugrundeliegende Mortalitätsparameter: $m = 89$ und $b = 10$

$$W(\tilde{T}_x \geq t) = \exp\left\{e^{\frac{x-m}{b}}\left(1 - e^{\frac{t}{b}}\right)\right\} \tag{3.6}$$

$W(\tilde{T}_x \geq t)$ ist die Wahrscheinlichkeit, dass eine x-Jahre alte Person mindestens noch t Jahre leben[11] wird. Im Folgenden werden wir diese Wahrscheinlichkeit häufig auch mit ${}_xp_t$ abkürzen und uns damit an eine aktuarische Praxis anlehnen.

Beispiel:

${}_{65}p_{15}$ bezeichnet die Wahrscheinlichkeit, dass eine 65-jährige Person mindestens noch weitere 15 Jahre leben, also 80 Jahre oder älter wird. Sie errechnet sich für $m = 90$ und $b = 10$ als: ${}_{65}p_{15} = \exp\left[e^{\frac{65-90}{10}} * \left(1 - e^{\frac{15}{10}}\right)\right] = 0{,}7514 = 75{,}14\%.$ ◄

Man beachte, dass die Wahrscheinlichkeit, ein bestimmtes Lebensalter zu erreichen, umso größer wird, je älter man bereits ist. Abbildung 3.3 zeigt, wie sich im Laufe des Älterwerdens einer anfangs 60-jährigen Person die Wahrscheinlichkeit erhöht, ein Alter von 85 Jahren zu erreichen.

[11] Nicht zu verwechseln mit der Wahrscheinlichkeit, dass die Person noch genau t Jahre leben wird. Angenommen für eine 65-jährige Person habe $W(\widetilde{T_{65}} \geq 5)$ den Wert von 95 %. Dann ist 95 % die Wahrscheinlichkeit, dass die Person 70 Jahre oder älter wird.

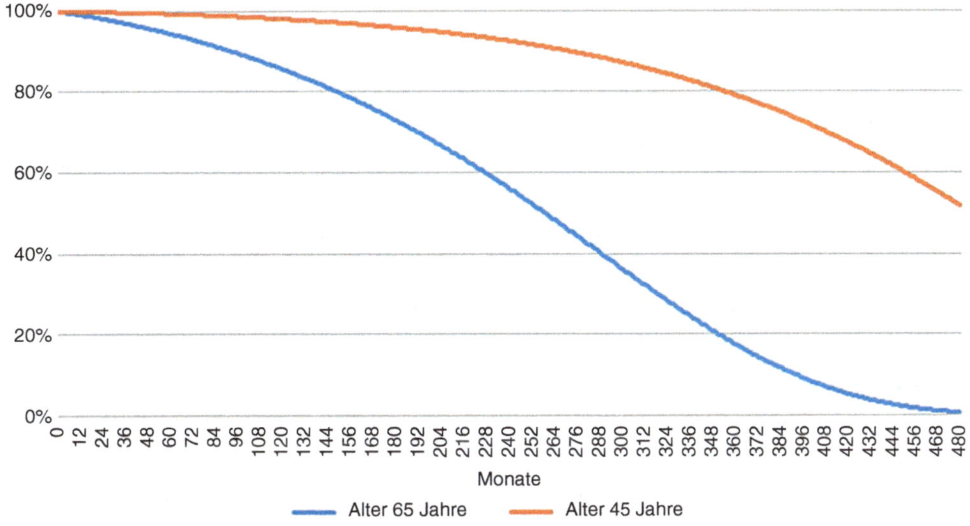

Abb. 3.4 Mittels Gompertz-Makeham-Modell ermittelte Wahrscheinlichkeiten für eine 45-jährige und eine 65-jährige Person, die (auf der x-Achse abgetragenen) vor ihr liegenden Lebensmonate zu erreichen. Zugrundeliegende Mortalitätsparameter: $m = 89$ und $b = 10$

Beispiel:

Die Wahrscheinlichkeit, mindestens 85 Jahre alt zu werden, beträgt für einen 30-Jährigen Mann (für m = 90 und b = 10) ${}_{30}p_{55} = \exp\left[e^{\frac{30-90}{10}} * \left(1 - e^{\frac{55}{10}}\right)\right] = 0,5466 = 54,66\%$.

Für einen bereits 80-Jährigen dagegen sind es bereits

${}_{80}p_{5} = \exp\left[e^{\frac{80-90}{10}} * \left(1 - e^{\frac{5}{10}}\right)\right] = 0,7877 = 78,77\%$

und für einen 84-Jährigen ${}_{84}p_{1} = \exp\left[e^{\frac{94-90}{10}} * \left(1 - e^{\frac{1}{10}}\right)\right] = 0,9439 = 94,39\%$. ◄

Abbildung 3.4 stellt die jeweilige Wahrscheinlichkeit, weitere Lebensjahre zu erreichen, für eine 45-jährige sowie für eine 65-jährige Person dar.

Lebenserwartung

Im Gegensatz zum Modalwert, der die Lebensspanne mit der höchsten Eintrittswahrscheinlichkeit bezeichnet, ist der Erwartungswert das mit den entsprechenden Wahrscheinlichkeiten gewichtete Mittel aller möglichen Lebensspannen.[12]

[12] Im Falle einer symmetrischen Verteilungs- bzw. -Dichtefunktion sind Modus und Erwartungswert (sowie auch der Median) identisch. Da die Dichtefunktion von $\tilde{T}_x$ aber eben nicht symmetrisch ist, – was sich noch zeigen wird – fallen die Werte auseinander.

Er errechnet sich als:

$$E\left(\tilde{T}_x\right) = \sum_{t=1}^{\infty} W\left(\tilde{T}_x \geq t\right) = \sum_{t=1}^{\infty} \exp\left\{e^{\frac{x-m}{b}}\left(1 - e^{\frac{t}{b}}\right)\right\} \tag{3.7}$$

Da die Überlebenswahrscheinlichkeiten $W(\tilde{T}_x \geq t)$ in späten Lebensjahren rapide abnehmen, kann die Summation in (3.7) für alle praktischen Anwendungen ungefähr bei Werten von $x + t \approx 110$ gestoppt werden, ohne dass dadurch das Ergebnis nennenswert verfälscht würde.[13] Das heißt beispielsweise, dass man für die Ermittlung von $E(\tilde{T}_{80})$ insgesamt nur noch 30 Summanden benötigt und für $E(\tilde{T}_{90})$ nur noch 20.

Beispiel:

Mit Hilfe einer einfachen Tabellenkalkulation kann leicht nachvollzogen werden, dass sich für die Lebenserwartung einer neugeborenen Person ein Wert von 83,73 Jahren ergibt, wenn man in (3.7) über 1.000 Summanden addiert. Zählt man jedoch nur die ersten 110 zusammen, erhält man eine nur unwesentlich geringere Lebenserwartung von 83,58 Jahren. Konkret: $E(\tilde{T}_0) = \sum_{t=1}^{1000} W(\tilde{T}_0 \geq t) = 83{,}73$ *Jahre und* $E(\tilde{T}_0) = \sum_{t=1}^{110} W(\tilde{T}_0 \geq t) = 83{,}58$ *Jahre. Im Falle eines bereits erreichten hohen Alters sind die Unterschiede nur geringfügig größer:* $E(\tilde{T}_{90}) = \sum_{t=1}^{1000} W(\tilde{T}_{90} \geq t) = 5{,}47$ *Jahre und* $E(\tilde{T}_{90}) = \sum_{t=1}^{20} W(\tilde{T}_{90} \geq t) = 5{,}04$ *Jahre.*[14] ◄

Zur Ermittlung konkreter Lebenserwartungen mittels (3.7) ist es also völlig ausreichend, eine maximale Lebensspanne von 110 Jahren zu unterstellen.

3.3 Statistische Verteilung der Lebensspanne

Vielleicht ist es der einen oder dem anderen Leser bereits aufgefallen, dass Gleichung (3.6) im Grunde eine statistische Verteilungsfunktion beschreibt, bzw. ganz einfach in eine solche verwandelt werden kann.

Die Verteilungsfunktion $F(\widetilde{ZV})$ einer Zufallsvariable $\widetilde{ZV}$ liefert uns ja die Wahrscheinlichkeit, dass diese Variable einen bestimmten Wert nicht überschreitet, d. h. kleiner bzw.

[13] Vorausgesetzt, es handelt sich um Jahreswerte. Bei monatlicher oder gar wöchentlicher Frequenz ist die erforderliche Anzahl an Summanden entsprechend höher.

[14] Für ausgewählte Altersstufen können die entsprechenden Lebenserwartungen auch von der Tabelle im Anhang 1 abgelesen werden.

gleich diesem Wert ist.[15] Gleichung (3.6) aber liefert uns die Wahrscheinlichkeit, dass die Zufallsvariable $\tilde{T}_x$ größer bzw. gleich dem Wert t ist, also die Gegenwahrscheinlichkeit zur entsprechenden Verteilungsfunktion.[16] Somit gilt:[17]

$$\begin{aligned} F(\tilde{T}_x)_t &:= W(\tilde{T}_x < t) = 1 - W(\tilde{T}_x > t) \\ &= 1 - \exp\left\{e^{\frac{x-m}{b}}\left(1 - e^{\frac{t}{b}}\right)\right\} \end{aligned} \tag{3.8}$$

Die entsprechende Dichtefunktion[18] dagegen ergibt sich als:

$$\begin{aligned} f(\tilde{T}_x)_t &= \frac{\mathrm{d}F(\tilde{T}_x)}{\mathrm{d}t}_t \approx \left[F(\tilde{T}_x)_{t+1} - F(\tilde{T}_x)_t\right] \\ &= \left[1 - W(\tilde{T}_x > t+1)\right] - \left[1 - W(\tilde{T}_x > t)\right] \\ &= W(\tilde{T}_x > t) - W(\tilde{T}_x > t+1) \\ &= \exp\left\{e^{\frac{x-m}{b}}\left(1 - e^{\frac{t}{b}}\right)\right\} - \exp\left\{e^{\frac{x-m}{b}}\left(1 - e^{\frac{t+1}{b}}\right)\right\} \end{aligned} \tag{3.9}$$

Die in Abbildung 3.5 dargestellten Grafiken stellen jeweils die Verteilungs- bzw. Dichtefunktionen [entsprechend den Gleichungen (3.8) und (3.9)] für die (verbleibenden) Lebensspannen einer neugeborenen und einer 50-jährigen Person dar. Als Parameterwerte wurden $m = 90$ und $b = 10$ gewählt.

Zwischenfazit: Bei welchen Entscheidungen helfen die bisherigen Überlegungen?

In Kapitel 2 hatten wir Gleichungen bzw. Formeln kennengelernt, mit denen sich für jeweils vorgegebene Anspar- bzw. Entnahmezeiträume zukünftig erreichbare Vermögenswerte [(2.1)], hierfür nötige Sparleistungen [(2.2)] sowie mögliche Entnahmen [(2.4)] ermitteln lassen. Mittels Gleichung (2.5) schließlich wurde bestimmt, wie lange bestimmte Entnahmebeträge aus einem vorhandenen Vermögen finanziert werden können.

---

[15] Präziser müsste man formulieren, dass uns die Verteilungsfunktion $F(\widetilde{ZV})$ an einer bestimmten Stelle t die Wahrscheinlichkeit liefert, dass die Zufallsvariable den Wert t nicht überschreitet.

[16] Erfreulicherweise ist es bei stetigen Verteilungen nicht erforderlich, zwischen > und ≥ bzw. < und ≤ zu unterscheiden. Daher verwenden wir im Folgenden ausschließlich die Symbole > bzw. <.

[17] Hinweis für Spezialisten: Die zu $F(\tilde{T}_x)$ inverse Funktion lautet: $F(\tilde{u})^{-1} = b * \ln\left[1 - e^{\frac{m-x}{b}} \ln(1-\tilde{u})\right]$ (mit im Intervall [0;1] gleichverteiltem $\tilde{u}$) und wird später im Rahmen einer stochastischen Optimierung zur Simulation der Lebensspanne $\tilde{T}_x$ verwendet.

[18] Die Dichtefunktion $f(\tilde{T}_x)\big|_t$ ist die (stetige) Ableitung der Verteilungsfunktion an der Stelle t. Für eine grafische Darstellung ist jedoch eine Approximation durch die (diskrete) Differenzenbildung (3.9) völlig ausreichend.

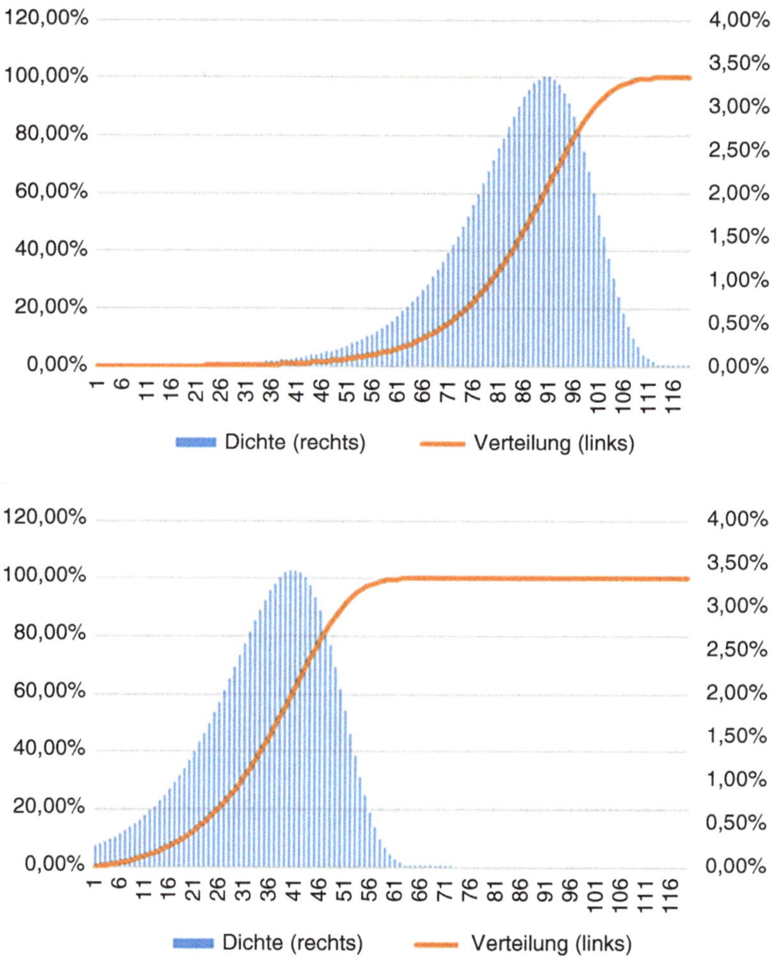

Abb. 3.5 Dichte- und Verteilungsfunktionen der (verbleibenden) Lebensspanne $\tilde{T}_x$ einer neugeborenen ($x = 0$) und einer 50-jährigen Person ($x = 50$, untere Grafik) entsprechend dem Gompertz-Makeham-Modell

Während sich die Dauer einer Ansparphase recht zuverlässig kalkulieren lässt, ist die Entnahmedauer grundsätzlich mit einem hohen Maß an Unsicherheit behaftet. Niemand kann letztlich wissen, wie lange er oder sie noch zu leben hat. Die damit verbundene Unsicherheit lässt sich selbstverständlich nicht aus der Welt schaffen, aber sie kann auf rationaler Basis quantifiziert und damit rechenbar gemacht werden.

Versucht man nun das bisher Besprochene in einen logischen Beratungsprozess einzufügen, liegt folgende Vorgehensweise nahe: Bei sämtlichen Kalkulationen, für die eine geplante Entnahmedauer vorgegeben werden muss, sollte man hierfür die zu erwartende Lebensspanne entsprechend Formel (3.7) verwenden.

Damit wird es möglich, Auszahlungspläne unter einigermaßen realistischen Annahmen zu kalkulieren. Insbesondere können mittels Gleichung (2.4) bzw. (2.4)′ vernünftige Entnahmebeträge ermittelt werden. Für einen Entnahmeplan mit konstanten Auszahlungen verwenden wir die Gleichung

$$E = \frac{PV - EV(1+r)^{-E(\tilde{T}_x)}}{\left[1-(1+r)^{-E(\tilde{T}_x)}\right]r^{-1}}.$$

Für den Fall, dass die Entnahmebeträge regelmäßig um den Faktor g erhöht werden sollen, verwenden wir

$$E = \frac{PV - EV(1+r)^{-E(\tilde{T}_x)}}{\left[1-(1+g)^{E(\tilde{T}_x)}(1+r)^{-E(\tilde{T}_x)}\right](r-g)^{-1}}$$

d. h. eine der vorliegenden Fragestellung angepasste Gleichung (2.4)′.

Auch wenn Entnahmepläne unter der Voraussetzung kalkuliert werden, dass die jeweilige Entnahmedauer der Lebenserwartung entspricht, sollte man damit rechnen, dass die Inhaber solcher Pläne länger leben – unter Umständen auch sehr viel länger. Die entsprechenden Wahrscheinlichkeiten lassen sich mit Hilfe der wie folgt modifizierten[19] Gleichung (3.6) ermitteln:

$$W(\tilde{T}_x > E(\tilde{T}_x)) = \exp\left\{e^{\frac{x-m}{b}}\left(1-e^{\frac{E(\tilde{T}_x)}{b}}\right)\right\}. \qquad (3.6)'$$

Beispiel:

Um die Versorgungslücke im Alter zu schließen, hat sich eine 67-jährige Pensionistin ein Vermögen von 250.000 € aufgebaut. Eine Hinterlassenschaft plant sie nicht, so dass der gesamte Betrag dafür aufgebraucht werden darf. Nun möchte sie wissen, welchen Monatsbetrag sie entnehmen kann. Als Kalkulationszins verwenden wir 2,5 % p. a., die Mortalitätsparameter seien m = 89 und b = 10. Lösung: Zunächst ermitteln wir mit Hilfe der Gleichung (3.7) die Lebenserwartung unserer Pensionistin[20]: $E(\tilde{T}_x) = \sum_{t=1}^{43} W(\tilde{T}_x \geq t) = \sum_{t=1}^{43} \exp\left\{e^{\frac{67-89}{10}}\left(1-e^{\frac{t}{10}}\right)\right\} \approx 19$. *Sie kann daher damit*

---

[19] Statt wie in Gleichung (3.6) ein beliebiges t vorzugeben, verwenden wir nun die zu erwartende Lebensspanne des $E(\tilde{T}_x)$ Entnahmeplan-Besitzers.

[20] Beachte, dass die Summe lediglich 43 Summanden umfasst. Wir nutzen damit den bereits erwähnten Sachverhalt, dass es völlig ausreichend ist, bei der Ermittlung der Lebenserwartung gemäß Gleichung (3.7) lediglich (110 – x) Summanden zu berücksichtigen, wobei x das aktuelle Lebensalter bezeichnet. Im vorliegenden Fall sind das eben 110 – 67 = 43 Summanden.

rechnen, noch 19 Jahre zu leben.[21] *Auf dieser Grundlage wird nun der monatliche Entnahmebetrag kalkuliert. Da eine Erbschaft nicht geplant ist, kann das gesamte Vermögen von 250.000 € durch die Division durch* $\left[1-\left(1+\frac{0{,}025}{12}\right)^{-19*12}\right]\frac{12}{0{,}025}\approx 181{,}35$ *in eine monatliche Zahlung umgewandelt werden:* $E=\frac{250.000\text{ €}}{181{,}35}=1.378{,}55\text{ €}.$

Es können daher monatlich 1.378 € entnommen werden. Da sich aber unsere Pensionistin darüber im Klaren ist, dass ihr Vermögen dann nach 19 Jahren aufgebraucht sein wird, will sie wissen, wie groß ihr „Langlebigkeitsrisiko" ist, d. h. wie groß die Wahrscheinlichkeit, noch länger als weitere 19 Jahre zu leben. Diese Information liefert ihr Gleichung (3.6)': $W(\tilde{T}_{67}\geq E(\tilde{T}_{67}))=W(\tilde{T}_{67}\geq 19)=\exp\left\{e^{\frac{67-89}{10}}\left(1-e^{\frac{19}{10}}\right)\right\}=0{,}5325\approx 53\%.$ *Die Wahrscheinlichkeit, älter als 86 Jahre zu werden, beträgt für die Pensionistin somit immerhin über 50 %.* ◀

Das Beispiel verdeutlicht einen entscheidenden Sachverhalt, nämlich dass das sogenannte „Langlebigkeitsrisiko"[22] alles andere als unerheblich ist. Selbst wenn die 50 % des Beispiels etwas hoch erscheinen mögen[23], bewegen sich die entsprechenden Wahrscheinlichkeiten in jedem Fall in Größenordnungen, die auf keinen Fall vernachlässigt werden dürfen.

Das ist auch nicht nötig, denn wie sich in den weiteren Abschnitten zeigen wird, kann das damit verbundene spezifische Risiko mittels geeigneter Versicherungen bzw. versicherungsähnlicher Finanzinstrumente abgesichert werden; damit stellt sich die Frage nach den entsprechenden Absicherungskosten – das Thema des folgenden Abschnitts.

Literatur

Gompertz, B., 1825, On the nature of the function expressive of the law of human mortality and on a new mode of determining the value of life contengencies, Philosophical Transactions of the Royal Society, Vol. 115, 513–585.

Makeham, W. M., 1890, On the future development of Gompertz's law, Journal of the Institute of Actuaries, Vol. 29, 316–332.

[21] Vergleiche Anhang 1, der eine Lebenserwartung von 86 Jahren ausweist.

[22] Man beachte, welche Perspektive hier deutlich wird: Für die Betroffenen ist die Möglichkeit, länger zu leben als der Durchschnitt, ein Segen. Für die Versicherungswirtschaft bedeutet es jedoch ein „Langlebigkeitsrisiko".

[23] Dieser hohe Wert ist den verwendeten Mortalitätsparametern geschuldet, insbesondere dem Lebensspannenmodus von $m = 89$. Für männliche Personen beispielsweise geht das Statistische Bundesamt lediglich von $m = 85$ aus. Setzt man diesen Wert in die obenstehende Gleichung ein, sinkt die Wahrscheinlichkeit auf knapp 35 %. Für Frauen scheint aber tatsächlich $m = 89$ der realistischere Wert zu sein.

Missov, T. I., Canudas-Romo, V., Lenart, A., Nemeth, L., Vaupel, J. W., 2015, The Gompertz force of mortality in terms of the modal age of death, Demographic Research, 32, 1031–1048.

Oeppen, J., Vaupel, J. W., 2002, Broken Limits to Life Expectancy, Science, 296, 1029–1031.

Olshansky, S. J., Carnes, B. A., Cassel, C., 1990, In Search of Methusalah: Estimating the Upper Limits to Human Longevity, Science, 250, 634–640.

https://www.destatis.de/DE/Themen/Gesellschaft-Umwelt/Bevoelkerung/Sterbefaelle-Lebenserwartung/Publikationen/_publikationen-innen-kohortensterbetafel.html

Wieviel ist ein unbefristetes Ruhestandseinkommen wert?

4

Im Rahmen der Analyse und Bewertung von Finanzprodukten wird so gut wie immer das sogenannte Additionsprinzip der Bewertung angewandt.

Dieses Prinzip besagt, dass der Barwert eines gesamten Zahlungsstromes sich als die Summe der Barwerte sämtlicher einzelner Zahlungen ergibt. Es lautet formal:

$$\begin{aligned} PV &= S_1 * e^{-r*1} + S_2 * e^{-r*2} + S_3 * e^{-r*3} + \ldots + S_T * e^{-r*T} \\ &= \sum_{t=1}^{T} S_t * e^{-r*t} \end{aligned} \tag{4.1}$$

PV ist hierbei der Barwert des gesamten Zahlungsstromes, S_t die zum Zeitpunkt t fließende Zahlung und $S_t * e^{-r*t}$ deren Barwert. Gleichung (4.1) ist eine relativ allgemeine Form der Barwertermittlung und gilt insbesondere auch für Fälle, in denen die Zahlungen unregelmäßig fließen und unterschiedlich hoch sind.

Mini-Exkurs: Bewertung mit der Zinsstrukturkurve

Um Gleichung (4.1) in eine wirklich allgemeingültige Form zu bringen, müsste jeder einzelne Summand als $S_t * e^{-r_t*t}$ ($t = 1 \ldots T$) geschrieben werden. Das heißt nicht nur die einzelnen Zahlungen, sondern auch jeder einzelne Zinssatz müsste mit einem „Zeitstempel" versehen sein, der angibt, für welche Laufzeit er gilt. Und diese Laufzeit müsste mit dem Zeitraum übereinstimmen, ab dem die Zahlung fließt. Bei einer solchen Vorgehensweise spricht man von der Bewertung eines Zahlungsstromes mit der Zinsstrukturkurve. Dass im Gegensatz dazu in (4.1) bei jedem einzelnen Summanden derselbe Zinssatz r auftaucht, bedeutet inhaltlich, dass die Barwerte sämtlicher Zahlungen mit einem Einheitszins (d. h. unter der Annahme einer flachen Zinsstrukturkurve) ermittelt werden, unabhängig davon, wann genau sie fließen. Diese Vereinfachung ist für die Zwecke der vorliegenden Ausarbeitung aber vertretbar, weil die zentralen Ergebnisse dadurch nicht verfälscht werden.

S. May, *Aktuarisch fundierte Ruhestandsplanung*,
https://doi.org/10.1007/978-3-658-51938-4_4

Annuitäten – bzw. Barwertfaktoren

Für den Fall, dass es sich bei dem zu bewertenden Zahlungsstrom um eine sogenannte Annuität[1] oder um eine mit der konstanten Rate g wachsende Zahlung handelt, kann (4.1) vereinfacht werden. In diesen Fällen kann der Betrag S vor das Summenzeichen gezogen werden:

$$\begin{aligned} PV &= Se^{g0}e^{-r1} + Se^{g1}e^{-r2} + Se^{g2}e^{-r3} + \ldots + Se^{g(T-1)}e^{-rT} \\ &= Se^{-r1} + Se^{g1-r2} + Se^{g2-r3} + \ldots + Se^{g(T-1)-rT} \\ &= S\left[e^{-r1} + e^{g-r2} + e^{g2-r3} + \ldots + e^{g(T-1)-r*T}\right] \\ &= S\left[\sum_{t=1}^{T} e^{g(t-1)-rt}\right] \end{aligned} \tag{4.2}$$

Die Summe $\sum_{t=1}^{T} e^{g(t-1)-rt}$ wird als der sogenannte Annuitätenfaktor einer konstanten ($g = 0$) oder mit konstanter Rate anwachsenden Zahlung ($g > 0$) bezeichnet. Er gibt an, welchen Barwert ein T Perioden fließender Zahlungsstrom einer (anfänglich) bezahlten Geldeinheit pro Periode hat.[2] Durch die multiplikative Verknüpfung des Annuitätenfaktors mit der Zahlung S wird die Bewertungsformel (4.2) skalierbar, d. h., es können die Barwerte der unterschiedlichsten (annuitätischen) Zahlungsströme durch Multiplikation mit ein und demselben Annuitätenfaktor ermittelt werden. Umgekehrt gilt: Wenn ein konkreter Barwert gegeben ist, ergibt die Division dieses Barwertes durch den Annuitätenfaktor die Höhe der regelmäßigen Zahlungen.

Beispiel:

Ein fünf Jahre umfassender Annuitätenfaktor für eine gleichbleibende Zahlung von einem Euro hat bei einem Zinssatz von 5 % p. a. den folgenden Wert:

$$\sum_{t=1}^{5} e^{-0{,}05*t} = e^{-0{,}05*1} + e^{-0{,}05*2} + e^{-0{,}05*3} + e^{-0{,}05*4} + e^{-0{,}05*5} = 0{,}9512$$
$$+ 0{,}9048 + 0{,}8607 + 0{,}8187 + 0{,}7788 = 4{,}3143 \text{ €}.$$

*Fließen nun z. B. 115.000 € pro Jahr zu, beträgt der Barwert 4,3143*115.000 € = 496.145 €. Ist aber ein Barwert gegeben, beispielsweise 1.000.000 €, dann können*

[1] Als eine Annuität wird in der Finanzmathematik eine regelmäßig fließende Zahlung in identischer Höhe bezeichnet, also ein gleichförmiger („uniformer“) Zahlungsstrom. Manchmal bezeichnet man einen Zahlungsstrom auch dann als Annuität, wenn er zwar nicht konstant ist, aber mit einer konstanten Rate anwächst.

[2] Dabei müssen sich Zinssatz und Zahlungshäufigkeit auf denselben Zeitraum beziehen. Wenn r also ein Jahreszins ist, unterstellen wir in (4.2) jährliche Zahlungen sowie eine jährliche Wachstumsrate g, wenn es ein Monatszins ist, monatliche usw.

daraus für fünf Jahre regelmäßige Zahlungen von $\frac{1.000.000}{4,3143} = 231.787$ € *p. a. bezahlt werden, bzw. 19.316 € monatlich.* ◀

Mini-Exkurs: Annuitätenfaktoren in geschlossener Form

Auch wenn wir diesen Zusammenhang speziell im Abschnitt 4 nicht verwenden – aus Gründen, die noch deutlich werden – sei doch darauf hingewiesen, dass der Annuitätenfaktor in (4.2) auch in einer sogenannten geschlossenen Form geschrieben werden kann, d. h., es gilt:

$$\sum_{t=1}^{T} e^{[g*(t-1)-r*t]} = \frac{1}{e^r - e^g}\left[1 - e^{(g-r)*T}\right] \quad (4.2.a)$$

Der Vorteil einer geschlossenen Form besteht darin, dass man nicht alle T Summanden einzeln errechnen muss, sondern das Ergebnis gewissermaßen in einem Aufwasch erhält. Ohne dass dies dort ausdrücklich erwähnt wurde, hatten wir bereits für die Kalkulationen in Abschnitt 2 geschlossene Annuitäts-Formeln verwendet. Dies wird vor allem anhand von (2.4)′ deutlich. Der Annuitätenfaktor $\left[1-(1+g)^T(1+r)^{-T}\right](r-g)^{-1}$ in (1.4)′ entspricht (4.2.a). Der Unterschied zwischen beiden hat einen einfachen Grund: In (2.4)′ wird bei den Berechnungen die sogenannte diskrete Zinskonvention verwendet, d. h., der Wachstumsfaktor $\left(1+\frac{g}{n}\right)^{n*T}$ und der Diskontierungsfaktor $\left(1+\frac{r}{n}\right)^{-n*T}$, in (4.2.a) dagegen die stetige Zinskonvention, d. h. der Wachstumsfaktor e^{gT} und der Diskontierungsfaktor e^{-r*T}. Da aber gilt:

$e := \lim_{n\to\infty}\left(1+\frac{1}{n}\right)^{nT} \Rightarrow \lim_{n\to\infty}\left(1+\frac{r}{n}\right)^{-nT} = e^{-rT}$ [und entsprechend $\lim_{n\to\infty}\left(1+\frac{g}{n}\right)^{nT} = e^{gT}$] erhält man mit beiden Formeln approximativ dieselben Ergebnisse.

Beispiel:

In vorherigen Beispiel hatten wir den Annuitätenfaktor für über fünf Perioden erstreckende gleichbleibende Zahlungen errechnet, in dem wir den Barwert jeder einzelnen Zahlung gebildet und anschließend die fünf Einzelergebnisse addiert hatten. Die Summe war 4,3143. Derselbe Wert ergibt sich, wenn wir ihn mittels (4.2.a) für errechnen und dabei $g = 0$ *setzen:* $\frac{1}{e^{0,05}-1}\left(1-e^{-0,05*5}\right) = 4{,}3143$. *Angenommen, die regelmäßige Zahlung* *wird – beginnend mit Periode 1 – jede Periode um 3 % erhöht. Dann errechnet sich der Faktor dieser „Quasi-Annuität" wie folgt:* $\frac{1}{e^{0,05}-e^{0,03}}\left[1-e^{(0,03-0,05)*5}\right]=4,5714.$ ◄

4.1 Mortalitätsrisiko und Barwert unbefristeter Zahlungen

Wie bereits kurz erwähnt, spielen geschlossene Annuitätenfaktoren der Form (4.2.a) in diesem Abschnitt keine Rolle. Der Grund hierfür ist, dass wir sie für Zahlungsströme ermitteln wollen, die einem Mortalitätsrisiko unterliegen und daher nicht auf ein bestimmtes Datum hin befristet werden können. Um das verdeutlichen, stellen wir uns einen Zahlungsstrom vor, der jährlich einen mit der Rate g steigenden Euro an eine Person zahlt, solange diese am Leben ist.[3] Da wir nicht wissen, wie lange das ist, wissen wir auch nicht, wie lange die Zahlungen tatsächlich geleistet werden. Deshalb betrachten wir die Zahlungsströme als grundsätzlich unbefristet[4] und setzen anstelle der einzelnen Zahlungen deren Erwartungswerte $\left[E_1\left(1\text{ €} * e^{g*0}\right);\ E_2\left(1\text{ €} * e^{g*1}\right);\ldots;:\ E_T\left(1\text{ €} * e^{g*(T-1)}\right);\ldots\right]$ bzw. ihre Barwerte:

$$\left[E_1\left(1\text{ €} * e^{g*0}\right) * e^{-r*1};\ E_2\left(1\text{ €} * e^{g*2}\right) * e^{-r*3};\ldots;:\ E_T\left(1\text{ €} * e^{g*(T-1)}\right) * e^{-r*T};\ldots\right].$$

Hierbei ist $E_t\left(1\text{ €} * e^{g*(t-1)}\right)$ der Erwartungswert der in Periode t zufließenden Zahlung[5] und $E_t\left(1\text{ €} * e^{g*(t-1)}\right) * e^{-r*t}$ der entsprechende Barwert.

Die Summe der Barwerte all dieser zu erwartenden Zahlungen bezeichnen wir als ihren aktuarischen Barwertfaktor *ABWF*.

$$ABWF := \sum_{t=1}^{\infty} E_t\left(1\text{ €} * e^{g*(t-1}\right) * e^{-r*t} \tag{4.3}$$

Da die Zahlungen nur im Überlebensfall geleistet werden, *ist der Erwartungswert eines nach t Perioden zufließenden Betrages nichts anderes als der mit der entsprechenden Überlebenswahrscheinlichkeit multiplizierte Betrag* $1\text{ €} * e^{g*(t-1)} * W\left(\tilde{T}_x \geq t\right)$. Genau diese Wahrscheinlichkeiten hatten wir aber bereits in Kapitel 3 mittels Gleichung (3.6) ermittelt. Somit gilt:

$$_xABWF := \sum_{t=1}^{\infty} e^{g*(t-1)} * \exp\left\{e^{\frac{x-m}{b}}\left(1-e^{\frac{t}{b}}\right)\right\} * e^{-r*t} \tag{4.4}$$

[3] Für den Fall, dass sie zwischenzeitlich verstirbt, besteht kein Anspruch mehr, d. h. ein noch vorhandenes Vermögen (der Restwert des für die Rente bezahlten Betrages) fällt an den Anbieter des Zahlungsstromes, in der Regel an eine Versicherung.

[4] Es geht also nicht um unbefristete Zahlungen, die unabhängig davon fließen, ob der Bezieher noch lebt, wie das z. B. bei den sogenannten „perpetuals" der Fall ist.

[5] Für $g = 0$ beträgt diese Zahlung in jeder Periode genau einen Euro, denn es gilt: $1\text{ €} * e^{0*(t-1)} = 1\text{ €}$.

Man beachte, dass die Ergebnisse der Gleichung (4.4)[6] unter anderem auch vom Alter x der Person bestimmt werden, an welche die Zahlungen im Überlebensfall fließen. Der aktuarische Barwert eines unbefristeten Zahlungsstromes hängt also auch vom Alter desjenigen ab, der diese Zahlungen erhält. Die jeweils konkreten Werte von (4.4) sowie von der folgenden Gleichung (4.4)′ für aufgeschobene Annuitäten können für sämtliche Beispiele dieses Buches der Tabelle in Anhang 1 entnommen werden. Dass die Gleichungen trotzdem abgedruckt sind, hat nur den Zweck, an die dahinterstehende Logik zu erinnern.

Mini-Exkurs: Leibrentenrechner des Statistischen Bundesamtes

Das Statistische Bundesamt stellt auf seiner WebSite einen „Rentenrechner für Leibrenten" zur Verfügung, mit dem auf Grundlage der offiziellen, jeweils aktuellen Sterbetafel für Deutschland, konkrete Werte des aktuarischen Barwertfaktors ermittelt werden können. Leider lassen sich damit nur Barwertfaktoren für konstante Zahlungen ($g = 0$) ermitteln. Trotzdem aber kann man sich mit diesem Online-Rechner eine ungefähre Vorstellung von den Kosten diverser Rentenvarianten verschaffen. Das in Abbildung 4.1 abgedruckte Dialogfeld zeigt den Wert des Annuitätenfaktors (4.4) für eine 60-jährige Dame, bei einem Diskontierungszins von 2,5 % und für $g = 0$.

Zudem wird angezeigt, dass sie gegen Hingabe von 1 Million € eine Sofortente von 56.558 € jährlich beziehen kann. Dieser Betrag ergibt sich durch Division von 1.000.000 € durch den Annuitätenfaktor in Höhe von 17,681.[7]

Beispiel:

Wir stellen uns zwei pensionierte Lehrerinnen vor, eine im Alter von 50 Jahren, die andere mit 65. Beide wollen eine Sofortrente abschließen, die ihnen bis ans Lebensende monatlich 1.500 € auszahlt. Sie holen sich zwei Angebote ein, eine für eine gleichbleibende Zahlung und eine weitere, deren Auszahlungen jährlich um 2 % erhöht werden. Der Kalkulationszins betrage 5 % p. a., die Mortalitätsparameter lauten $m = 89$ und $b = 10$. Lösung: Die Annuitätsfaktoren für die beiden statischen Sofortrenten lauten:

[6] Zur Erinnerung: In der Gleichung (4.4) bezeichnet x das Alter der Person, welche die Zahlungen beziehen soll, m den Modalwert der Lebenspanne und b einen Streuungsparameter (vgl. Kapitel 3). Aus Vereinfachungsgründen haben wir auf die 1 €-Einheiten verzichtet.

[7] Hätte man anstatt des Einmalbetrages eine gewünschte jährliche Zahlung vorgegeben, dann wäre diese mit demselben Annuitätenfaktor multipliziert worden und das Ergebnis entspräche dem Barwert, sprich Kaufpreis des vorgegeben Rentenbetrages.

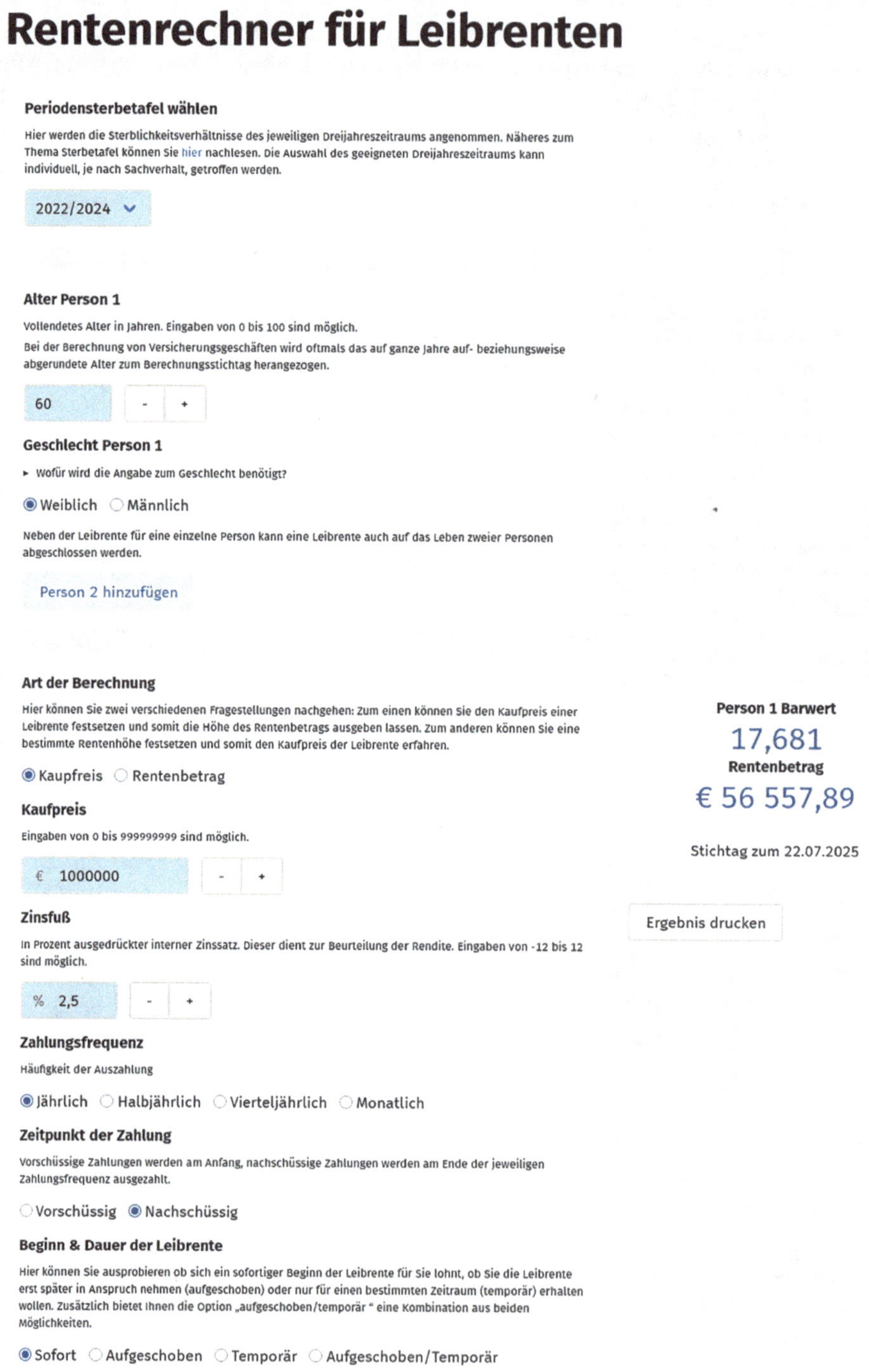

Abb. 4.1 Dialogfeld des Online-Leibrentenrechner des Statistischen Bundesamtes; URL: https://service.destatis.de/DE/leibrentenrechner/

- *50-Jährige:* $_{50}ABWF = \sum_{t=1}^{60} \exp\left\{e^{\frac{50-89}{10}}\left(1-e^{\frac{t}{10}}\right)\right\}e^{-0{,}025t} \approx 22{,}27$
- *65-Jährige:* $_{65}ABWF : \sum_{t=1}^{45} \exp\left\{e^{\frac{65-89}{10}}\left(1-e^{\frac{t}{10}}\right)\right\}e^{-0{,}025t} \approx 15{,}68$

Für die dynamisierte Variante dagegen:

- *50-Jährige:* $_{50}ABWF = \sum_{t=1}^{60} e^{0{,}02(t-1)}\exp\left\{e^{\frac{50-89}{10}}\left(1-e^{\frac{t}{10}}\right)\right\}e^{-0{,}025t} \approx 31{,}08$
- *65-Jährige:* $_{65}ABWF = \sum_{t=1}^{45} e^{0{,}02(t-1)}\exp\left\{e^{\frac{65-89}{10}}\left(1-e^{\frac{t}{10}}\right)\right\}e^{-0{,}025t} \approx 19{,}69$

Selbst wenn wir die Anzahl der Summanden in den jeweiligen Gleichungen auf $x + t = 110$ beschränken,[8] müssen zur Ermittlung dieser Ergebnisse trotzdem noch 45 bzw. 60 Summanden einzeln errechnet und anschließend addiert werden. Das ist der große Nachteil gegenüber geschlossenen Formen, mit denen man die Ergebnisse in einem Berechnungsgang erhält. Die obigen Resultate wurden mittels einer Tabellenkalkulation ermittelt und sind in der Tabelle im Anhang 1 abgedruckt. Für die statischen Renten kann man sie aber auch in (fast) derselben Höhe mit dem Leibrentenrechner reproduzieren. Die Gleichungen sind lediglich abgedruckt, um die Zusammenhänge deutlich zu machen.

Die Werte der Leibrenten ergeben sich durch einfache Multiplikation des monatlich gezahlten Betrags mit den entsprechenden aktuarischen Annuitätsfaktoren (die Werte in Klammer gelten für die dynamisierten Zahlungen):

- *50-jährige: 1.500 €*12*22,27 = 400.860 € (1.500 €*12*31,08 = 559.440 €)*
- *65-jährige: 1.500 €*12*15,68 = 282.240 € (1.500 €*12*19,69 = 354.420 €)*

Die 65-jährige Lehrerin muss somit sowohl für die statische als auch die dynamisierte Sofortrente deutlich weniger bezahlen als die 50-jährige. ◄

Aufgeschobene Leibrenten

Die Bewertungsgleichung (4.4) kann auch dazu verwendet werden, den Wert einer sogenannten aufgeschobenen Leibrente zu ermitteln. Hierbei fließen die vereinbarten Zahlungen nicht ab sofort, sondern erst ab einem bestimmten späteren Zeitpunkt $t' > x$ zu. So kann beispielsweise eine 65-jährige Person bereits heute eine regelmäßige Rentenzahlung

[8] Vergleiche hierzu die Erläuterungen zur Berechnung der Lebenserwartung gemäß Gleichung (3.7) in Kapitel 3.

erwerben (und auch gleich bezahlen), die ihre Auszahlungen aber erst ab dem vollendeten 85. Lebensjahr leistet.[9]

Die entsprechende Formel ist im Kern mit (4.4) identisch, mit der Ausnahme, dass sowohl die Berechnungen der Überlebenswahrscheinlichkeiten als auch die Diskontierungen nicht bei $t = 1$, sondern bei $t = (t' - x) + 1$ starten:

$$ {}_{x}ABWF_{(t'-x)} = \sum_{t=1}^{\infty} e^{g*(t-1)} * \exp\left\{ e^{\frac{x-m}{b}} \left(1 - e^{\frac{(t'-x)+t}{b}} \right) \right\} * e^{-r*[(t'-x)+t]} \quad (4.4.a) $$

Auch für diese doch sehr komplexe Gleichung sind die jeweiligen konkreten Werte für alle Beispiele dieses Buches im Anhang 1 abgedruckt.

Beispiel:

Die 65-jährige Lehrerin des letzten Beispiels möchte statt einer Sofortrente eine aufgeschobene Leibrente, deren Auszahlungen erst ab ihrem 85. Lebensjahr beginnen sollen. Sie fragt sich nun, um wieviel günstiger diese aufgeschobene Leibrente ist, und zwar sowohl in der statischen als auch in der dynamischen Variante. *Lösung:* *Die entsprechenden Annuitätsfaktoren* ${}_{65}ABWF_{(85-65)}$ *errechnen sich wie folgt: Statisch:* $\sum_{t=1}^{45} \exp\left\{ e^{\frac{65-89}{10}} \left(1 - e^{\frac{20+t}{10}} \right) \right\} * e^{-0{,}025*(20+t)} \approx 2{,}31$ *Dynamisch:* $\sum_{t=1}^{45} e^{0{,}02*(t-1)} * \exp\left\{ e^{\frac{65-89}{10}} \left(1 - e^{\frac{20+t}{10}} \right) \right\} * e^{-0{,}025*(20+t)} \approx 2{,}57$ *Die aufgeschobene Leibrente ist daher in der statischen Variante 1.500 €*12*2,31 = 41.580 € wert, bzw. in der dynamisierten 1.500 € *12*2,57 = 46.260 € und damit erheblich günstiger als die entsprechenden Sofortrenten.* ◄

Implizite Annuitätenfaktoren

Selbstverständlich hängen die Beträge, welche für die von den diversen Versicherungen angebotenen Leibrenten tatsächlich bezahlt werden müssen, letztlich von deren internen Kalkulationen ab. Tabellen 4.2 beispielsweise enthält Sofortrenten-Angebote von drei deutschen Versicherungen für einen 65-jährigen Mann. Angegeben sind die jeweiligen Beträge, welche gegen eine Einmalzahlung von 1.000.000 € lebenslang ausbezahlt würden.

Angebote dieser Art werden auf der Grundlage interner Annuitätenfaktoren erstellt, die zum einen von den individuellen Vorgaben (wie z. B. dem aktuellen Lebensalter) abhängen, aber auch davon, welche Werte die Versicherungen für die folgenden Parameter unterstellt:

[9] Zumindest für den deutschen Versicherungsmarkt ist das leider erstmal nur Theorie: Die Angebote aufgeschobener Leibrenten sind speziell in Deutschland sehr gering.

Tab. 4.1 Konkrete Versicherungsangebote von Sofortrenten für einen 65-jährigen Mann: Bis ans Lebensende geleistete Zahlungen gegen Hingabe von 1.000.000 €. Quelle: https://rente.check24.de/result?bd=1960-12-28&pt=sofort&is=2026-03-01&ra=65&otp=1000000&si=klassisch&bg=50&db=MIX&pgp=10&pp=oneTime&wp1=50&wp2=ch24_v_hp_dti&tariffIds=. Abfrage am 19. Oktober 2025

Versicherung	Jahresbetrag	Monatsbetrag
Die Continentale	39.238,92 €	3.269,91 €
CONDOR	38.893,92 €	3.241,16 €
Allianz	38.027,40 €	3.168,95 €

Tab. 4.2 Annuitätenfaktoren von Sofortrenten für ausgewählte Lebensalter und Diskontierungszinsen. Zugrundeliegende Mortalitätsparameter: $m = 90$, $b = 10$

Alter	1 %	2 %	3 %	4 %	5 %
50	*29,14*	*24,56*	*20,98*	*18,16*	*15,90*
55	*25,84*	*22,17*	*19,23*	*16,86*	*14,93*
60	*22,51*	*19,66*	*17,33*	*15,40*	*13,79*
65	**19,22**	**17,09**	**15,29**	**13,78**	**12,49**
70	*16,03*	*14,49*	*13,17*	*12,03*	*11,04*

- Sterbewahrscheinlichkeiten bzw. Sterbetafel
- Diskontierungszinssatz
- Kalkulatorische Gewinnmarge

Zwar sind die verwendeten Parameterwerte in der Regel unbekannt, allerdings können die zugrundeliegenden Annuitätenfaktoren indirekt erschlossen werden. Dividiert man nämlich den zu zahlenden Einmalbetrag durch den entsprechenden jährlichen Auszahlungsbetrag, erhält man den impliziten Annuitätenfaktor. Vergleicht man diesen dann mit den theoretisch mittels (4.4) ermittelten Ergebnissen, kann man ungefähr abschätzen, wie attraktiv ein vorliegendes Angebot tatsächlich ist.

So beträgt der implizite Annuitätenfaktor für das günstigste Angebot aus der Tab. 4.1 beispielsweise $\frac{1.000.000}{39.239} = 25{,}4848$.

Tab. 4.1[10] enthält theoretisch mittels (4.4) kalkulierte Annuitätenfaktoren von statischen ($g = 0$) Sofortrenten für jeweils unterschiedliche Altersgruppen und Diskontierungszinssätze. Für die Sterbewahrscheinlichkeiten wurden $m = 90$ und $b = 10$ unterstellt.

[10] Beachte, dass für die Tabellen 4.2 und 4.3 andere Mortalitätsparameter verwendet wurden als im Anhang 1.

Tab. 4.3 Annuitätenfaktoren von um 20 Jahre aufgeschobene Leibrenten für ausgewählte Lebensalter und Diskontierungszinsen. Zugrundeliegende Mortalitätsparameter: m = 90, b = 10

	1 %	2 %	3 %	4 %	5 %
50	*11,68*	*8,64*	*6,43*	*4,81*	*3,61*
55	*8,78*	*6,61*	*4,99*	*3,78*	*2,88*
60	*6,10*	*4,66*	*3,57*	*2,74*	*2,11*
65	**3,78**	**2,93**	**2,28**	**1,77**	**1,38**
70	*1,98*	*1,56*	*1,22*	*0,96*	*0,76*

Vergleicht man nun den impliziten Annuitätenfaktor einer Sofortrente im Gegenwert von 1.000.000 € aus Tabellen 4.1 (25,48) mit dem entsprechenden Wert aus Tabelle 4.2 (19,22)[11], stellt man fest, dass er um Einiges höher ist. Die Versicherung kalkuliert daher entweder mit einer ordentlichen Gewinnmarge oder aber mit erheblich geringeren Sterbewahrscheinlichkeiten.

Haben wir es dagegen mit einer beispielsweise um 20 Jahre aufgeschobenen Leibrenten zu tun, ergeben sich gemäß (4.4.a) bei ansonsten gleichen Parametern die in Abbildung 4.4 abgedruckten Faktoren:

Die Beträge, welche für die Rentenzahlungen zu bezahlen sind, werden mit zunehmendem Lebensalter sowie mit steigendem Diskontierungszins immer geringer – und zwar sowohl für Sofortrenten als auch für aufgeschobene Leibrenten.

Um zu verdeutlichen, wie stark sich eine Reduzierung der Sterbewahrscheinlichkeiten auf die Annuitätenfaktoren auswirken, sind in in Tabellen 4.4 aus den Tabellen 4.2 und 4.3 lediglich die Zeilen der 65-Jährigen abgedruckt und den Werten gegenübergestellt, die sich ergeben, wenn wir $m = 100$ wählen (die Werte für $m = 90$ stehen in Klammern)

Tab. 4.4 Auswirkungen der Erhöhung des Lebenspannenmodalwertes von 90 auf 100 auf die Annuitätenfaktoren für Sofortrenten sowie für um 20 Jahre aufgeschobene Leibrenten für eine 65-jährige Person

Sofortrente: $m = 100$ ($m = 90$)

Alter	1 %	2 %	3 %	4 %	5 %
65	**24,84** **(19,22)**	**22,17** **(17,09)**	**19,23** **(15,29)**	**16,86** **(13,78)**	**14,93** **(12,49)**

Aufgeschobene Leibrente: $m = 100$ ($m = 90$)

Alter	1 %	2 %	3 %	4 %	5 %
65	**8,78** **(3,78)**	**6,61** **(2,93)**	**4,99** **(2,28)**	**3,78** **(1,77)**	**2,87** **(1,38)**

[11] Kalkuliert für ein Lebensalter von 65 Jahren und einem Diskontierungszins von 1 %, was den Angeboten aus Abbildung 3.1 vermutlich zugrunde liegen dürfte.

Die Zahlen belegen, dass allein die Erhöhung des Modalwertes von 90 auf 100 die Sofortrenten um 25 % bis 30 % teurer machen. Die für die aufgeschobenen Leibrenten zu zahlenden Beträge erhöhen sich sogar um mehr als das Doppelte.[12]

Beispiel:

*Ein 65-jähriger Mann möchte wissen, wieviel ihn bei einem Zinssatz von 2 % eine Sofortrente und eine um 20 Jahre aufgeschobene Leibrente kostet, die ihm jeweils ab Start ein Einkommen von 60.000 € pro Jahr sichern sollen. Werden die Sterbewahrscheinlichkeiten unter der Annahme von $m = 90$ und $b = 10$ kalkuliert, muss er für die Sofortrente 60.000 €*17,09 = 1.025.400 € bezahlen. Für die um 20 Jahre aufgeschobene Rente dagegen nur 60.000 €*2,93 = 175.800 €. Werden dieselben Renten dagegen mit $m = 100$ kalkuliert, erhöht sich der Preis der Sofortrente um knapp 30 % auf 60.000 €*22,17 = 1.330.200 € und der der aufgeschobenen Rente sogar um 125 % auf 60.000 €*6,61 = 396.600 €.* ◄

Das jeweils konkret verwendete Mortalitätsmodell hat also einen entscheidenden Einfluss auf die Höhe der Einmalbeträge, die für Sofortrenten und vor allem für aufgeschobene Leibrenten bezahlt werden müssen.

Adverse Selektion

Bei der Kalkulation ihrer Angebote versuchen Versicherungen so weit wie möglich einen Effekt zu berücksichtigen, dem alle Anbieter von Absicherungen des Langlebigkeitsrisikos ausgesetzt sind – der sogenannten adversen Selektion, oder Negativauswahl.

Hierbei handelt es sich um ein sehr gut dokumentiertes Verhaltensphänomen, das in unterschiedlichsten Situationen eine Rolle spielt, die allerdings die Gemeinsamkeit aufweisen, dass sie durch asymmetrische Informationen seitens der Vertragspartner geprägt sind.

Mini-Exkurs: Adverse Selektion in der ökonomischen Fachliteratur
In der ökonomischen Fachliteratur wurde die adverse Selektion erstmalig von Akerlof (1970) anhand des Beispiels eines Gebrauchtwagenmarktes analysiert. Der Grundgedanke: Verkäufer und (potenzieller) Käufer eines Gebrauchtwagens haben einen unterschiedlichen Informationsstand über den Zustand eines Fahrzeuges. So könnte der Verkäufer z. B. aufgrund seines eigenen und sehr speziellen Fahrverhaltens sehr genau darüber Bescheid wissen, dass das Fahrzeug sehr bald neue Bremsbeläge benötigt. Das ist dem möglichen Käufer selbstverständlich nicht bewusst, der daher

[12]Durch die veränderten Kalkulationen der Sterbe- bzw. Überlebenswahrscheinlichkeiten auf der Grundlage von $m = 100$ erhalten wir nun auch eine zumindest ungefähre Übereinstimmung des impliziten Annuitätenfaktors von 25,48 des günstigsten Versicherungsangebots aus Tabellen 4.1 mit dem entsprechenden theoretischen Wert von 24,84.

von einem normalen Bremsverschleiß ausgeht. Das hat dann zur Konsequenz, dass für gebrauchte Fahrzeuge im Gleichgewicht deutlich höhere Preise bezahlt werden müssen, als dies bei einer symmetrischen Informationsverteilung der Fall wäre.

Im Versicherungsfall besteht die Asymmetrie darin, dass die Käufer einer lebenslangen Rente sehr viel besser über ihren Gesundheitszustand Bescheid wissen als die Versicherung. Im Endeffekt führt dies dann dazu, dass solche Angebote vor allem für Personen interessant sind, die eine deutlich erhöhte Lebenserwartung aufweisen. Unter den potenziellen Käufern setzt eine adverse Selektion ein, die besagte „Negativauswahl".[13]

Tatsächlich kann man beobachten, dass die Käufer solcher Versicherungen im Durchschnitt länger leben als der Rest der Bevölkerung. Die Versicherungen reagieren auf dieses Phänomen, in dem sie ihre intern verwendeten Sterbewahrscheinlichkeiten entsprechend nach unten korrigieren. Nun kann man darüber diskutieren, ob der Umfang der dabei verwendeten Korrekturen immer angemessen ist.[14] Es besteht jedoch kein Zweifel daran, dass das Problem der adversen Selektion für die Versicherungswirtschaft eine ernste Herausforderung darstellt, der entsprechend Rechnung getragen werden muss.

4.2 Sofortrente oder Kombination aus Anlage und aufgeschobener Leibrente?

Unsere bisherigen Analysen haben gezeigt, dass aufgeschobene Leibrenten erheblich günstiger sind als die entsprechenden Sofortrenten. Von daher stellt sich die Frage, ob Sofortrenten zur Absicherung des Langlebigkeitsrisikos überhaupt sinnvoll sind. Oder ob nicht eine Kombination aus einem (möglicherweise wertpapierbasierten) befristeten Entnahmeplan und einer aufgeschobenen Leibrente dafür viel besser geeignet ist. Konkret lassen sich die folgenden Alternativen gegenüberstellen.

Alternative 1: Eine Sofortrente zahlt ab Rentenantritt monatliche Beträge bis zum Ableben des Versicherten.
Alternative 2: Zunächst werden die Monatsbeträge im Rahmen eines einfachen Auszahlplanes entnommen, der auf $(t' - x)$ Jahre befristet ist. Anschließend werden die Zahlungen von einer um $(t' - x)$ Jahre aufgeschobenen Leibrente geleistet.

Auch wenn diese beiden Alternativen genau genommen nicht vergleichbar sind – immerhin ist man mit der Kombination wesentlich flexibler – ist es sehr aufschlussreich, sie finanzmathematisch-aktuarisch gegenüberzustellen.

[13] Wobei das selbstverständlich nur aus der Perspektive der Versicherung eine negative Auswahl ist.
[14] Im Rahmen seiner Recherchen lernte der Verfasser beispielsweise eine Versicherung kennen, welche die für über 65-Jährige verwendeten Sterbewahrscheinlichkeiten mittels eines „mortality-improvement-factors" mehr als halbierte.

Die entscheidende Frage ist, ob sich eine bestimmte Rentenzahlung mit einer Sofortrente günstiger oder teurer einkaufen lässt als mit einer Kombination aus einfachem Entnahmeplan und aufgeschobener Leibrente. Wenn beide Alternativen dieselben regelmäßigen Beträge gewährleisten – was wir im Folgenden unterstellen wollen –, kann diese Frage durch einen Vergleich der entsprechenden Annuitätenfaktoren beantwortet werden.

Hierzu halten wir zunächst fest, dass sich der Annuitätenfaktor einer Sofortrente wie folgt zerlegen lässt:

$$\sum_{t=1}^{\infty} e^{g*(t-1)} * \exp\left\{e^{\frac{x-m}{b}}\left(1-e^{\frac{t}{b}}\right)\right\} * e^{-r*t} =$$

$$= \sum_{t=1}^{(t'-x)} e^{g*(t-1)} * \exp\left\{e^{\frac{x-m}{b}}\left(1-e^{\frac{t}{b}}\right)\right\} * e^{-r*t} +$$

$$+ \sum_{t=(t'-x)+1}^{\infty} e^{g*(t-1)} * \exp\left\{e^{\frac{x-m}{b}}\left(1-e^{\frac{t}{b}}\right)\right\} * e^{-r*t}$$

Hierbei ist der erste Summand auf der rechten Gleichungsseite der aktuarische Annuitätenfaktor einer auf $(t' - x)$ Jahre befristeten Rentenzahlung. Da bei seiner Ermittlung für die Jahre $t = 1 \ldots (t' - x)$ die entsprechenden Überlebenswahrscheinlichkeiten $\exp\left\{e^{\frac{x-m}{b}}\left(1-e^{\frac{t}{b}}\right)\right\}$ berücksichtigt wurden (die immer kleiner als 1 sind) ist seine Wert stets geringer als der Annuitätenfaktor eines befristeten Entnahmeplans der Alternative 2, bei dem die Überlebenswahrscheinlichkeiten ja keine Rolle spielen. D.h. es gilt:

$$\sum_{t=1}^{(t'-x)} e^{g*(t-1)} * \exp\left\{e^{\frac{x-m}{b}}\left(1-e^{\frac{t}{b}}\right)\right\} * e^{-r*t} < \sum_{t=1}^{(t'-x)} e^{g*(t-1)} * e^{-r*t}$$

Die rechte Seite dieser Ungleichung ist der Annuitätenfaktor eines befristeten Entnahmeplanes ohne Versicherungscharakter, die linke Seite dagegen der eines Planes derselben Laufzeit mit Versicherungseigenschaft.[15]

Völlig unabhängig davon, mit welchen konkreten Sterbewahrscheinlichkeiten die Annuitätenfaktoren kalkuliert werden, gilt somit in jedem Fall: Ohne Berücksichtigung von Kosten und bei einem einheitlichen Zinssatz für beide Alternativen wird die Sofortrente finanzmathematisch-aktuarisch immer günstiger sein als eine Kombination aus einfachem Entnahmeplan und aufgeschobener Leibrente, welche dieselben Zahlungen bietet.

[15] Es ist der aktuarische Annuitätenfaktor für eine von einer Versicherung angebotene auf $(t' - x)$ Jahre befristeten Leibrente, deren „Kaufpreis" im Falle des zwischenzeitlichen Ablebens des Versicherten an die Versicherung gehen würde.

Beispiel:

Ein 65-jähriger Pensionist möchte sich bis an sein Lebensende eine regelmäßige monatliche Zahlung von 3.000 € sichern. Deshalb überlegt er, ob er eine ab sofort zahlende Leibrente abschließen soll, oder ob es nicht besser wäre, eine um 20 Jahre aufgeschobene Leibrente zu erwerben und die zwischenzeitlichen 20 Jahre mit einem einfachen Entnahmeplan zu überbrücken. Wir unterstellen für die Versicherungsangebote einen Diskontierungszinssatz von 2 % p. a. und Mortalitätsparameter von m = 90 und b = 10. Lösung: *Den Tabellen 4.2 und 4.3 lässt sich entnehmen, dass die für eine 65-jährigen Pensionisten relevanten Annuitätenfaktoren für die Sofortrente bzw. die aufgeschobene Leibrente bei einem Diskontierungszins von 2 % p. a. 17,09 bzw. 2,93 betragen. Der Pensionist müsste daher für die Sofortrente einen Betrag von 3.000 €*12*17,09 = 615.240 € bezahlen und für die aufgeschobene Leibrente 3.000 €*12*2,93 = 105.480 €. Wenn der einfache Entnahmeplan über 20 Jahre hinweg ebenfalls eine Auszahlung von 3.000 € monatlich erlauben soll, müsste er hierfür – bei einem Zinssatz von ebenfalls 2 % – gemäß Gleichung (2.3) den Betrag von 3.000 €*12* $\left[1-\frac{1}{(1{,}02)^{20}}\right]\frac{1}{0{,}02}$ *= 3.000 €*12* 16,35 = 588.652 € anlegen. Die Kosten für die Kombination wären somit 588.652 € + 105.480 € = 694.132 €, also um 78.892 € höher als die Sofortrente. Sollte der Pensionist für die Kombination nur so viel ausgeben wollen, wie für die Sofortrente, dann hat er für den befristeten Entnahmeplan nur 615.240 € – 105.480 € = 509.760 € zur Verfügung. Dies würde ihm gemäß Gleichung (2.4) lediglich eine monatliche Entnahme von* $\frac{509.760\ €}{12*\left[1-(1+0{,}02)^{-20}\right]0{,}02^{-1}} = 2.598\ €$ *erlauben.* ◄

In der Praxis wird eine Kombination in der Regel allerdings günstiger sein als eine Sofortrente, und zwar aus zwei Gründen: Erstens kalkulieren Versicherungen ihre Angebote meistens auf Basis einer vom Volumen abhängigen Gewinnmarge und zweitens sind die Verzinsungen bzw. Renditen befristeter Entnahmepläne so gut wie immer höher als die Kalkulationszinssätze, die den Versicherungsangeboten zugrunde liegen.

Volumensabhängige Gewinnmargen

Wie in allen anderen Wirtschaftsbereichen werden auch die Angebote von Versicherungen auf der Grundlage von Kosten kalkuliert. Bei Versicherungen kommen dabei üblicherweise prozentuale Margen zum Einsatz, welche sich auf die Angebotsvolumina, d. h. die entsprechenden Barwerte beziehen. Da die Barwerte von aufgeschobenen Leibrenten erheblich geringer sind als die von Sofortrenten, gilt das auch für die Kosten. Die Praxis volumenabhängiger Margen führt daher dazu, dass eine Kombination aus befristetem

Entnahmeplan und aufgeschobener Leibrente auch von der Kostenseite her betrachtet tendenziell günstiger sein wird als eine entsprechende Sofortrente.

Beispiel:

*Unterstellen wir dieselben Zahlen wie im letzten Beispiel, nehmen nun aber an, dass die Versicherung sowohl für die Sofortrente als auch für die aufgeschobene Leibrente eine pauschale Marge von 20 % des jeweiligen Barwertes verlangt. Die Sofortrente kostet dann 615.240 €*1,2 = 738.288 € und die aufgeschobene Leibrente 105.480 €*1,2 = 126.576 €. In dem Fall wäre die Kombination mit 126.576 € + 588.652 € = 715.228 € sogar günstiger als die Sofortrente, die nun ja 738.288 € kostet. Wenn der Pensionist für die Kombination aber genau so viel ausgibt, wie für die Sofortrente, dann hat er für den einfachen Entnahmeplan nun 738.288 € – 126.576 € = 611.712 € zur Verfügung. Wieder gemäß Gleichung (2.4) würde ihm dies für die 20 Jahre sogar eine monatliche Entnahme von* $\frac{611.712\text{ €}}{12 * \left[1-(1+0,02)^{-20}\right]0,02^{-1}} = 3.118\text{ €}$ *erlauben.* ◄

Unterschiedliche Verzinsungen

In den bisherigen Berechnungen wurde unterstellt, dass die Verzinsung des Entnahmeplans dem Diskontierungszins der Versicherungsangebote entspricht. Das ist jedoch nicht plausibel. Im Gegenteil, es gibt gute Gründe, davon auszugehen, dass die Verzinsung eines befristeten Entnahmeplanes tendenziell höher sein wird. Ist der Zinsabstand ausreichend groß, wird die Kombination auch deshalb rein rechnerisch vorteilhafter.

Beispiel:

Wir gehen wieder von kostenlosen Versicherungsangeboten aus und unterstellen dieselben Zahlungsströme wie in den letzten Beispielen. Nun soll aber für den einfachen Entnahmeplan eine Verzinsung von 4 % p. a. gelten, also zwei Prozentpunkte über dem Diskontierungssatz der Versicherung. Die Barwerte der Versicherungsangebote bleiben somit bei 615.240 € für die Sofortrente und 105.480 € für die aufgeschobene Leibrente. Aufgrund der höheren Verzinsung muss nun für den befristeten Entnahmeplan nur noch ein Betrag von $3.000\text{ €}*12\left[1-\frac{1}{(1,04)^{20}}\right]\frac{1}{0,04} = 489.252\text{ €}$ *angelegt werden. Die Kombination kostet daher insgesamt nur noch 489.252 € + 105.480 € = 594.732 €, ist also günstiger als die Sofortrente. Soll nun für die Kombination derselbe Betrag wie für die Sofortrente ausgegeben werden, dann stehen für den befristeten Entnahmeplan 615.240 € – 105.480 € = 509.760 € zur Verfügung. Dies rechnet sich in eine 20-jährige Monatsrente von* $\frac{509.760\text{ €}}{12 * \left[1-(1+0,02)^{-20}\right]0,02^{-1}} = 3.126\text{ €}$ *um.* ◄

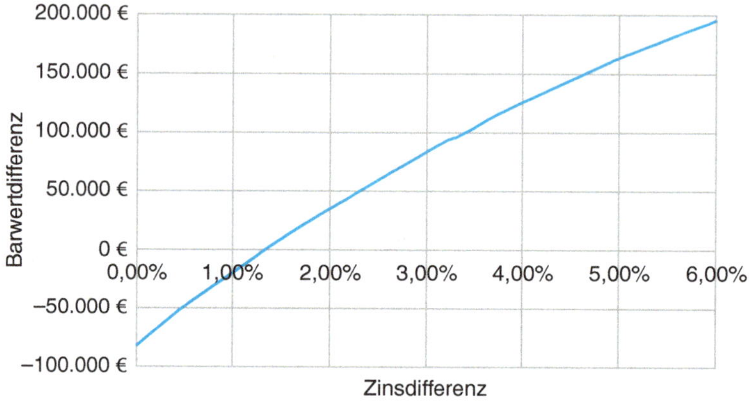

Abb. 4.2 Differenzen zwischen den Barwerten einer Sofortrente und einer Kombination aus befristetem Entnahmeplan und aufgeschobener Leibrente in Abhängigkeit vom Zinsunterschied zwischen befristetem Entnahmeplan und Diskontierungszins der Versicherungsangebote. Unterstellte Parameter: Höhe der monatlichen Zahlung: 2.714 €; Lebensalter des Zahlungsbeziehers: 65 Jahre; Zahlungsaufschub der aufgeschobenen Leibrenten: 20 Jahre; $m = 90$; $b = 10$

Das Beispiel verdeutlicht: Ist der Abstand zwischen der (festen) Verzinsung des befristeten Entnahmeplanes und dem Diskontierungszins der Versicherungsangebote ausreichend groß, dann ist eine Kombination aus aufgeschobener Leibrente und befristetem Entnahmeplan (neben ihrem Vorteil größerer Flexibilität) auch finanzmathematisch-aktuarisch deutlich günstiger als eine Sofortrente.

Abbildung 4.2 zeigt unter der Annahme eines Rentenantritts von 65 Jahren, wie sich eine Erhöhung des Zinsabstandes auf den finanzmathematisch-aktuarischen Vorteilhaftigkeitsunterschied zwischen einer Kombination und einer Sofortrente auswirkt.
Die Grafik macht deutlich, dass bereits ein relativ geringer Zinsabstand genügt, um eine Kombination zur günstigeren Alternative zu machen. Volumenabhängige prozentuale Kostenmargen vergrößern diesen Unterschied noch weiter.

Bisher hatten wir unterstellt, dass die Auszahlungen entweder konstant bleiben oder aber mit einer konstanten Rate (z. B. mit der Inflation) anwachsen. In manchen Situationen kann jedoch eine komplexere Entnahmestrategie sinnvoll sein. Das ist Thema des folgenden Kapitels.

Literatur

Agnew, J. R., Anderson, L. R., Gerlach, J. R., Szykman, L. R., 2008, Who chooses Annuities? An experimental Investigation of the Role of Gender, Framing and Defaults, 2008, American Economic Review, 98(2), S. 418–422.

Akerlof, G. A., 1970, The Market for "Lemons": Quality Uncertainty and the Market Mechanism, Quarterly Journal of Economics, 84(3), S. 488–500.

Ciecka, J. E., 2008, The first mathematically correct life annuity valuation formula, Journal of Legal Economics, Vol. 15(1), 59–63.

Deutsche Aktuarvereinigung e.V., 2018, Herleitung der DAV-Sterbetafel 2004R für Rentenversicherungen, Köln.

Piggott, J., Valdez, E. A., Detzel, B., 2005, The Simple Analytics of a Pooled Annuity Fund, The Journal of Risk and Insurance, Vol. 72(3), S. 497–520.

Statistisches Bundesamt, Leibrentenrechner, URL: https://service.destatis.de/DE/leibrentenrechner/

https://rente.check24.de/

5 Was zeichnet einen optimalen Entnahmeplan aus?

In den meisten Fällen dürfte eine Entnahmestrategie ausreichen, bei der die Auszahlungen regelmäßig an die Inflationsrate angepasst werden. Trotzdem stellt sich die Frage, ob es nicht jenseits dieses einfachen Ansatzes eine allgemeinere Regel gibt, an der man seinen Entnahmeplan ausrichten kann. Tatsächlich gibt es eine ökonomische Gleichung, die genau diese Frage beantwortet. Erste Überlegungen hierzu gehen auf den Ökonomen Irving Fisher zurück [Fisher und Fisk (1915) und Fisher (1930)], die dann vor allem von Yaari (1965) verfeinert und formalisiert wurden. Die von dieser Gleichung beschriebene Handlungsempfehlung berücksichtigt Faktoren wie die Rendite der Anlage, die Geldentwertung sowie individuelle Zeit- und Risikopräferenzen. Eine besondere Rolle spielt dabei das Spannungsfeld aus maximalen Auszahlungen noch zu Lebzeiten einerseits und möglichst lang andauernden Zahlungen andererseits. Die entsprechende Gleichung lautet:

$$\ln\left(\frac{E_{t+1}}{E_t}\right) = \frac{E(\tilde{R}) - i - \rho + \ln({}_x p_1)}{\gamma} \tag{5.1}$$

Sie wird im Folgenden ausführlich erläutert. Hierbei gilt:

E_{t+1} = Auszahlungen (Entnahmen) in $t + 1$ („zukünftig“)
E_t = Auszahlungen (Entnahmen) in t („aktuell“)
$\ln\left(\frac{E_{t+1}}{E_t}\right)$ = natürlicher Logarithmus des Auszahlungsquotienten $\frac{E_{t+1}}{E_t}$; gibt an, um wieviel Prozent die zukünftigen gegenüber den aktuellen Auszahlungen angepasst werden sollen
$E(\tilde{R})$ = Erwartungswert der Rendite des Ruhestandsvermögens
i = Inflationsrate
ρ = individueller Zeitpräferenzparameter
${}_x p_1$ = Wahrscheinlichkeit, dass eine aktuell x Jahre alte Person das vor ihr liegende Jahr überlebt (d. h. älter wird als $x + 1$ Jahre)

S. May, *Aktuarisch fundierte Ruhestandsplanung*,
https://doi.org/10.1007/978-3-658-51938-4_5

$\ln({}_xp_1)$ = natürlicher Logarithmus dieser „Überlebenswahrscheinlichkeit"; gibt in Prozent an, wie „weit entfernt" eine x Jahre alte Person von einer 100 %-igen Überlebenswahrscheinlichkeit ist.
γ = individueller Risikoaversionsparameter

Gleichung (5.1) legt fest, wie die Entnahmen unter Berücksichtigung der genannten Einflussgrößen im Zeitverlauf anzupassen sind. Dabei drückt die linke Seite – der natürliche Logarithmus des Auszahlungsquotienten $\frac{E_{t+1}}{E_t}$ – aus, um wieviel Prozent sich die Entnahmen in $t + 1$ gegenüber denen in t verändern sollten. In dem Zusammenhang sei daran erinnert, dass der natürliche Logarithmus einer Zahl, die größer als 1 ist, positiv und der einer Zahl kleiner 1 negativ ist, wie Abbildung 5.1 illustriert.

Gilt für den Auszahlungsquotienten $\frac{E_{t+1}}{E_t} > 1$, dann bedeutet das ja auch $E_{t+1} > E_t$, d. h. vom Logarithmus wird eine prozentuale Erhöhung der Auszahlungen angezeigt: $\left[\ln\left(\frac{E_{t+1}}{E_t}\right) > 0\right]$. Gilt aber $\frac{E_{t+1}}{E_t} < 1$, dann ist wegen $E_{t+1} < E_t$ die Empfehlung, die Auszahlungen abzusenken: $\left[\ln\left(\frac{E_{t+1}}{E_t}\right) < 0\right]$.

Beispiel:

Angenommen die Entnahmen in t betragen 3.800 € und sollen ein Jahr später auf 3.500 € reduziert werden. Es gilt daher $\frac{3.500}{3.800} < 1$, *was einer (stetigen) prozentualen*

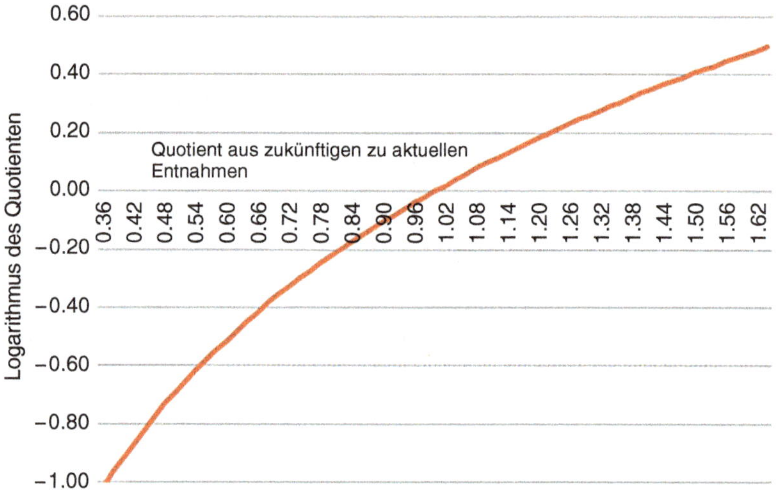

Abb. 5.1 Natürlicher Logarithmus des Quotienten $\frac{E_{t+1}}{E_t}$

Reduktion um: $\ln\left(\frac{3.500}{3.800}\right) \approx -0{,}0822 = -8{,}22\%$ *entspricht. Sollen die Entnahmen in t + 1 dagegen 4.300 € betragen, dann gilt* $\frac{4.300}{3.800} > 1$, *was einer Erhöhung um* $\ln\left(\frac{4.300}{3.800}\right) \approx +0{,}1235 = +12{,}36\%$ *entspricht.* ◄

Bisher wurde lediglich erläutert, wie negative und positive Werte der linken Seite von (5.1) zu interpretieren sind, aber nicht, warum und auf welche Weise die in Gleichung (5.1) enthaltenen Einflussgrößen zu den entsprechenden Ergebnissen führen.[1] Das wird im Folgenden anhand einfacher Beispiele erläutert. Zugleich wird dadurch die konkrete Anwendung von (5.1) nachvollziehbar.

5.1 Realverzinsung des Ruhestandsvermögens $[E(\tilde{R}) - i]$

Dass eine höhere reale Wertentwicklung des Vermögens – bei ansonsten gleichbleibenden Einflussgrößen („ceteris paribus") – zugleich die Entnahmemöglichkeiten erhöht, muss nicht weiter begründet werden. Damit ist aber auch nachvollziehbar, warum dadurch von (5.1) eine geringere prozentuale Absenkung (ausgehend von $\frac{E_{t+1}}{E_t} < 1$) bzw. stärkere Erhöhung der jährlichen Entnahmen (ausgehend von $\frac{E_{t+1}}{E_t} > 1$) empfohlen wird.

Beispiel:

Wir stellen uns eine 70-jährige Person vor, die ihr Ruhestandsvermögen zu $E(\tilde{R}) = 5\%$ *angelegt hat. Die Inflation betrage 2 %, die Zeitpräferenzrate 3 % und der Risikoaversionsparameter sei 5. Die Wahrscheinlichkeit, dass diese Person ihren 71. Geburtstag feiern kann, beträgt für m = 90 und b = 10 gemäß Gleichung (3.6) aus dem dritten Kapitel 98,59 %, d. h. es gilt:* ${}_{70}p_1 = 0{,}9859$ *und* $\ln(0{,}9859) = -0{,}0142 = -1{,}42\ \%$. *Fügt man alle Größen zusammen erhält man:*

$$\ln\left(\frac{E_{t+1}}{E_t}\right) = \frac{0{,}05 - 0{,}02\ - 0{,}03 + 0{,}0142}{5} = \frac{-0{,}0142}{5} = -\,0{,}00284 \approx -\,0{,}28\%.$$

Die Empfehlung lautet daher zunächst, die Entnahmen jährlich um 0,28 % zu reduzieren. Steigt nun die zu erwartende Rendite auf 7 % p. a. ergibt sich:

$$\ln\left(\frac{E_{t+1}}{E_t}\right) = \frac{0{,}07 - 0{,}02 - 0{,}03 - 0{,}0142}{5} = \frac{0{,}0058}{5} = 0{,}00116 \approx 0{,}12\%.$$

Statt sie reduzieren zu müssen, können die Zahlungen durch den Renditeanstieg annähernd beibehalten, ja sogar leicht angehoben werden. ◄

[1] Konkret ergibt sich (5.1) aus den (notwendigen) Optimalitätsbedingungen der Maximierung einer intertemporalen Nutzenfunktion bei unsicherer Lebenspanne.

5.2 Zeitpräferenzrate ρ

Die Zeitpräferenzrate ρ quantifiziert die subjektive Wertschätzung aktuellen gegenüber zukünftigem Konsum. Ein Urlauber beispielsweise, der seine Reise durch einen Dispositionskredit mit zehnprozentiger Verzinsung finanziert, offenbart durch dieses Verhalten eine Zeitpräferenzrate, die sogar höher ist als die 10 % des Dispo-Kredits. Je höher also diese Rate, desto größer die subjektive Wertschätzung des Gegenwartskonsums. Von daher sollte es nachvollziehbar sein, warum eine Steigerung von ρ ceteris paribus die Empfehlung bewirkt, $\frac{E_{t+1}}{E_t}$ abzusenken und damit das relative Gewicht des Gegenwartskonsums zu erhöhen.

Mini-Exkurs: Zeitpräferenzrate und intertemporale Nutzenfunktion
Die Zeitpräferenzrate beantwortet die Frage, auf wieviel Zukunftskonsum man höchstens zu verzichten bereit ist, um eine Einheit Gegenwartskonsum mehr zu erhalten. Das hängt selbstverständlich davon ab, welchen Unterschied im individuellen Nutzen *U* („*Utility*") es bewirkt, wenn man ein bestimmtes Konsumgut heute (C_t) statt morgen (C_{t+1}) konsumiert. Dieser Unterschied wird dann als Prozentsatz des Nutzens aus dem Gegenwartskonsum ausgedrückt. Formal ist die Zeitpräferenzrate daher wie folgt definiert: $\rho = \frac{U(C_t) - U(C_{t+1})}{U(C_t)}$. $U(C_t)$ steht dabei für den Nutzen, den man aus Gegenwartkonsum bezieht und $U(C_{t+1})$ für den aus zukünftigen Konsum. Beachte, dass gilt: $U(C_t) > U(C_{t+1}) \Rightarrow \rho > 0$ und $U(C_t) < U(C_{t+1}) \Rightarrow \rho < 0$.

5.3 Risikoaversionsparameter γ

Da der Risikoaversionsparameter auf der rechten Seite von (5.1) unterhalb des Bruchstriches steht, hat seine Erhöhung den Effekt, dass die ausgesprochenen Empfehlungen immer etwas moderater ausfallen: Sowohl ein Anstieg zukünftiger Zahlungen als auch ihre Reduktion wird durch größere Werte von γ abgeschwächt. Grund: Das hierbei relevante Risiko besteht darin, sich im bereits angesprochenen Spannungsfeld falsch zu positionieren: Erhöht man die Auszahlungen zu stark, besteht die Gefahr, dass man sein Vermögen überlebt, sprich, es im hohen Alter nicht mehr ausreicht, den Lebensstandard zu finanzieren. Senkt man sie dagegen zu sehr ab, besteht das Risiko, einen zu geringen Anteil seines Vermögens noch zu Lebzeiten zu verbrauchen. Beiden Risiken wird durch den Risikoaversionsfaktor Rechnung getragen, da er die Empfehlungen in beide Richtungen abschwächt – sowohl eine Steigerung der Zahlungen als auch ihre Reduktion fällt entsprechend geringer aus.

Beispiel:

Nehmen wir eine 50-jährige Person als Beispiel. Ihre einjährige Überlebenswahrscheinlichkeit $_xp_1$ *beträgt laut Gleichung (3.6) aus Kapitel 3 (für m = 90 und b = 10) 99,81 %. Da gilt:* ln(0,9981) = –0,0019018 ≈ –0,19 % *wird aufgrund dieses Faktors (der im nächsten Abschnitt genauer besprochen wird) kaum eine Anpassung der Zahlungen ausgelöst, bzw. nur eine marginale Absenkung. Nehmen wir nun weiter an, dass gilt:* $E(\tilde{R}) = 7\ \%$, $i = 2\ \%$ und $\rho = 3\ \%$. *Gleichung (6.1) ergibt dann:* $\ln\left(\frac{E_{t+1}}{E_t}\right) = \frac{0{,}07 - 0{,}02\ - 0{,}03 + (-0{,}0019)}{\gamma} = \frac{0{,}0181}{\gamma}$. *Bei einem Risikoaversionsfaktor von 1 würde die Empfehlung also lauten, die Auszahlungen um 1,81 % zu erhöhen. Dadurch steigt aber das Risiko, das Vermögen vorzeitig zu verbrauchen. Von daher ist es nachvollziehbar, dass eine Erhöhung des Risikoaversionsparameters die empfohlene Ausgabensteigerung entsprechend reduziert.*

Doch auch die Empfehlungen, die Entnahmen zu reduzieren, werden durch einen höheren Wert von γ *abgeschwächt. Nehmen wir hierzu an, die Zeitpräferenzrate wäre nicht 3 %, sondern 7 %. Bei ansonsten unveränderten Parameterwerten hätten wir:* $\ln\left(\frac{E_{t+1}}{E_t}\right) = \frac{0{,}07 - 0{,}02\ - 0{,}07 + (-0{,}0019)}{\gamma} = \frac{-0{,}0219}{\gamma}$.

Bei einem Risikoaversionsfaktor von 1 würde daher eine Absenkung der Ausgaben um 2,19 % empfohlen. Dies erhöht jedoch das Risiko, dass noch zu Lebzeiten insgesamt zu wenig des Vermögens entnommen wird. Von daher ist es nur folgerichtig, dass eine Erhöhung der allgemeinen Risikoaversion γ *auch den Umfang der Reduktionsempfehlungen abschwächt.* ◀

Risikoaversions- und Zeitpräferenzparameter sind individuelle Größen, die bestimmte Aspekte der Mentalität eines Anlegers charakterisieren. Beide sind intuitiv nachvollziehbar, aber nur sehr schwer zu quantifizieren. Konkrete Werte können nur durch ausführliche persönliche Gespräche ausgelotet werden.

Das alte Sprichwort „Lieber den Spatz in der Hand, als die Taube auf dem Dach" fasst den Einfluss beider Faktoren – Risiko- und Zeitpräferenz – sehr anschaulich zusammen: Der Spatz in der Hand mag einem lieber sein, weil die Taube entwischen könnte (Risikopräferenz) oder aber weil es einfach dauert, bis man sie in der Hand hat (Zeitpräferenz).

Speziell für die Zeitpräferenzrate ist es eine weitverbreitete Praxis, anzunehmen, dass sie dem Realzins entspricht, d. h. dass gilt: $\rho = \left[E(\tilde{R}) - i\right]$. Dies bewirkt, dass sich die beiden Einflussfaktoren Realzins und Zeitpräferenzrate in ihrer Wirkung gegenseitig neutralisieren und als ausschlaggebende Faktoren in (5.1) der Risikoaversionsfaktor sowie die Überlebenswahrscheinlichkeit, bzw. deren natürlicher Logarithmus verbleiben.

5.4 Natürlicher Logarithmus der Überlebenswahrscheinlichkeit $\ln({}_xp_1)$

Um den Einfluss der Überlebenswahrscheinlichkeit bzw. deren natürlichen Logarithmus auf die Entnahmeempfehlungen zu verstehen, ist es hilfreich, sich vor Augen zu führen, dass der natürliche Logarithmus einer Zahl als (stetiger) prozentualer Abstand interpretiert werden kann, den diese Zahl von der Zahl 1 hat. $\ln(1{,}1) \approx 0{,}0953$ beispielsweise sagt uns, dass 1,1 (in stetiger Betrachtung) rund 9,53 % über der Zahl 1 liegt. $\ln(0{,}85) \approx -0{,}1625$, dagegen, dass 0,85 rund 16,25 % unter der 1 liegt.[2] Wenn nun die Zahl, deren Logarithmus wir ermitteln – wie im vorliegenden Fall –, eine Überlebenswahrscheinlichkeit ist, drückt ihr Logarithmus aus, wie „weit entfernt" (in Prozent ausgedrückt) diese Wahrscheinlichkeit von 100 % ist, sprich von der Sicherheit des Überlebens entfernt. Eine geringe Überlebenswahrscheinlichkeit korrespondiert daher mit einem stark negativen Wert des natürlichen Logarithmus.[3] Für eine 85-jährige Person beispielsweise beträgt die (einjährige) Überlebenswahrscheinlichkeit ${}_{85}p_1$ rund 90 %. Da gilt $\ln(0{,}9) \approx -0{,}1054 = -10{,}54\ \%$, ist diese Person somit gut 10 % von der Gewissheit entfernt, das vor ihr liegende Jahr noch zu erleben. Umgekehrt heißt das natürlich, dass die Wahrscheinlichkeit relativ hoch ist, dass sie in diesem Jahr stirbt. Von daher ist es nachvollziehbar, dass bei einer sinkenden Überlebenswahrscheinlichkeit (und stark negativem Logarithmuswert) die aus (5.1) resultierende Empfehlung lautet, die Auszahlungen verstärkt in Richtung Gegenwartskonsum zu verlagern, d. h. zukünftige Auszahlungen und damit den Auszahlungsquotienten $\frac{E_{t+1}}{E_t}$ abzusenken.[4]

Beispiel:

Um den Einfluss des Faktors $\ln({}_xp_1)$ *auf die Anpassungsempfehlungen von (5.1) deutlich sichtbar zu machen, unterstellen wir* $\gamma = 1$ *und* $\left[E(\tilde{R}) - i\right] = \rho$. *Dadurch sind alle anderen Einflüsse auf das Ergebnis von (5.1) neutralisiert und es entspricht genau dem Wert von* $\ln({}_xp_1)$. *Betrachten wir zunächst eine 50-jährige Person. Deren einjährige Überlebenswahrscheinlichkeit bestimmt sich entsprechend Gleichung (3.6) aus Kapitel 3 durch* ${}_{50}p_1 = e^{\frac{50-90}{10}} * (1 - e^{\frac{1}{10}}) \approx 0{,}9981 = 99{,}81\%$. *Entsprechend (5.1) resultiert daraus die Empfehlung die Entnahmen lediglich um* $\ln(0{,}9981) \approx -0{,}0019 = 0{,}19\ \%$ *abzusenken, also mehr oder weniger unverändert zu belassen. Für eine 85-jährige Person dagegen, deren einjährige Überlebenswahrscheinlichkeit* ${}_{85}p_1 = e^{\frac{85-90}{10}} * (1 - e^{\frac{1}{10}}) \approx 0{,}9382 = 93{,}82\%$

---

[2] Ich sehe das Stirnrunzeln mancher Leser geradezu vor mir, die sich vermutlich fragen, warum der Verfasser nicht sieht, dass 1,1 um 10 % höher ist als 1 und 0,85 um 15 % geringer. als 1 ist. In diskreter Betrachtung ist das selbstverständlich korrekt, denn es gilt: $1*(1 + 0{,}10) = 1{,}1$ und $1*[1 + (-0{,}15)] = 0{,}85$. In stetiger Betrachtung gilt jedoch: $e^{0.0953152...} = 1{,}1$ und $e^{-0.0162519...} = 0{,}85$.

[3] Da in jedem Lebensalter x gilt, dass ${}_xp_1 < 1$, gilt auch $\ln({}_xp_1) < 0$.

[4] Der extreme Grenzfall wäre es, wenn die Überlebenswahrscheinlichkeit 0 % betrüge. Von einem Vererbungsmotiv abgesehen, würden zukünftige Entnahmen überhaupt keine Rolle mehr spielen.

beträgt, lautet das Ergebnis (5.1) immerhin ln(0,9382) ≈ –0,0638 =–6,38 %. *Die Entnahme sollte in dem Fall um gut 6 % abgesenkt werden. Der gravierende Unterschied zwischen beiden Empfehlungen ist ausschließlich auf den Altersunterschied zurückzuführen. Die 85-jährigePerson hat eben eine deutlich höhere Wahrscheinlichkeit, die eigene Zukunft nicht mehr zu erleben, weshalb es nur nachvollziehbar ist, dass für sie die Empfehlung lautet, den Gegenwartskonsum* C_t *relativ* C_{t+1} *zu verstärken, sprich den Quotienten* $\frac{E_{t+1}}{E_t}$ *deutlich abzusenken. Eine analoge inhaltliche Begründung kann durch den Verweis auf das bereits angesprochene Spannungsfeld gegeben werden, in dem Entnahmeentscheidungen getroffen werden müssen: Legt die ältere Person zu viel „Entnahmegewicht" auf die Zukunft, ist das Risiko sehr hoch, dass sie zu große Teile ihres Vermögens nicht mehr selbst verbrauchen kann. Auch aus dieser Perspektive ist es nachvollziehbar, warum die Empfehlung lautet, die zukünftigen Entnahmen und damit auch den Quotienten* $\frac{E_{t+1}}{E_t}$ *umso mehr abzusenken, je älter man ist.* ◄

Unabhängig davon, welcher konkrete Entnahmeplan aus Gleichung (5.1) auch immer resultieren mag, das Entnahmepotential ist für jeden Plan umso größer, je höher die Realverzinsung $\left[E(\tilde{R})-i\right]$ der Anlage ist, in welche das Ruhestandsvermögen investiert wurde. Um höhere Verzinsungen zu erreichen, muss aber in entsprechende Finanzmarktpapiere investiert werden. Das können Festverzinsliche (Staats- oder Unternehmensanleihen) sein, insbesondere aber auch Aktien, als die renditestärkste Anlage überhaupt.

Da es aufgrund der damit verbundenen Risiken vermutlich ausgeschlossen sein dürfte, für einen Ruhestandsplan das gesamte anzulegende Vermögen in Aktien zu stecken, stellt sich die Frage nach der optimalen Aktienquote. Genau das ist das Thema des folgenden Abschnitts.

Literatur

Agnew, J. R., Anderson, L. R., Gerlach, J. R., Szykman, L. R., 2008, Who chooses Annuities? An experimental Investigation of the Role of Gender, Framing and Defaults, 2008, American Economic Review, 98(2), S. 418–422.

Fisher, I., 1930, The theory of interest: As determined by impatience to spend income and opportunity to invest, The Macmillan Company.

Fisher, I., Fisk, E. L., 1915, How to live: rule for healthful living based on modern science, Funk and Wagnal Company, New York.

Kojen, R. S., Nijman, T. E., Werker, B. J., 2011, Optimal Annuity Risk Management, Review of Finance, 15(4), S. 799–833.

Kotlikoff, l. J., Burns, S., 2008, Spend ´til the end: the revolutionary guide to raising your living standard today and when you retire, Simon and Schuster, New York.

Loewenstein, G., Prelec, D., 1991, Negative time preference, American Economic Review, Vol. 81(2), 347–352.

Samuelson, P. A., 1969, Lifetime portfolio selection by dynamic stochastic programming, The Review of Economics and Statistics, Vol. 51(3), 239–246.

Yaari, M. E., 1965, Uncertain lifetime, life insurance, and the theory of the consumer, Review of Economic Studies, Vol. 32, 137–150.

Wie hoch sollte mein Aktienanteil sein? 6

Die sogenannte Asset Allokation[1] ist für jeden Wertpapierinvestor die wichtigste Anlageentscheidung. Betrachtet man nur die Anlagekategorien Aktien (AK)[2] und risikolose Anlagen (GK)[3], dann reduziert sich diese Entscheidung auf die Frage, welcher Anteil θ des gesamten Finanzvermögens (FK) in Aktien investiert werden soll. Hierbei besteht folgender Zusammenhang:

$$FK = \theta * AK + (1-\theta) * GK \quad \text{mit} \quad \theta = \frac{AK}{FK} \quad \text{und} \quad 0 \leq \theta \leq 1. \tag{6.1}$$

Eine konkrete Festlegung der Aktienquote θ sollte in erster Linie von drei Faktoren bestimmt werden:

- dem (zu erwartenden) Renditeabstand zwischen einer Aktien- und einer risikolosen Geldanlage $\left[E(\tilde{R}) - r\right]$
- dem Risiko der Aktienanlage (σ)
- der sogenannten Risikotragfähigkeit des Anlegers (γ).

Während die ersten beiden Faktoren sich aus den jeweiligen Anlagemöglichkeiten ableiten, bezieht sich der Dritte auf die Persönlichkeit und finanzielle Situation des Anlegers.

Für eine erfolgreiche Umsetzung ist es entscheidend, wie der abstrakte Begriff „Risikotragfähigkeit" konkretisiert und mit Leben gefüllt wird. Auch wenn es hierzu keinen allgemein anerkannten und wissenschaftlich begründeten Ansatz gibt, ist man sich doch weitgehend darüber einig, dass dabei sowohl die materiell-objektive Situation des Anlegers berücksichtigt werden muss als auch seine Persönlichkeit, sprich die emotional-subjektive Seite.

---

[1] Die Verteilung eines Vermögens auf übergeordnete Anlagekategorien, wie Aktien und Anleihen, bezeichnet man als Asset Allokation, nicht aber, welche konkreten Wertpapiere gekauft werden.

[2] Idealerweise ein wohldiversifiziertes internationales Aktienportfolio.

[3] Beispielsweise eine Geldmarktanlage oder ein Anleiheportfolio mit kurzer Restlaufzeit und ohne substanzielle Ausfallrisiken.

S. May, *Aktuarisch fundierte Ruhestandsplanung*,
https://doi.org/10.1007/978-3-658-51938-4_6

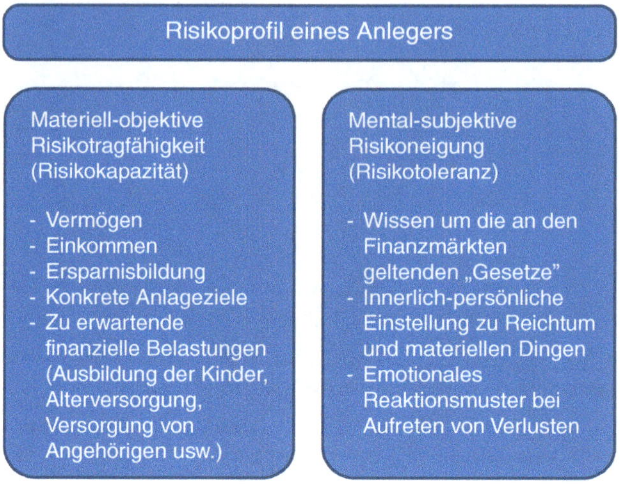

Abb. 6.1 Objektive und subjektive Bestimmungsgrößen der Risikotragfähigkeit eines Anlegers

Die materielle Seite der Risikotragfähigkeit wird bestimmt von Faktoren wie Einkommen und bestehendem Vermögen, aber auch von den Zielen des Anlegers, eventuell vorhandenen finanziellen Verpflichtungen, Aspekten der Altersversorgung usw. Die subjektive Seite dagegen knüpft an der jeweiligen emotionalen Befindlichkeit des Anlegers gegenüber Verlusten an. Welchen emotionalen Stress verursachen tatsächlich auftretende Verluste? Wie ist die allgemeine Einstellung gegenüber materiellen Dingen? Ist der Anleger mit den Gesetzmäßigkeiten und der Dynamik von Finanzmärkten vertraut? Die Unterschiede zwischen den Anlegern sind hierbei erheblich.

Abbildung 6.1 verdeutlicht die beiden Seiten eines Risikoprofils und gibt zugleich einen Überblick über die sie bestimmenden Faktoren.

In wissenschaftlichen Arbeiten zum Thema Anlagemanagement wird die Gesamtheit dieser Einflussgrößen zu einem sogenannten Risikoaversions-Parameter γ verdichtet. Diesen hatten wir bereits in Kapitel 5 kennengelernt. Dort bezog er sich auf das Risiko, seine Entnahmen falsch zu wählen. In diesem Kapitel drückt er dagegen die Aversion gegenüber Aktienmarktrisken aus. Trotzdem ist es durchaus vertretbar, beide Arten von „Aversionen" mit ein und derselben Kennzahl zu quantifizieren.

Ist der Grad der Risikoaversion γ gegeben, lässt sich unter bestimmten vereinfachenden Annahmen zeigen,[4] dass die optimale Aktienquote wie folgt festgelegt werden kann:

$$\theta = \frac{1}{\gamma} \frac{E(\tilde{R}) - r}{\sigma^2}. \tag{6.2}$$

[4]Samuelson (1969), Bodie, Merton, Samuelson (1992), Merton (1990) und Charupat, Huang, Milevsky (2012).

Hierbei ist γ der Grad der Risikoaversion, σ die Volatilität der Aktienanlage, sprich ihr Risiko, und $\left[E(\tilde{R})-r\right]$ der Abstand zwischen der zu erwartenden Aktienrendite $E(\tilde{R})$ und dem risikofreien Zins r. Diese Differenz wird auch als Risikoprämie der Aktienanlage bezeichnet. Umfangreiche empirische Studien belegen, dass sie im Zeitablauf weniger volatil ist als ihre einzelnen Bestandteile $E(\tilde{R})$ und r. In der empirischen Finanzmarktanalyse wird $\left[E(\tilde{R})-r\right]$ daher als eine mehr oder weniger stabile Größe behandelt. Deshalb wäre es beispielsweise im Rahmen einer Umsetzung von Gleichung (6.2) nicht sinnvoll, etwa aufgrund eines ansteigenden risikolosen Zinssatzes r aus (6.2) eine entsprechende Reduktion dieser Prämie abzuleiten.

Auch wenn Gleichung (6.2) noch nicht die endgültige Bestimmungsgleichung[5] für eine optimale Aktienquote darstellt, werden durch sie bereits wesentliche Zusammenhänge deutlich. Zunächst ist unmittelbar ersichtlich, dass die Quote mit steigenden Werten für γ und σ ceteris paribus abnimmt, wogegen sie mit zunehmendem $\left[E(\tilde{R})-r\right]$ ansteigt.

Beispiel:

Realistische Werte für die Marktparameter sind: $\left[E(\tilde{R})-r\right]=5{,}5\%$ und $\sigma = 15\ \%$. *Bei einem Risikoaversionsgrad von* $\gamma = 5$, *ergibt sich dann die folgende Aktienquote:* $\theta = \frac{1}{5} * \frac{0{,}055}{0{,}15^2} = \frac{1}{5} * \frac{0{,}055}{0{,}0225} = 0{,}4888\ldots \approx 49\%$. *Eine ceteris paribus Verdoppelung von* $[E(R)-r]$ *bzw. von* γ *verdoppelt die Quote:*

$\theta = \frac{1}{5} * \frac{0{,}11}{0{,}15^2} = \frac{1}{5} * \frac{0{,}055}{0{,}0225} = 0{,}9777\ldots \approx 98\%$ *bzw. halbiert sie:*

$\theta = \frac{1}{10} * \frac{0{,}055}{0{,}15^2} = \frac{1}{10} * \frac{0{,}055}{0{,}0225} = 0{,}24444\ldots \approx 24{,}50\%$. *Im Gegensatz zum Risikoaversionsparameter* γ *bewirkt eine Verdoppelung des Risikos auf* $\sigma = 30\ \%$ *mehr als eine Halbierung:* $\theta = \frac{1}{5} * \frac{0{,}055}{0{,}30^2} = \frac{1}{5} * \frac{0{,}055}{0{,}09} = 0{,}12222\ldots \approx 12\%$. ◄

Das Beispiel verdeutlicht, dass sich Veränderungen der Risikoprämie und des Risikos nicht nur in ihrer Wirkungsrichtung[6] unterscheiden, sondern auch hinsichtlich ihres Umfanges. Grund: Da das Risiko σ in die Gleichung (6.2) in quadrierter Form einfließt, hat eine Erhöhung von σ eine deutlich stärkere Reduktion der optimalen Aktienquote zur Folge als eine prozentual gleich große Reduktion der Risikoprämie $\left[E(\tilde{R})-r\right]$.[7]

[5] Ein wesentlicher Einflussfaktor fehlt, der aber später noch besprochen wird.

[6] Wenn die Risikoprämie zunimmt, steigt die optimale Aktienquote, nimmt dagegen das Risiko zu, sinkt sie.

[7] Das ist die Konsequenz von Nutzenfunktionen mit konstanter relativer Risikoaversion, welche der Ableitung von Gleichung (6.2) zugrunde liegen.

Beschränkung des Risikoaversions-Parameters

Probiert man Gleichung (6.2) mit verschiedenen Parameterwerten aus, erkennt man, dass sich dabei auch Aktienquoten ergeben können, die größer als 100 % sind.[8] Will man das ausschließen, dann muss γ wie folgt eingeschränkt werden: $\frac{1}{\gamma}\frac{E(\tilde{R})-r}{\sigma^2} \leq 1 \Leftrightarrow \frac{E(\tilde{R})-r}{\sigma^2} \leq \gamma$. Beträgt die Risikoprämie beispielsweise 5,50 % und das Risiko 15 %, so wird γ durch diese Beschränkung auf Werte festgelegt, die größer sind als $\frac{0,055}{0,15^2} = 2,44\ldots$.

Damit liegt nun für γ zwar eine Untergrenze fest, aber noch keine nach oben. Es empfiehlt sich daher für γ auch eine Obergrenze und damit für die Aktienquote θ eine Untergrenze festzulegen. Bezeichnen wir Letztere als θ_{min}, dann schränkt das γ wie folgt ein: $\frac{1}{\gamma}\frac{E(\tilde{R})-r}{\sigma^2} \geq \theta_{\text{min}} \Leftrightarrow \frac{1}{\theta_{\text{min}}}\frac{E(\tilde{R})-r}{\sigma^2} \geq \gamma$. Für dieselben Parameterwerte wie vorhin und $\theta_{\text{min}} = 10\,\%$ wird γ dadurch unter den Wert $\frac{1}{0,1}\frac{0,055}{0,15^2} = 24,44\ldots$ gezwungen. Fasst man Unter- und Obergrenze zusammen, bewegt sich γ im Intervall: $\frac{1}{\theta_{\text{min}}}\frac{E(\tilde{R})-r}{\sigma^2} \leq \gamma \leq \frac{E(\tilde{R})-r}{\sigma^2}$. Für die Beispielswerte gilt somit: $2,444\ldots \leq \gamma \leq 24,444\ldots$.

6.1 Bedeutung des Anlagehorizontes

Die Frage, ob die Verlängerung des Anlagehorizontes eines Investors dessen Risikotragfähigkeit erhöht, beantworten die meisten Finanzmarktexperten positiv. Als Begründung wird dabei gerne angeführt, dass das Risiko aufgrund des sogenannten Zeit-Diversifikationseffektes mit zunehmendem Anlagehorizont abnehme und der Anleger damit auch mehr Gelegenheit hat, etwaige Kursverluste „auszusitzen".

Dieses Argument ist zwar im Kern richtig, in der Anlagepraxis werden die Zusammenhänge jedoch häufig falsch interpretiert und der Zeit-Diversifikationseffekt völlig übertrieben dargestellt. So besagt dieser Effekt beispielsweise keineswegs, dass das absolute Risiko mit zunehmendem Anlagehorizont abnimmt, sondern lediglich, dass es mit *abnehmender Rate zunimmt.* Das wird durch folgende Gleichung deutlich, welche die Volatilität von Kursbewegungen[9] in Abhängigkeit vom Anlagehorizont beschreibt:

$$\sigma_T = \sigma\sqrt{T} \tag{6.3}$$

Hierbei ist T der betrachtete Zeithorizont in Jahren, σ_T die auf den Zeitraum T bezogene Volatilität und σ die Volatilität per anno. Der entsprechende Durchschnittswert ergibt sich als:

[8] Gemäß Gleichung (6.1) würde $\theta > 1$ zugleich $(1 - \theta) < 0$ bedeuten, was einem kreditfinanzierten Aktienkauf entspricht.

[9] Beziehungsweise von prozentualen Kursveränderungen, sprich Renditen.

$$\frac{\sigma_T}{T} = \frac{\sigma\sqrt{T}}{T} = \frac{\sigma\sqrt{T}}{\sqrt{T}\sqrt{T}} = \frac{\sigma}{\sqrt{T}}.$$

Nicht die Gesamtvolatilität und auch nicht die Volatilität p. a. nimmt also ab, sondern lediglich die über T Jahre ermittelte durchschnittliche Jahresvolatilität:

$$\sigma_{T-\text{Jahresdurchschnitt}} = \frac{\sigma}{\sqrt{T}} \tag{6.4}$$

Abbildung 6.2 zeigt die Entwicklung der verschiedenen Risikogrößen in Abhängigkeit vom Anlagehorizont.

Wenn von vielen Praktikern des Anlagemanagements davon gesprochen wird, dass das „Risiko mit zunehmendem Anlagehorizont abnimmt", kann also nur das durchschnittliche Gesamtrisiko gemeint sein. Diese Kennzahl spiegelt jedoch die tatsächlichen Risiken einer Wertpapieranlage, die auch bei einer längerfristigen Betrachtung durchaus noch vorhanden sind, nur sehr unvollständig wider. Das wird besonders deutlich, wenn man sich das Risiko mit Hilfe der alternativen Kennzahl „Value at Risk" vor Augen führt.

„Value at Risk" und Anlagehorizont

Die Risikokennzahl „Value at Risk" (*VaR*), die unter Statistikern als Quantil geläufig ist, gibt zu einer (vom Anwender) vorzugebenden Wahrscheinlichkeit α die Rendite an, die nur noch mit dieser Wahrscheinlichkeit unterschritten wird.[10] Damit beleuchtet der *VaR* in kombinierter Form sowohl den Umfang eines möglichen Vermögensverlustes als auch die Wahrscheinlichkeit, einen solchen Verlust zu erleiden. Im Folgenden bezeichnet der *VaR* eine nach Ablauf des Anlagehorizontes vorliegende (negative) prozentuale Wertentwicklung. Selbstverständlich kann er aber auch so definiert werden, dass er sich auf einen Vermögenswert bezieht.

Anders als die Volatilität p. a., die ja zeitunabhängig ist, hängen konkrete Werte der Kennzahl Value at Risk ausdrücklich vom Anlagehorizont ab. Bei der Ermittlung eines *VaR*-Wertes benötigt man daher neben der Vorgabe einer Wahrscheinlichkeit zusätzlich noch die Angabe eines Anlagehorizontes t.[11] Unterstellen wir der Einfachheit halber, dass die (stochastische) Aktienmarktrendite normalverteilt ist, dann lautet die entsprechende Formel:

$$VaR_{\alpha,t} = E(\tilde{R})t + z_\alpha \sigma \sqrt{t} \tag{6.5}$$

[10] Beziehungsweise der mit der entsprechenden Gegenwahrscheinlichkeit überschritten wird.
[11] Dieser wird im Fachjargon „Haltedauer" genannt.

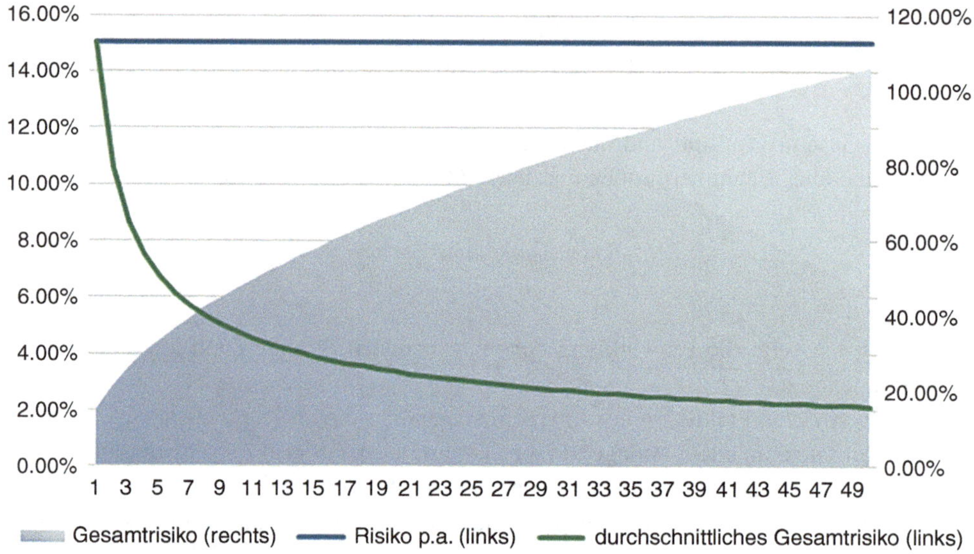

Abb. 6.2 Absolutes und durchschnittliches Gesamtrisiko in Abhängigkeit vom zunehmendem Anlagehorizont bei einem (konstanten) Risiko p. a. von 15 %. Beachte den Unterschied zwischen dem durchschnittlichen Risiko pro Jahr und dem Risiko p. a. Während Erstes mit *T* abnimmt, bleibt Zweites konstant

Hierbei ist $E(\tilde{R})$ der Erwartungswert der (stetigen) Rendite $\tilde{R}$, σ deren Jahresvolatilität und t bzw. α die vorzugebenden Werte für den Anlagehorizont bzw. die Unterschreitungswahrscheinlichkeit. z_α bezeichnet den Wert der Standardnormalverteilungsfunktion, der nur noch mit der Wahrscheinlichkeit α unterschritten wird.[12]

Beispiel:

Unterstellen wir eine Aktienanlage mit einer zu erwartenden Rendite von 7,50 % p. a. und einer Volatilität von 17 % p. a. und wählen wir als Wahrscheinlichkeit (für die wir den Renditewert suchen, der nur noch mit dieser Wahrscheinlichkeit unterschritten wird) 5 %. Wie man aus jeder Standardnormalverteilungstabelle ablesen kann, gilt für den entsprechenden Wert: $z_{0,05} \approx -1{,}645$. *Damit beträgt gemäß (6.5) der 5 %-VaR-Wert des prozentualen Verlustes auf Sicht eines Jahres* $0{,}075*1 - 1{,}645*0{,}17*\sqrt{1} \approx -0{,}2047 = -20{,}47\ \%$. *Auf Sicht von 7 Jahren dagegen beträgt er* $0{,}075*7 - 1{,}645*0{,}17*\sqrt{7} \approx -0{,}2149 = -21{,}49\ \%$. *Der Anleger muss daher mit einer Wahrscheinlichkeit von 5 % damit rechnen, dass sein Depot nach einem Jahr nur noch einen Wert von 100.000 €*(1 – 0,2047) = 79.530 €*

[12]Genauer: $z\alpha$ ist der Funktionswert der zur Standardnormalverteilungsfunktion $\Phi(z)$ inversen Funktion $\left(z = \frac{\tilde{R} - E(\tilde{R})}{\sigma}\right)$ an der Stelle α, d. h. es gilt $z_\alpha = \Phi^{-1}(\alpha)$.

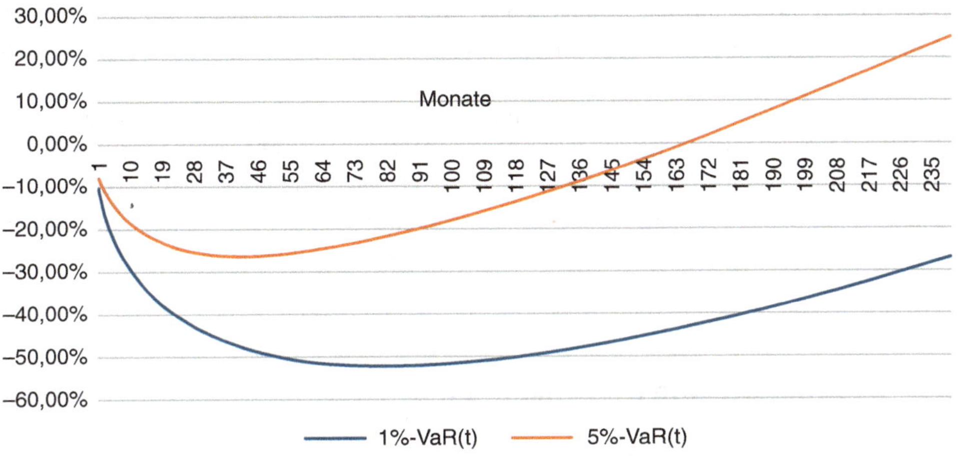

Abb. 6.3 Entwicklungen prozentualer *VaR*-Verlustwerte für Unterschreitungswahrscheinlichkeiten von 1 % und 5 % in Abhängigkeit vom Anlagehorizont in Monaten. Grundlage ist eine Aktienanlage mit einer zu erwartenden Jahresrendite von 7,5 % und einer Volatilität von 17 % p. a

*(oder weniger) aufweist. Selbst nach sieben Jahren liegt der entsprechende Vermögenswert noch bei 100.000 € * (1 – 0,2149) = 78.510 €.* ◄

Im Gegensatz zum durchschnittlichen Jahresrisiko (vgl. Abb. 6.2) nimmt das mit der Kennzahl *VaR* gemessene Risiko mit zunehmendem Anlagehorizont nicht sofort ab, sondern steigt zunächst weiter an[13] und stabilisiert sich erst nach vielen Jahren, wie Abbildung 6.3 zeigt.

Immerhin beträgt der 5 %-*VaR*-Wert auch für fünf Jahre Anlagehorizont noch –25 % und beginnt erst danach wieder langsam anzusteigen. Doch selbst für 10 Jahre beträgt er immer noch –13 %. Bei den 1 %-*VaR*-Werten setzt die Erholung sogar noch später ein und liegt selbst nach 20 Jahren noch bei –26 %.

Die bisherigen Ausführungen sollten deutlich gemacht haben, dass der Zusammenhang zwischen Risiko und Anlagehorizont nicht ganz so einfach ist, wie es der im Zeitablauf abnehmende Verlauf des Durchschnittsrisikos suggeriert. Tatsächlich ist es auch in der wissenschaftlichen Finanzmarktforschung umstritten, ob der Anlagehorizont überhaupt eine sinnvolle Bestimmungsgröße für den Risikoaversionsparameter sein sollte. Samuelson (1969) und Bodie et al. (1992) beispielsweise zeigen im Kontext einer intertemporalen Maximierung plausibler Nutzenfunktionen, dass er unabhängig vom Anlagehorizont ist.

Das bedeutet nun aber keineswegs, dass der Anlagehorizont überhaupt keine Rolle spielen sollte. Viele Autoren wenden sich nur dagegen, dass dies indirekt durch den Risikoaversionsparameter geschieht. Stattdessen schlagen sie vor, bei der Bestimmung einer optimalen Aktienquote nicht nur das verfügbare Finanzvermögen zu berücksichtigen,

[13] Da es sich um prozentuale *VaR*-Verlustwerte handelt, bedeutet ein weiter ins Negative absinkender Wert ein zunehmendes Risiko.

sondern auch das sogenannte Humankapital. Wie sich im Folgenden zeigen wird, entsteht dadurch auf ganz natürliche Weise ein plausibler positiver Zusammenhang zwischen Anlagehorizont und Aktienquote.

Nun könnte man durchaus die Meinung vertreten, dass es doch völlig irrelevant sei, wie dieser Zusammenhang begründet wird, Hauptsache er wird überhaupt berücksichtigt. Dieses Argument greift jedoch zu kurz, denn gerade aus Sicht der Praxis erweist es sich als großer Vorteil, wenn der Einfluss des Anlagehorizontes nicht durch den subjektiven und letztlich wenig greifbaren Faktor „Risikoaversion" vermittelt wird, sondern durch die objektivere Größe „Humankapital".

6.2 Aktienquote und Humankapital

Die Grundidee, bei der Bestimmung der Aktienquote das Humankapital zu berücksichtigen, leitet sich aus der Überlegung ab, dass es bei jeder Vermögensanlage letztlich immer darum geht, sie irgendwann einmal in einen kalkulierbaren Einkommensstrom bzw. entsprechenden Konsum verwandeln zu können. Betrachtet man Anlagen unter diesem Gesichtspunkt, dann liegt es nahe, bei einer Vermögensstrukturierung auch das Humankapital mit einzubeziehen, denn es repräsentiert es ja nichts anderes, als das Potential, durch seine Fähigkeiten zukünftiges Einkommen zu generieren. Demnach entspricht der Wert des Humankapitals dem Barwert des zukünftigen Einkommensstromes, der mit ihm generiert werden kann.

Wenn also im Folgenden neben dem Finanzvermögen (*FK*) noch das Humanvermögen bzw. – kapital (*HK*) eine Rolle spielt, dann soll es den Barwert aller anderweitigen, d. h. nicht vom Anlagekapital herrührenden Einkommensströme repräsentieren. Für die meisten Menschen dürfte dieser Wert im Wesentlichen aus ihrer Arbeitskraft resultieren, was ja auch der Grund für die Bezeichnung ist.[14] Im Rahmen der Bestimmung einer optimalen Aktienquote geht es aber nicht um die Arbeitskraft an sich, sondern um das Potential, zukünftiges Einkommen zu generieren. Wird Humanvermögen so interpretiert, dann sind damit alle vorhandenen, über das Finanzvermögen hinausgehenden Vermögenswerte oder Ansprüche gemeint, aus denen zukünftiges Einkommen fließt. Daher sollten bei seiner Bestimmung beispielsweise auch etwaige Pensionsansprüche usw. mitberücksichtigt werden.

Fließt in eine intertemporale Nutzenmaximierung neben dem Finanzvermögen auch das auf diese Weise verstandene Humanvermögen ein, dann ergibt sich gemäß Samuelson (1969) und Bodie et al (1992) die optimale Aktienquote durch folgende Gleichung:

[14]Eine Bezeichnung, die nicht von allen als gelungen angesehen wird. Im vorliegenden Kontext wäre vermutlich „Barwert sonstiger Einnahmen" oder ähnliches angemessener. Da sich in der Fachliteratur aber der Begriff „Humankapital" durchgesetzt hat, soll er auch in diesem Buch verwendet werden.

$$\theta = \frac{1}{\gamma}\left(1 + \frac{HK}{FK}\right)\frac{E(R) - r}{\sigma^2}. \tag{6.6}$$

Man beachte die strukturelle Ähnlichkeit mit Gleichung (6.2): Für $HK = 0$ ist (6.6) mit (6.2) identisch.

Beispiel:

Wir unterstellen einen Risikoaversionsgrad von $\gamma = 5$, eine zu erwartende Risikoprämie p. a. von 5,5 % sowie eine Volatilität von 15 % p. a. Darüber hinaus gehen wir davon aus, dass der Anleger über ein Finanzvermögen von 500.000 € verfügt und er den Wert seines Humankapitals auf 200.000 € schätzt. Der Anteil des Humankapitals am Finanzvermögen (HK/FK) beträgt daher 200.000 €/500.000 € = 0,4. Gemäß Gleichung (6.6) ergibt das eine Aktienquote von: $\theta = \frac{1}{5}(1 + 0{,}4)\frac{0{,}055}{0{,}15^2} = 0{,}6844\ldots \approx 68{,}44\%$. *Diesen Wert vergleiche man mit den knapp 49 % aus dem vorletzten Beispiel, die sich gemäß Gleichung (6.2) ohne Berücksichtigung des Humankapitals ergeben.* ◄

Gemäß Gleichung (6.6) nimmt die optimale Aktienquote – bei ansonsten gleichbleibenden Faktoren – mit einem abnehmenden Quotienten aus Human- zu Finanzkapital ebenfalls ab. Da die Barwerte des Arbeitseinkommens mit zunehmendem Lebensalter ceteris paribus geringer werden, das Finanzkapital tendenziell aber größer, heißt das, dass sowohl der Quotient $\frac{HK}{FK}$ als auch die Aktienquote mit zunehmendem Lebensalter abnehmen.[15] Damit repräsentiert Gleichung (6.6) eine spezielle Variante des in der Fondsindustrie gerne verwendeten „Gleitpfadkonzeptes", das ebenfalls vorsieht, die Aktienquote mit zunehmendem Lebensalter abzusenken. Gleichung (6.6) stellt das Gleitpfadkonzept auf eine objektive ökonomische Basis. Abbildung 6.4 zeigt beispielhaft die Entwicklung einer Aktienquote gemäß (6.6) in Abhängigkeit vom Lebensalter in einem Altersspektrum von 40 bis 100 Jahren.

Aus Vereinfachungsgründen wurde für Abb. 6.4 der Wert des Humankapitals lediglich dem Barwert des Arbeitseinkommens gleichgesetzt. Dieses soll im Alter von 40 Jahren 3.000 € monatlich betragen und jährlich um 2 % zunehmen. Um den Barwert des gesamten Einkommensstromes zu erhalten, wurde jedes einzelne Einkommen mit einem Zinssatz von 2,5 % um die jeweils verbleibenden Jahre bis zum Rentenantritt abgezinst und die Werte anschließend addiert. Das mit 30 Jahren zur Verfügung stehende Finanzkapital soll 200.000 € wert sein und es wird unterstellt, dass es jährlich um 8 % zunimmt. Diese Zunahme beinhaltet auch etwaige Sparleistungen. Die auf diese Weise festgelegten Entwicklungen der Human und Finanzkapitalwerte bewirken eine sukzessive Verringerung

[15] Der Barwert eines feststehenden Renteneinkommens wird in der Regel mit zunehmendem Alter größer. Für sich gesehen erhöht dieser Effekt zwar den Quotienten $\frac{HK}{FK}$, wird aber vom abnehmenden Barwert des Arbeitseinkommens sowie dem zunehmendem Finanzkapital überkompensiert.

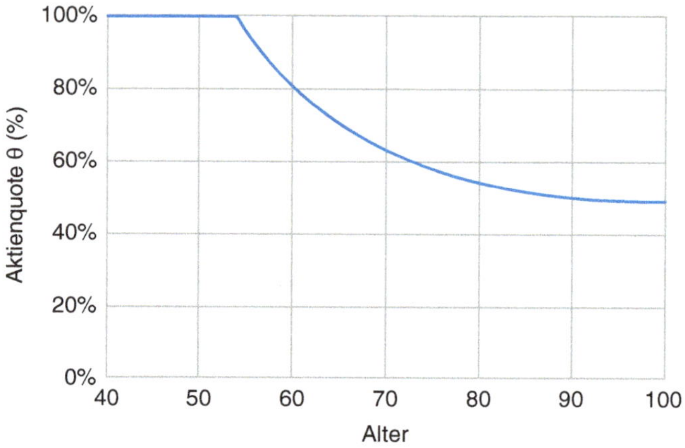

Abb. 6.4 Beispielhafter Verlauf der mit (6.6) kalkulierten Aktienquote in Abhängigkeit vom Lebensalter

sowohl des Quotienten $\frac{HK}{FK}$ als auch der Aktienquote, bis letztere schließlich bei knapp 50 % landet.

6.3 Schätzung des Humankapitals

Eine wirklich objektive Ermittlung des exakten Wertes für das Humankapital eines Menschen ist letztlich nicht möglich. Da es um den Barwert zukünftiger Einkommensströme geht, müssen diese geschätzt werden. Das aber erfordert bestimmte, mehr oder weniger plausible Annahmen, wie beispielsweise die Erwartungswerte der Zahlungen, ihr Steigerungspotential, Wahrscheinlichkeit und Umfang möglicher Abweichungen, sprich welchem Risiko sie ausgesetzt sind, usw. Es kann sich also immer nur um eine ungefähre Einschätzung handeln. Doch selbst ungenaue Näherungswerte erweisen sich bei der Ermittlung einer Aktienquote mittels Gleichung (6.6) als durchaus sinnvoll.

Berücksichtigung des Einkommensrisikos

Wenn man sich neben seiner Anlage mit großer Sicherheit noch auf ein anderweitiges zukünftiges Einkommen verlassen kann, dann ist ceteris paribus eine höhere Aktienquote angemessen, als in einer ansonsten identischen Situation, in der dieses Einkommen sehr unsicher ist.

Das sogenannte Capital Asset Pricing Modell (CAPM) von Lintner (1965) und Sharpe (1964) zur Ermittlung des adäquaten Eigenkapitalwertes eines Unternehmens bietet eine sehr unkomplizierte Möglichkeit, diesen Risikoaspekt bei der Festlegung einer individuellen Aktienquote zu berücksichtigen. Konkret wird das erreicht, indem der in Formel (6.6) eingesetzte Humankapitalwert vom Risiko des entsprechenden Einkommensstromes abhängig gemacht wird.

Die in mittlerweile nahezu allen Finance-Kursen gelehrte CAPM-Gleichung lautet in der üblichen Form[16]:

$$E(\tilde{R}_j) = r + \beta_j \left[E(\tilde{R}_M) - r\right] \tag{6.7}$$

$E(\tilde{R}_j)$ ist dabei die risikoadjustierte Eigenkapitalrendite[17] für das Unternehmen j und zugleich die abhängige Variable der Gleichung. β_j dagegen ist die unabhängige Variable und repräsentiert den spezifischen (systematischen) Risikogehalt der Unternehmens-Cash-Flows. r bezeichnet den risikofreien Zins und $E(\tilde{R}_M)$ die zu erwartende Rendite des Aktienmarktes, d. h. einer breit gestreuten Aktienanlage.[18] Die lineare Gleichung (6.7) macht somit den adäquaten Eigenkapitalkostensatz $E(\tilde{R}_j)$ eines Unternehmens vom systematischen Risikogehalts β_j seiner Cash-Flows abhängig.[19] Abbildung 6.5 verdeutlicht diesen Zusammenhang.

Ein β_j-Wert von 1 repräsentiert eine Situation, in der das systematische Risiko des Unternehmens j dem des Gesamtmarktes entspricht. Dementsprechend ergibt sich als angemessene Eigenkapitalrendite genau die Marktrendite: $E(\tilde{R}_j) = r + 1\left[E(\tilde{R}_M) - r\right] = E(\tilde{R}_M)$. Ist dagegen $\beta_j > 1$ ($\beta_j < 1$), dann übersteigt (unterschreitet) die für das Unternehmen angemessene Eigenkapitalrendite die Rendite des Marktes.

Um einem möglichen Missverständnis vorzubeugen, sei darauf hingewiesen, dass es dabei nicht um eine realisierte Eigenkapitalrendite geht, sondern um eine dem jeweiligen Risikogehalt des Unternehmens entsprechende angemessene Eigenkapitalrendite. Sie wird manchmal auch als Eigenkapitalkostensatz bezeichnet („cost of capital").

Die Logik des skizzierten CAPM kann unmittelbar genutzt werden, um den risikoadjustierten Diskontierungssatz für das Humankapital zu ermitteln. $E(\tilde{R}_j)$ ist dann eben nicht der Eigenkapitalkostensatz eines Unternehmens, sondern ein risikoadjustierter Diskontierungszins, mit dem der Wert des Humankapitals der Person j ermittelt wird und β_j dessen Risikogehalt.

Konkrete β_j-Werte müssen in der Praxis durch eine Abfrage ermittelt werden, für wie sicher eine Person ihr anderweitiges, d. h. nicht von der Kapitalanlage herrührendes Einkommen hält. Der Verfasser verwendet hierbei die folgenden Abstufungen und

[16] Nach Überzeugung des Verfassers ist das die einflussreichste ökonomische Gleichung überhaupt. Sowohl das Portfolio Management von Wertpapierdepots als auch der Bereich des Corporate Finance wurden durch sie radikal verändert – und zwar sowohl in der Theorie als auch der Praxis.

[17] Die dann als Diskontierungssatz zur Ermittlung des Barwertes der dem Eigenkapital zufließenden Cash-Flows, sprich des Unternehmenswertes verwendet wird.

[18] $\left[E(\tilde{R}_M) - r\right]$ entspricht der Risikoprämie, die auch in Gleichung (6.6) bei der Ermittlung der Aktienquote eine Rolle spielt.

[19] r ist dabei der Achsenabschnitt der entsprechenden Geraden und $\left[E(\tilde{R}_M) - r\right]$ ihre Steigung.

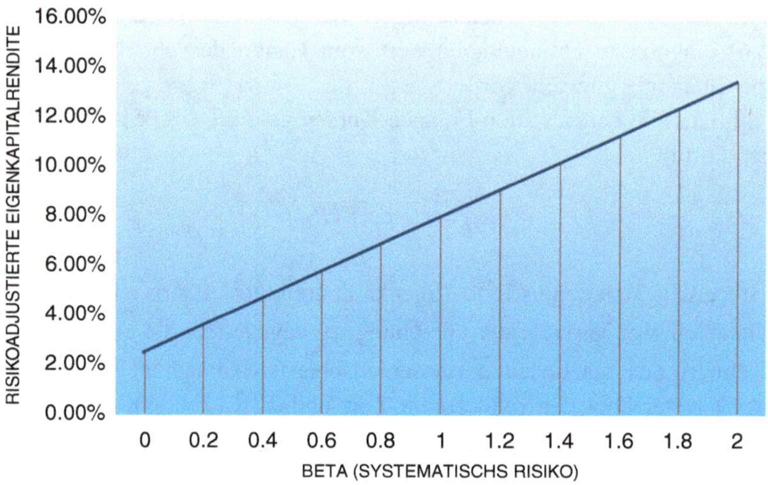

Abb. 6.5 Die sogenannte „security market line" beschreibt die Abhängigkeit des risikoadjustierten Eigenkapitalkostensatzes $E(\tilde{R}_j)$ vom systematischen Risikogehalt β_j der dem Eigenkapital zustehenden Cash-Flows des Unternehmens. Für die Grafik wurde $r = 2{,}5$ % und $\left[E(\tilde{R}_M) - r\right] = 5{,}5\%$ unterstellt

entsprechenden β_j-Zuordnungen: kein Einkommensrisiko → $\beta_j = 0$ sehr geringes Einkommensrisiko → $\beta_j = 0{,}5$; normales Einkommensrisiko → $\beta_j = 1{,}0$; hohes Einkommensrisiko → $\beta_j = 1{,}5$.

Beispiel:

Wir stellen uns zwei 45-jährige Arbeitnehmer vor, die sich beide jeweils ein Finanzvermögen von 350.000 € erarbeitet haben und als Angestellte monatlich 4.500 € brutto verdienen. Beide wollen mit 67 in den Ruhestand gehen und beziehen dann aus der gesetzlichen Rentenversicherung eine garantierte Rente von 3.000 € pro Monat, welche jährlich um die (angenommene) Inflationsrate von 2 % erhöht wird. Ihr Arbeitseinkommen, für das wir ebenfalls einen jährlichen Anstieg von 2 % unterstellen, erhalten sie bis zum Rententritt mit 67. Der einzige Unterschied zwischen den beiden – nennen wir sie A und B – besteht in ihrer Einschätzung des Risikos, dieses Einkommen (beispielsweise durch Arbeitslosigkeit) zu verlieren. Während A dieses Risiko als sehr gering einschätzt ($\beta_A = 0{,}5$), sieht B es deutlich erhöht ($\beta_B = 1{,}5$). Im Gegensatz zu ihrem Arbeitseinkommen betrachten beide ihre Rente als absolut sicher ($\beta_A = \beta_B = 0$).

Geht man von einem risikolosen Zins von $r = 2{,}5$ % und einer Risikoprämie von $\left[E(\tilde{R}_M) - r\right] = 5{,}5\%$ aus, dann ergeben sich für Diskontierung der beiden Arbeitseinkommen die folgenden Zinssätze:

$$R_A = 0,025 + 0,5 * [0,055] = 0,0525 = 5,25\%$$

$$R_B = 0,025 + 1,5 * [0,055] = 0,1075 = 10,75\%$$

Den Barwert Ihrer Rentenzahlungen dagegen kalkulieren beide mit demselben risikolosen Zins: $R = 0,025 + 0[0,055] = 0,025 = 2,5\%$. ◄

Je höher der Diskontierungssatz, desto geringer der ermittelte Barwert eines Zahlungsstromes. Wird daher ein zukünftiges Einkommen als riskanter eingestuft, reduziert das sowohl seinen Barwert als auch den Quotienten HK/FK und damit auch die Aktienquote.

Beispiel:

Wir bleiben bei den Arbeitnehmern A und B des letzten Beispiels. Um den Wert ihres jeweiligen Humankapitals bestimmen zu können sind sowohl die Barwerte sowohl ihrer zukünftigen Rentenzahlungen als auch ihrer verbleibenden Arbeitseinkommen zu ermitteln. Für die Mortalitätsparameter soll gelten: m = 89 und b = 10.

Barwert der zukünftigen Rente: Dabei geht es um den Barwert einer um 22 Jahre aufgeschobenen Zahlung von 3.000 € monatlich, die ebenfalls jährlich um 2 % erhöht und bis ans Lebensende bezahlt wird. Zur Ermittlung verwenden wir den aktuarischen Barwertfaktor für eine aufgeschobene Rentenzahlung gemäß Gleichung (4.4.a):

$$_{45}ABWF_{22} = \sum_{t=1}^{\infty} e^{0,02*(t-1)} * \exp\left\{e^{\frac{45-89}{10}}\left(1 - e^{\frac{22+t}{10}}\right)\right\} * e^{-0,025*(22+t)} \approx 9,55$$

*Multiplikation dieses Wertes mit der jährlichen Rentenzahlung von 36.000 € ergibt ihren aktuarischen Barwert: 9,55*36.000 € =* **343.800 €.**

Barwert verbleibender Arbeitseinkommen: Zu ermitteln ist jeweils der Barwert einer monatlichen Zahlung von 4.500 €, die 22 Jahre lang zufließt und jährlich um 2 % erhöht wird. Hierfür verwenden wir die übliche Barwertformel für mit konstanter Rate g anwachsende Zahlungen (man beachte, dass aus Gründen besserer Übersicht g und r als Monatswerte definiert sind):

$$\begin{aligned}\text{Barwert(Einkommen}_A) &= E * \left[1 - (1+g)^T (1+r)^{-T}\right](r-g)^{-1} \\ &= 4.500 * \left[1 - \left(1 + \frac{0,02}{12}\right)^{12*22}\left(1 + \frac{0,0525}{12}\right)^{-12*22}\right] 12 \\ &\quad * 0,0325^{-1} \\ &= 4.500 * (1 - (1,5521\ldots) * (0,3159\ldots)) * (369,2308\ldots) \\ &= 4.500\,[1 - (0,4903\ldots) * (369,2308\ldots)] = 846.886,22 \\ &\approx \mathbf{848.726\ €}\end{aligned}$$

$$\text{Barwert}(\text{Einkommen}_\text{B}) = E * \left[1-(1+g)^T(1+r)^{-T}\right](r-g)^{-1}$$
$$= 4.500 * \left[1-\left(1+\frac{0,02}{12}\right)^{12*22}\left(1+\frac{0,1075}{12}\right)^{-12*22}\right]12$$
$$*0,0875^{-1}$$
$$= 4.500 * (1-(1,5521\ldots) * (0,0949\ldots)) * (111,6279\ldots)$$
$$= 4.500\,[1-(0,1473\ldots) * (111,6279\ldots)] = 428.332,99$$
$$\approx \mathbf{527.117\ €}$$

Aktienquoten: Fassen wir die Barwerte der Arbeitseinkommen und der Rentenzahlungen zusammen und unterstellen einen Risikoaversionsparameter von $\gamma = 15$, eine zu erwartende Risikoprämie von 5,5 % sowie eine Volatilität von 15 %, ergeben sich folgende Werte für die beiden Humankapitalwerte und Aktienquoten:

$\text{Humankapital}_\text{A}$ = 848.726 € + 343.800 € = 1.192.526 €. ◄

$$\theta_\text{A} = \frac{1}{15}\left(1+\frac{1.192.526}{350.000}\right)\frac{0,055}{0,15^2} = 0,718213\ldots \approx \mathbf{72\%}.$$

$\text{Humankapital}_\text{A}$ = 527.117 € + 343.800 € = 870.917 €

$$\theta_\text{B} = \frac{1}{15}\left(1+\frac{870.917}{350.000}\right)\frac{0,055}{0,15^2} = 0,568469\ldots \approx \mathbf{57\%}.$$

Das Beispiel verdeutlicht nicht nur die Auswirkung des Einkommensrisikos auf die Aktienquote, sondern unterstreicht auch, warum relativ jungen Menschen bei der Strukturierung ihres Vermögens in den meisten Fällen ein hoher Aktienanteil empfohlen werden kann, der dann mit zunehmendem Alter aufgrund eines abnehmende Quotienten *HK/FK* sukzessive abgesenkt werden sollte.

Beispiel:

Betrachten wir den Arbeitnehmer A des letzten Beispiels. Er ist 45 Jahre alt und wir hatten für ihn (bei einem Risikoaversionsparameter von 15) eine Aktienquote von 72 % ermittelt. Lassen wir nun alle Parameter unverändert und unterstellen lediglich, dass er mittlerweile 60 Jahre alt geworden ist und er nach wie vor mit 67 in Rente gehen will. Der akturische Barwertfaktor seines Renteneinkommens erhöht sich dann von 9,55 auf

$${}_{60}ABWF_7 = \sum_{t=1}^{\infty} e^{0,02*(t-1)} * \exp\left\{e^{\frac{60-89}{10}}\left(1-e^{\frac{7+t}{10}}\right)\right\} * e^{-0,025*(7+t)} \approx 14,50$$

*erhöht, was einem Barwert von 14,50*36.000 € = 522.000 € entspricht.*

Der Barwert seines Arbeitseinkommens dagegen hat sich von 848.726 € auf

$$4.500 * \left[1 - \left(1 + \frac{0,02}{12}\right)^{12*7} \left(1 + \frac{0,0525}{12}\right)^{-12*7}\right] 12 * 0,0325^{-1} = 338.085\ €$$

reduziert. Dies führt zu einer Aktienquote von

$$\theta_A = \frac{1}{15}\left(1 + \frac{522.000 + 338.085}{350.000}\right)\frac{0,055}{0,15^2} = 0,563425... \approx \mathbf{56\%}.$$

Das Beispiel ist bewusst so konstruiert, dass ausschließlich der Effekt des Älterwerdens auf die Aktienquote deutlich wird. Würde man realistischerweise aber auch andere Effekte berücksichtigen, die mit dem Älterwerden verbunden sind, so ergäben sich andere Quoten. Wenn man z. B. unterstellt, dass das Vermögen des Anlegers in den 15 Jahren um 5 % p. a. auf 740.950 € angestiegen ist (was ja nicht unplausibel scheint), so würde sich die Aktienquote auf ca. 35 % reduziert haben. ◄

Zwischenfazit: Lebensphasenübergreifende Finanzplanung

Durch die bisherigen Ausführungen sind die Voraussetzungen geschaffen, einen Finanzplan zu entwerfen, der sowohl die Anspar- als auch die Entnahmephase einer finanziellen Lebensplanung umfasst. Hierbei erweist es sich als sinnvoll, beide Phasen analytisch zu trennen. In der Ansparphase geht es in erster Linie darum, das bei Rentenantritt vorhandene Vermögen zu maximieren, in der Auszahlphase dagegen werden – ausgehend von einem dann vorliegenden Vermögenswert – die Entnahmen optimiert.

Die in den folgenden Kapiteln detailliert beschriebene Vorgehensweise lässt sich daher wie folgt skizzieren: Ausgangspunkt im folgenden Kapitel 7 ist das vorhandene Bruttoeinkommen sowie das Lebensalter des Anlegers. Auf dieser Grundlage sowie einer unterstellten Inflationsrate lässt sich das Ruhestandseinkommen bestimmen, mit dem man den heutigen Lebensstandard auch später halten kann. Unter der Annahme, dass auch das Ruhestandseinkommen mit der Inflationsrate anwachsen soll, kann dann der Vermögenswert festgelegt werden, der (zu Beginn des Ruhestands) vorhanden sein sollte, so dass durch ihn der kalkulierte Einkommensstrom finanziert werden kann. Schließlich wird mit Hilfe eines stochastischen Optimierungskalküls der Sparbetrag ermittelt, der mit an Sicherheit grenzender Wahrscheinlichkeit ausreicht, dieses Vermögensniveau zu erreichen. Damit ist das vorrangige Ziel der Ansparphase erreicht, auf rationale Weise eine monatliche Sparleistung festzulegen.

Ab Kapitel 8 springen wir gewissermaßen an den Zeitpunkt des Rentenantritts. Nun gibt es verschiedene Möglichkeiten, das dann tatsächlich vorhandene Vermögen[20] in ein laufendes Ruhestandseinkommen zu verwandeln. Diese werden in den Kapiteln 8, 9 und 10 ausführlich dargestellt und hinsichtlich ihrer Vor- und Nachteile miteinander verglichen.

[20] Dieses wird mit sehr großer Wahrscheinlichkeit deutlich größer sein als der Betrag, den wir in der Ansparphase als erforderlich ermittelt hatten.

Literatur

Bodie, Z., Merton, R. C., Samuelson, W. F., 1992, Labor Supply Flexibility and Portfolio Choice in a Life-Cycle-Model, Working Paper Nr. 3954, National Bureau of Economic Research, Cambridge, USA.

Charupat, N., Huang, H., Milevsky, M. A., 2012, Strategic Financial Planning over the Life Cycle, Cambridge University Press.

Lintner, J, 1965, The Valuation of Risk Assets and the Selection of Risky Investments in Stock Portfolios and Capital Budgets, Review of Economics and Statistics, 47(1), S. 13–37.

Merton, R. C., 1990, Continuous-time finance, Blackwell Publishing, Oxford.

Samuelson, P. A., 1969, Lifetime portfolio selection by dynamic stochastic programming, The Review of Economics and Statistics, Vol. 51(3), 239–246.

Sharpe, W., 1964, Capital Asset Prices: A Theory of Market Equilibrium under Conditions of Risk, Journal of Finance, Vol. XIX(3), S. 425–442.

7 Optimale Ansparung

Wie erwähnt, steht in der Ansparphase die Vermögenswertmaximierung im Vordergrund. Konkret soll durch eine ausreichende Sparleistung sowie eine angemessene Anlagestrategie sichergestellt werden, dass das am Rentenbeginn zur Verfügung stehende Vermögen ausreicht, einen auskömmlichen Ruhestand zu finanzieren. Hierzu ermitteln wir zunächst, welches Einkommensniveau während der Entnahmephase nötig ist, um denselben Lebensstandard wie aktuell beibehalten zu können. Anschließend kalkulieren wir auf akturisch-finanzmathematischer Grundlage einen Vermögenwert, der aller Voraussicht nach ausreichen wird, dieses Einkommen bis ans Lebensende zu finanzieren. In einem letzten Schritt ermitteln wir durch eine stochastische Optimierung, welche Sparleistung (bei gegebenem Anfangsvermögen) nötig ist, damit am Ende der Ansparphase mit einer (vorzugebenden) hohen Wahrscheinlichkeit tatsächlich ein Vermögen in der erforderlichen Höhe vorhanden ist. Alle drei Schritte werden im Folgenden detailliert dargestellt und mit Hilfe von Beispielen konkretisiert.

7.1 Welches zukünftige Einkommen sichert den heutigen Lebensstandard?

Wenn wir in einer Welt ohne Inflation leben würden, wäre die Antwort einfach: Dasselbe Einkommen wie heute! Da wir es aber in der Regel mit einer laufenden Geldentwertung zu tun haben, muss das zum Rentenantritt T verfügbare Einkommen E_T deutlich höher sein. Es wird ermittelt, in dem das aktuelle Einkommen E_0 zunächst um die derzeitige Sparleistung S gemindert und anschließend die Differenz insgesamt T Jahre mit der Inflationsrate i aufgezinst wird[1], konkret:

[1] Es soll ja der Betrag ermittelt werden, der später benötigt wird, um das aktuelle Konsumniveau halten zu können. Da man dann ja nicht mehr spart (sondern entnimmt), macht es Sinn, vom aktuellen Einkommen die derzeitige Sparleistung abzuziehen und lediglich die Differenz mit der Inflationsrate hochzurechnen.

S. May, *Aktuarisch fundierte Ruhestandsplanung*,
https://doi.org/10.1007/978-3-658-51938-4_7

$$E_T = (E_0 - S)e^{iT} \tag{7.1}$$

Um diesen Wert kalkulieren zu können benötigt man lediglich Informationen zum heutigen Einkommen, zur Sparleistung, zur (vermuteten) durchschnittlichen Inflation in der Ansparphase und in wieviel Jahren der Ruhestand beginnen soll.

Sinnvollerweise geht man vom Bruttoeinkommen aus. Das hat den Vorteil, dass steuerliche Aspekte nicht berücksichtigt werden müssen. Implizit nimmt man damit allerdings an, dass ein Einkommen im Ruhestand genauso besteuert wird wie aktuell. Da dann die Besteuerung in der Regel aber geringer sein dürfte, wird die gesamte Kalkulation dadurch sogar etwas vorsichtiger.

Beispiel:

Wir betrachten die Situation einer 50-jährigen Dame, die aktuell ein Bruttoeinkommen von 4.500 € pro Monat hat und davon 500 € spart. Sie plant, mit 60 in den Ruhestand zu gehen und will wissen, welches Einkommen ihr dann den heutigen Lebensstandard erlaubt. Als Inflationsrate unterstellt sie die sogenannte „Preisnorm" der Europäischen Zentralbank (EZB) in Höhe von 2 %. Lösung: Die Frage kann durch einfaches Aufzinsen wie folgt beantwortet werden: $E_{60} = (4.500 - 500)\, e^{0{,}02 * 10} = 4.885{,}61$ €. *Damit weiß die Dame, welches Einkommen sie zu Beginn ihres Ruhestands haben muss, um ihren aktuellen Lebensstandard beibehalten zu können.* ◄

7.2 Welches Vermögen kann das finanzieren?

Durch (7.1) wissen wir, welches Ruhestandseinkommen den heutigen Lebensstandard erlaubt. Der nächste Schritt ist nun, den Wert des Vermögens zu ermitteln, der dann vorhanden sein muss, um diesen Lebensstandard zu finanzieren und während des gesamten Ruhestands beibehalten zu können. Bei dieser Kalkulation sollte berücksichtigt werden, dass u. U. bereits ein anderweitiges Renteneinkommen P vorhanden ist und das Ruhestandseinkommen im Gleichschritt mit der Inflation steigen soll.

Mit dem gesuchten Vermögenswert ist also ein unbefristeter Zahlungsstrom zu finanzieren, der mit konstanter Rate anwächst und bis ans Lebensende zufließt. In Kapitel 4 haben wir einen aktuarischen Barwertfaktor kennengelernt [Gleichung (4.4)], mit dem der Wert eines derartigen Zahlungsstromes ermittelt werden kann. Aus Gründen besserer Nachvollziehbarkeit, ist er im Folgenden noch einmal abgedruckt:

$${}_xABWF := \sum_{t=1}^{\infty} e^{g*(t-1)} * \exp\left\{e^{\frac{x-m}{b}}\left(1 - e^{\frac{t}{b}}\right)\right\} * e^{-r*t} \tag{7.2}$$

Dieser Faktor beschreibt den aktuarisch-finanzmathematisch kalkulierten Barwert einer mit der jährlichen Rate g anwachsenden Geldeinheit, die an eine Person im Alter von x

Jahren bis an deren Lebensende bezahlt wird. r ist der Diskontierungszins und x das aktuelle Alter der Person, welche die Zahlungen erhält. Zudem fließen in Gleichung (7.2) noch die bereits in Kapitel 3 erläuterten Parameter b und m des Gompertz-Makeham-Mortalitätsmodells[2] ein, mit dem die Überlebenswahrscheinlichkeiten für die einzelnen Perioden und damit die Erwartungswerte der entsprechenden Zahlungen ermittelt werden.

Multipliziert man nun diesen Faktor mit der tatsächlichen (ersten) Entnahme $(E_{T+1} - P)$, so erhält man den aktuarischen Barwert V_T des entsprechenden Zahlungsstromes:

$$V_T = (E_{T+1} - P)\left[\sum_{t=1}^{\infty} e^{g*(t-1)} * \exp\left\{e^{\frac{x-m}{b}}\left(1 - e^{\frac{t}{b}}\right)\right\} * e^{-r*t}\right] \tag{7.3}$$

Dabei wird die sogenannte Nachschüssigkeit unterstellt, d. h. der erste Auszahlbetrag fließt eine Periode nach dem Zeitpunkt T des Rentenantritts zu und beträgt E_{T+1}, der zweite $E_{T+1}\left(1 + \frac{g}{12}\right)^1$, der dritte $E_{T+1}\left(1 + \frac{g}{12}\right)^2$, der vierte $E_{T+1}\left(1 + \frac{g}{12}\right)^3$ usw.

Beispiel:

Wir betrachten wieder die Situation der 50-jährigen Dame aus dem letzten Beispiel. Sie weiß, dass sie in 10 Jahren pro Monat 4.885 € benötigt. Der Mitteilung ihrer gesetzlichen Rentenversicherung entnimmt sie, dass sie ab 60 mit einer monatlichen Rente von 1.900 € rechnen kann. Ihr privates Vorsorgevermögen muss daher „nur" noch den Differenzbetrag 4.885 € – 1.900 € = 2.985 € finanzieren.[3] *Dieser Betrag soll aber – um den gewohnten Lebensstandard auch im Rentenalter beibehalten zu können – im Gleichschritt mit der unterstellten Inflationsrate von 2 % erhöht werden. Bei einem Diskontierungszins von 2,5 % p. a. ergibt sich der entsprechende aktuarische Barwertfaktor für eine 60-jährige Person wie folgt:*[4] ◄

$${}_{60}ABWF := \sum_{t=1}^{\infty} e^{0,02*(t-1)} * \exp\left\{e^{\frac{60-89}{10}}\left(1 - e^{\frac{t}{10}}\right)\right\} * e^{-0,025*t} \approx 23,38$$

[2] Zur Erinnerung: m ist der Modalwert der stochastischen Lebensspanne und b ein Streuungs parameter.

[3] Ein etwa komplexerer Fall wäre es, wenn die gesetzliche Rente erst ab 67 bezahlt würde, die Dame aber trotzdem bereits mit 60 in den Ruhestand gehen wollte. In diesem Fall müsste das Vermögen bis 67 monatlich 4.885 € finanzieren und erst ab 67 die 2.985 €.

[4] Der entsprechende Wert kann der Tabelle aktuarischer Barwertfaktoren in Anhang 1 entnommen werden. Die dort abgedruckten Werte wurden mittels Tabellenkalkulation einer Summierung von 1.320 Summanden ermittelt, was die Differenz zum tatsächlichen Grenzwert der unendlichen Summe vernachlässigbar gering werden lässt. Beachte, dass die Dame unseres Beispiels – obwohl sie zum Zeitpunkt der Kalkulation 50 Jahre alt ist – diesen Betrag erst mit 60 benötigt. Deshalb wurde für die obenstehende Berechnung auch $x = 60$ unterstellt.

*Den gesuchten Barwert erhalten wir, indem wir den benötigten Jahresbetrag mit diesem Faktor multiplizieren: V_T = 2.985 €*12*23,38 = 837.472 €. Damit hat die Dame eine vernünftige und vorsichtige Schätzung, in welcher Größenordnung sich ihr Vermögen bei Rentenantritt bewegen sollte.*[5] ◄

Der mittels (7.3) ermittelte Vermögenwert wird aber nicht unter allen Umständen ausreichen, das anvisierte Ruhestandseinkommen zu finanzieren. Trotzdem liefert er eine sehr zuverlässige Schätzung der Größenordnung des hierfür nötigen Vermögens. Der Grund, warum mit diesem Vermögenswert keine derartige „Garantie" verbunden sein kann, liegt in der Konstruktion des aktuarischen Barwertfaktors. Er ist ja nichts anderes als die Summe der (verbarwerteten) Erwartungswerte der Geldbeträge in den einzelnen Perioden. Es handelt sich somit ebenfalls um einen Erwartungswert. Ob ein bestimmter Vermögenswert aber ausreichen wird, einen Auszahlplan zu finanzieren, hängt davon ab, welche konkreten Anlagerenditen sich in den einzelnen Perioden realisieren werden[6] und wie lange der Bezieher der Zahlungen tatsächlich lebt. M. a. W.: Vom Planungszeitpunkt aus betrachtet kann der tatsächlich ausreichende Betrag kein fester Wert sein.[7] Stattdessen ist er eine stochastische Größe (Zufallsvariable), die einer statistischen Verteilung „gehorcht", auf die wir in Kapitel 10 detailliert eingehen werden.

Mit dem Ansatz, die Höhe des erforderlichen Vermögens mittels (7.3) zu bestimmen, schließen wir uns einem Vorschlag von Dunham und Washer (2020) an, allerdings mit einem entscheidenden Unterschied: Diese beiden Autoren verwenden als Diskontierungszins die erwartete Rendite der Anlage, in die das Ruhestandsvermögen investiert wird, wogegen in (7.3) der risikofreie Zins herangezogen wird, was zu einem höheren Wert für das erforderliche Vermögen führt und damit das Risiko eines vorzeitigen Verzehrs reduziert.

7.3 Welche Sparleistung ist hierfür erforderlich?

Nachdem nun ein anvisierter Vermögenswert V_T feststeht, ist noch die Frage zu klären, durch welche Sparleistung und Anlagestrategie dieses Vermögen am besten erreicht wird. Da in diesem Buch bewusst darauf verzichtet wurde, portfoliotheoretische Zusammenhänge im Detail zu thematisieren, reduziert sich die Wahl einer Anlagestrategie im hier beschriebenen Kontext auf die einer Aktienquote.

[5] Dass es sich hierbei um eine eher vorsichtige Schätzung handelt, wird deutlich, wenn man bedenkt, dass dieser Barwert unter der Annahme eines Zinses von 2,5 % p. a. ermittelt wurde, aber die tatsächliche Rendite eines im Ruhestand angelegten Vermögens deutlich höher sein dürfte.

[6] Das heißt, es wird angenommen, dass das Vermögen auch in der Entnahmephase nicht völlig risikolos angelegt wird.

[7] Es sein denn, man setzt ihn unrealistisch hoch an.

Wahl der Aktienquote

Wir unterstellen,.dass die Aktienquote θ entsprechend Gleichung (6.6) aus Kapitel 6 festgelegt wird, die hier aus Gründen der Nachvollziehbarkeit ebenfalls noch einmal abgedruckt ist:

$$\theta = \frac{1}{\gamma}\left(1 + \frac{HK}{FK}\right)\frac{E(\tilde{R}) - r}{\sigma(\tilde{R})^2}. \tag{7.4}$$

Um mit Hilfe von (7.4) eine konkrete Aktienquote ermitteln zu können, benötigt man folgende Informationen bzw. Werte:

- Risikoaversionsparameter (γ)
- Kennzahlen für den Risikogehalt des Humankapitals (β-Werte)
- Wert des Human- und Finanzkapitals (HK und FK)
- Zu erwartende Risikoprämie einer Aktienanlage $[E(\tilde{R}) - r]$
- Volatilität einer Aktienanlage $[\sigma(\tilde{R})]$

Bei der Festlegung der Aktienquote werden daher sowohl individuell-subjektive Größen berücksichtigt (Risikoaversion, Human- und Finanzkapital) als auch objektive Marktparameter (Marktrendite und -risiko, Zinssatz).

Beispiel:

Wir bleiben bei der 50 jährigen Dame der bisherigen Beispiele. Sie will nun wissen, zu welcher Aktienquote sie ihr Vermögen sowie ihre Ersparnisse anlegen soll. Wir unterstellen $E(\tilde{R}) = 8\%$, $r = 2{,}5\%$ und $\sigma(\tilde{R}) = 15\%$. Der Wert ihres Humankapitals soll sich als Barwert des noch 10 Jahre zufließenden Bruttoeinkommens von aktuell 4.500 € pro Monat zuzüglich des Barwertes der ab 60 bis ans Lebensende monatlich bezahlten gesetzlichen Rente in Höhe von 1.900 € ergeben. Die Stabilität ihres Arbeitseinkommens in den nächsten zehn Jahren bzw. ihre Rente schätzt sie als sehr hoch bzw. absolut sicher ein, was β-Werten von 0,5 bzw. 0 entsprechen soll. Für beide Einkommen unterstellen wir, dass sie jährlich um 2 % steigen. <u>Barwert des (befristeten) Arbeitseinkommens</u>: Zunächst ist der risikoadjustierte Diskontierungszins gemäß (6.7) zu ermitteln: $R = 0{,}025 + 0{,}5[0{,}08 - 0{,}025] = 5{,}25\ \%$. Mit diesem Wert wird anschließend der Barwert einer monatlichen Zahlung von 4.500 € (jährlich 54.000 €) errechnet, die noch 10 Jahre zufließt und jährlich um 2 % erhöht wird. Hierzu verwenden wir die nach PV umgestellte Gleichung (2.4)' (ohne Endvermögen EV) aus Kapitel 2:

$$\begin{aligned} PV &= E * \left[1 - (1+g)^T (1+r)^{-T}\right](r-g)^{-1} \\ &= 4.500 * 12\left[1 - (1+0{,}02)^{10}(1+0{,}0525)^{-10}\right]0{,}0325^{-1} \\ &= 54.000 * (1 - 0{,}952276\ldots)\,200 \approx 447.336{,}11\ € \end{aligned}$$

Das noch zu erwartende Arbeitseinkommen ist somit rund 447.336 € wert. Barwert der (unbefristeten) Rentenzahlungen: Der Diskontierungssatz beträgt R = 0,025 + 0[0,08 – 0,025] = 2,50 %. Damit ist der aktuarische Barwert einer um 10 Jahre aufgeschobenen Zahlung von 1.900 € monatlich (22.800 jährlich) zu ermitteln, die pro Jahr um 2 % erhöht wird und bis ans Lebensende bezahlt wird. Hierzu verwenden wir den aktuarischen Barwertfaktor für eine aufgeschobene Rentenzahlung gemäß Gleichung (4.4.a) aus Kapitel 4:

$$_{50}ABWF_{10} = \sum_{t=10}^{\infty} e^{0{,}02*(t-1)} * \exp\left\{e^{\frac{50-89}{10}}\left(1-e^{\frac{t}{10}}\right)\right\} * e^{-0{,}025*t} \approx 17{,}59$$

*Multiplikation dieses Wertes (vgl. Anhang 1) mit der jährlichen Rentenzahlung ergibt den Barwert des entsprechenden (ansteigenden) Zahlungsstromes: 22.800 €*17,59 = 401.052 €. Das gesamte Humankapital hat somit einen Wert von rund 447.336 € + 401.052 = 848.383 €. Aktienquote: Wir unterstellen, dass die Dame bereits über ein Finanzvermögen von 490.000 € verfügt und ihr Risikoaversionsparameter $\gamma = 15$ beträgt. Gemäß Gleichung (7.4) ergibt das eine Aktienquote von:*
$\theta = \frac{1}{15}\left(1 + \frac{848.383}{490.000}\right)\frac{0{,}055}{0{,}15^2} \approx 0{,}445116\ldots \approx 45\%.$ ◀

Ausreichende Sparleistung

Nachdem eine Aktienquote bestimmt ist, muss entschieden werden, ob die aktuelle Sparleistung ausreichend ist, oder ob sie gegebenenfalls angepasst werden muss. Hierzu benötigen wir ein quantitatives Kriterium, ab wann eine Sparleistung als ausreichend erachtet wird. Im Folgenden verwenden wir hierfür die folgende Regel: Eine Sparleistung S^* ist dann ausreichend, wenn der $\alpha\ \%VaR$-Wert des bei Rentenantritt vorliegenden Vermögen $\tilde{V}_T$ größer ist als der mit dem aktuarischen Barwertfaktor ermittelte erforderliche Betrag V_T:

$$\alpha\%VaR\left(\tilde{V}_T\right) \geq V_T \tag{7.5}$$

Genügt die aktuelle Sparleistung diesem Kriterium nicht, muss sie erhöht, im Falle einer Übererfüllung kann sie reduziert werden.[8]

Beispiel:

Im vorletzten Beispiel hatten wir ermittelt, dass die 50-jährige Dame bis zum Rentenantritt einen Betrag von rund 837.472 € angespart haben sollte. Aktuell verfügt sie über ein Finanzvermögen von 490.000 €, mit dem sie – gemeinsam

[8]Dabei gehen wir immer von einem konstanten Sparbetrag aus, der allerdings in regelmäßigen Abständen an sich verändernde Rahmenbedingungen angepasst werden sollte.

*mit ihrer Sparleistung von 500 € – dieses Ziel erreichen will. Die Aktienquote hatten wir auf 45 % festgelegt. Ihr Depot hat somit eine zu erwartende Rendite von 0,45*8 % + 0,56*2,5 % = 4,975 ≈ 5 % p. a. und eine Volatilität von 0,45*15 % = 0,0675 % ≈ 6,75 % p. a. Eine stochastische Simulation von 30.000 Vermögensentwicklungen über 10 Jahre hinweg ergibt die in Abbildung 7.1 dargestellte Verteilung des bei Rentenantritt (d. h. in 10 Jahren) vorliegenden Vermögens.*

Die Grafik sowie die entsprechenden Kennzahlenwerte machen deutlich, dass Kriterium (7.5) für $\alpha = 5$ % nicht eingehalten wird: Der Sparbetrag ist so gering, dass der in 10 Jahren vorliegende Vermögenswert mit 5 % Wahrscheinlichkeit unter den Wert von 634.842 € fallen wird. Die Wahrscheinlichkeit, dass er geringer ist als die vorgegebenen 837.472 €, ist daher mit rund 39 % deutlich höher als akzeptabel. ◄

Bei einer Anpassung der Sparleistung ist zu berücksichtigen, dass eine Erhöhung sowohl die Konsummöglichkeiten heute $(E_0 - S)$ als auch die der Zukunft $E_T = (E_0 - S)e^{iT}$ verringert und damit zugleich den [mit dem aktuarischen Barwertfaktor (7.2) ermittelten] Betrag V_T reduziert, der dieses Konsumniveau ja finanzieren soll. Die entsprechende Optimierung ist daher ein sogenanntes Fixpunktproblem, d. h. die gesuchte Sparleistung muss

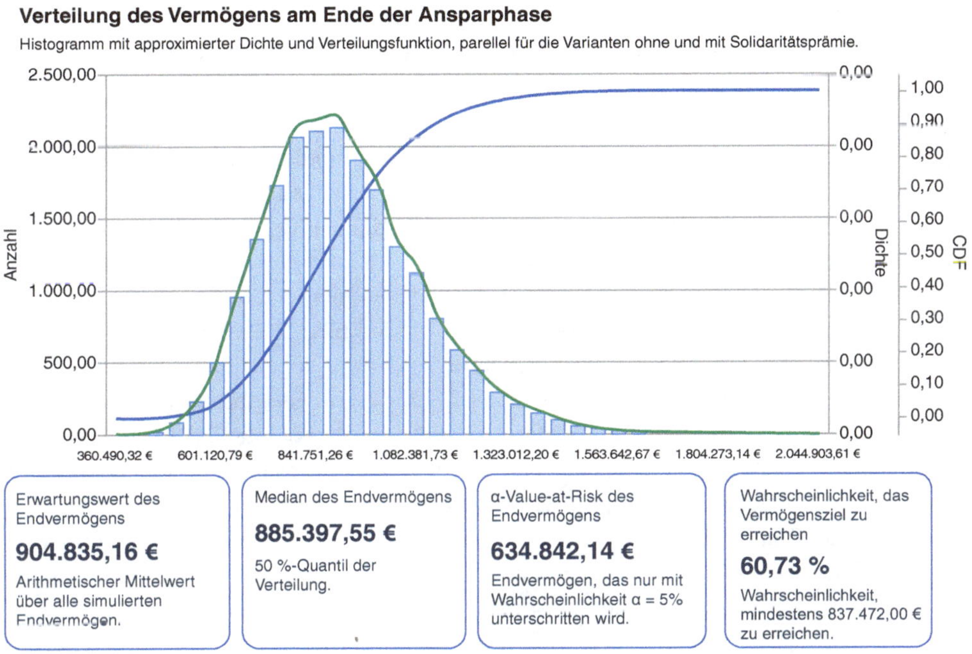

Abb. 7.1 Dichte- und Verteilungsfunktion des Wertes eines Vermögens in 10 Jahren, das mit 490.000 € gestartet ist und welches 10 Jahre lang monatlich mit 500 € bespart wird. Die Gelder wurden in ein Wertpapierdepot investiert, das bei einer Aktienquote von 45 % eine zu erwartende Rendite von 5 % p. a. und eine Volatilität von 6,75 % p. a. aufweist

sowohl der Risikorestriktion (7.5) als auch der Einkommensbedingung (7.1) genügen. Im Gegensatz zur dahinterstehenden Logik sind die mathematischen Details eines solchen Optimierungskalküls für den Zweck des vorliegenden Buches nicht relevant, weshalb wir auf ihre Darstellung verzichten. Die Logik aber ist wie folgt: Wird die Risikorestriktion (7.5) durch den aktuellen Sparbetrag nicht erfüllt, wird er um einen bestimmten Betrag (der im Rahmen des mathematischen Optimierungskalküls festzulegen ist) auf S_1 erhöht.[9] Auf Grundlage dieses neuen Sparbetrages S_1 wird dann der bei Rentenantritt erforderliche Lebensstandard $E_T = (E_0 - S_1)e^{iT}$ sowie der hierfür nötige Vermögenswert V_T neu ermittelt. Dann wird geprüft, ob die Restriktion (7.5) nun erfüllt ist. Fällt die Prüfung positiv aus, dann ist der optimale Sparbetrag gefunden, ist sie negativ, erfolgt eine weitere Erhöhung auf S_2 und die gesamte Schleife beginnt von vorne.

Beispiel:

Gegeben die Konstellationen des letzten Beispiels, zeigt sich, dass erst nach einer sukzessiven Erhöhung der Sparleistung auf 950 € monatlich die Bedingung (7.5) erfüllt werden kann. Aufgrund der erhöhten Sparleistung hat sich der damit verbundene Lebensstandard von 4.885 € auf 4.336 € [(4.500 € – 950 €)$e^{0,02*10}$] reduziert, der (anfängliche) Auszahlbetrag von 2.985 € auf 4.336 € – 1900 € = 2.436 € und der erforderliche Wert des bei Rentenbeginn vorliegenden Vermögens von ursprünglich 837.472 € auf 2.436 €*12*23,38 ≈ 683.444 €. Abbildung 7.2 zeigt die Verteilung des entsprechenden Vermögenswertes auf Grundlage einer 30.000 Iterationen umfassenden Simulation des bei Rentenantritt vorliegenden Vermögenswertes.* ◄

Mit der dargestellten Vorgehensweise ist eine rationale Grundlage geschaffen, sowohl die Aktienquote als auch die erforderliche Sparleistung so festzulegen, dass bei Rentenantritt ein ausreichendes Vermögen vorhanden ist. In den folgenden Kapiteln geht es nun darum, wie dieses Vermögen am besten eingesetzt werden kann, um in der Ruhestandsphase ein maximales Einkommen zu erzielen. In Kapitel 8 stehen hierbei „normale“ Finanzmarktanlagen und spezielle Versicherungsprodukte im Vordergrund, während in Kapitel 9 ausführlich eine innovative Anlageform vorgestellt wird – die sogenannte Tontine –, die in Deutschland aktuell leider noch nicht zur Verfügung steht. Es gibt jedoch mittlerweile Bestrebungen, das zu ändern. Ihre Vorzüge und vor allem ihr potentieller Beitrag, die Rentenproblematik in Deutschland zu entschärfen, sind zu gravierend, als dass diese spezielle Anlageform auf Dauer verhindert werden könnte.

Die Kapitel 9 und 10, in denen sinnvolle mögliche Einsatzmöglichkeiten dieser neuartigen Anlage analysiert werden, sind daher in gewisser Weise ein Blick in die Zukunft der Altersvorsorge in Deutschland.

[9] Sollte der aktuelle Sparbetrag die Bedingung (7.5) übererfüllen, wird er entsprechend abgesenkt.

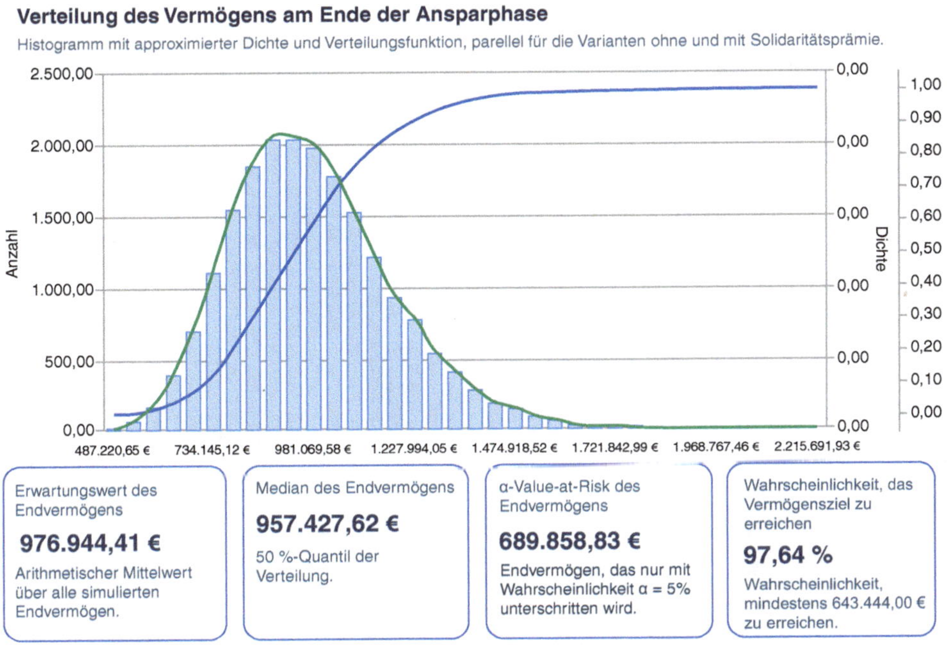

Abb. 7.2 Dichte- und Verteilungsfunktion des Wertes eines Vermögens in 10 Jahren, das mit 490.000 € gestartet ist und welches 10 Jahre lang monatlich mit 950 € bespart wurde. Die Gelder wurden in ein Wertpapierdepot investiert, das bei einer Aktienquote von 45 % eine zu erwartende Rendite von 5 % p. a. und eine Volatilität von 6,75 % p. a. aufweist. Der entsprechende $5\%VaR(\tilde{V}_T)$ liegt bei 689.859 €. Die Bedingung $5\%VaR(\tilde{V}_T) \geq 683.444$ € wurde somit übererfüllt

Literatur

Charupat, N., Huang, H., Milevsky, M. A., 2012, Strategic Financial Planning over the Life Cycle, Cambridge University Press.

Dunham, L. M., Washer, K. M., 2020, Using Life Tables for Retirement Planning, The Journal of Wealth Management, 23(3), S. 28–36.

Heitmann, D., Skill, T., Weiß, C., 2022, Finanzmathematik – Eine Einführung für Mathematik, Wirtschaftswissenschaften und Praxis, Springer Gabler.

Kotlikoff, l. J., Burns, S., 2008, Spend ‘til the end: the revolutionary guide to raising your living standard today and when you retire, Simon and Schuster, New York.

Samuelson, P. A., 1969, Lifetime portfolio selection by dynamic stochastic programming, The Review of Economics and Statistics, Vol. 51(3), 239–246.

Entnahmestrategien I: Finanzmarktprodukte und Versicherungen

8

Nachdem in der Ansparphase das Ziel im Vordergrund stand, bei Ruhestandsbeginn einen möglichst großen Vermögenswert akkumuliert zu haben[1], geht es nun darum, auf der Grundlage eines dann tatsächlich vorhandenen Vermögens eine rationale Auszahlungsstrategie zu entwerfen.

Anlage- und Langlebigkeitsrisiko

Jede realistische Entnahmeplanung wird mit zwei Arten von Risiken konfrontiert. Zum einen mit dem Anlagerisiko, welches die Wertentwicklung der investierten Gelder und damit den Lebensstandard im Alter gefährden kann. Dazu kommt das sogenannte Langlebigkeitsrisiko, also die Gefahr, dass das angesparte Vermögen durch die Entnahmen vorzeitig aufgebraucht wird.[2]

Die Überlegungen in Kapitel 3 haben uns vor Augen geführt, dass Langlebigkeitsrisiken substantieller Natur sind und keinesfalls durch eine mehr oder weniger willkürliche Annahme eines konkreten Anlagehorizontes ausgeblendet werden sollten – auch nicht den der statistischen Lebenserwartung. Stattdessen müssen beide Risikoarten im Rahmen einer realistischen Auszahlplanung explizit berücksichtigt werden.

Damit rücken in erster Linie die von Versicherungen angebotenen lebenslangen Zahlungszusagen in den Vordergrund, die sogenannten Leibrenten. Diese stellen eine rechtlich verbindliche Absicherung gegen das Langlebigkeitsrisiko dar. Zugleich übernehmen die Versicherungen auch das Anlagerisiko.[3]

In diesem Kapitel soll es daher darum gehen, wie Finanzmarkt- und Versicherungsprodukte eingesetzt und kombiniert werden können, um optimale Auszahlpläne zu bestimmen.

---

[1] Und eine hierzu erforderliche Sparleistung ermittelt wurde.

[2] Zwischen beiden Risikoarten kann stochastische Unabhängigkeit unterstellt werden. Das bedeutet, dass die Wahrscheinlichkeiten, mit der Anleger versterben, nicht davon beeinflusst werden, in welcher Höhe sich die Marktrendite konkretisiert und umgekehrt.

[3] Leider aber auch die damit verbundenen Renditechancen.

S. May, *Aktuarisch fundierte Ruhestandsplanung*,
https://doi.org/10.1007/978-3-658-51938-4_8

8.1 Versicherungen versus Finanzmarktanlagen

Beide der in diesem Abschnitt vorgestellten Anlagelösungen stellen jeweilige Endpunkte eines ganzen Spektrums an Möglichkeiten dar, einen Entnahmeplan umzusetzen. Wie so oft im Leben ist eine Extremlösung auch im vorliegenden Zusammenhang nicht optimal. Um die Vorzüge einer Optimallösung deutlich zu machen, ist es trotzdem sinnvoll, zunächst die Extreme zu betrachten.

Sofortrente

Wie schon angesprochen bieten Versicherungen gegen Zahlung eines Einmalbetrages sogenannte Leibrenten an. Diese gibt es in zwei Varianten, als Sofortrente oder als aufgeschobene Leibrente. Beide gewährleisten ein bestimmtes monatliches Einkommen, das bis ans Lebensende bezahlt wird – wann immer das auch ist. Bei einer Sofortrente fließt dieses Einkommen ab sofort zu, bei einer aufgeschobenen Leibrente erst ab einem vorher spezifizierten späteren Zeitpunkt. In beiden Varianten muss die Einmalzahlung zum Abschlusszeitpunkt geleistet werden und geht im Falle des vorzeitigen Ablebens des Leibrentenkäufers an die Versicherung.

Diese Beschreibung gilt für die reine Form einer Leibrente, auf die ich mich in der vorliegenden Ausarbeitung beschränken möchte. Von den Versicherungen werden aber auch Leibrenten mit einer Reihe zusätzlicher Leistungsmerkmale angeboten, wie z. B. ein Inflationsschutz oder dass im Falle des Ablebens nicht der gesamte Betrag an die Versicherung geht, sondern der verbleibende Lebenspartner einen Teil erhält. Die monatlichen Zahlungen sind dann entsprechend geringer.

Theoretischer Barwert einer Sofortrente

Mit Hilfe des in Kapitel 4 ausführlich besprochenen aktuarischen Barwertfaktors kann entweder der Barwert einer vorgegebenen laufenden und unbefristeten Zahlung (d. h. der theoretische Barwert einer Sofortrente) oder aber der regelmäßige Zahlbetrag für eine vorgegebene Einmalzahlung ermittelt werden.

Beispiel:

Wir greifen erneut den Fall der Dame aus den letzten Beispielen auf. Für sie wurde ja (bei ursprünglichen Ersparnissen von 500 € p. M.) eine Versorgungslücke in Höhe von 2.985 € ermittelt, die dann (aufgrund der Anhebung der Ersparnisse auf 950 €) auf 2.436 € (= Entnahmeziel) reduziert wurde. Da sie mit 50 bereits über ein Vermögen von 490.000 € verfügen konnte, wurde ihr geraten, dieses Vermögen in ein gemischtes Aktien-Anleihen-Depot mit einer Aktienquote von 45 % zu investieren und monatlich 950 € anzusparen. Nun unterstellen wir, dass sie das auch gemacht hat und leider aufgrund einer ungünstigen Kapitalmarktentwicklung im Alter von 60 Jahren „nur" über ein Vermögen von 600.000 € verfügt.[4] *Mit diesem Betrag erwirbt sie nun eine Sofortrente. Dem Leibrentenrechner des Statistischen Bundesamtes kann sie (bei einem Diskontierungszins von 2,5 %) entnehmen, welche monatliche Zahlung sie dafür bis ans Lebensende erhält (Abbildung 8.1):*

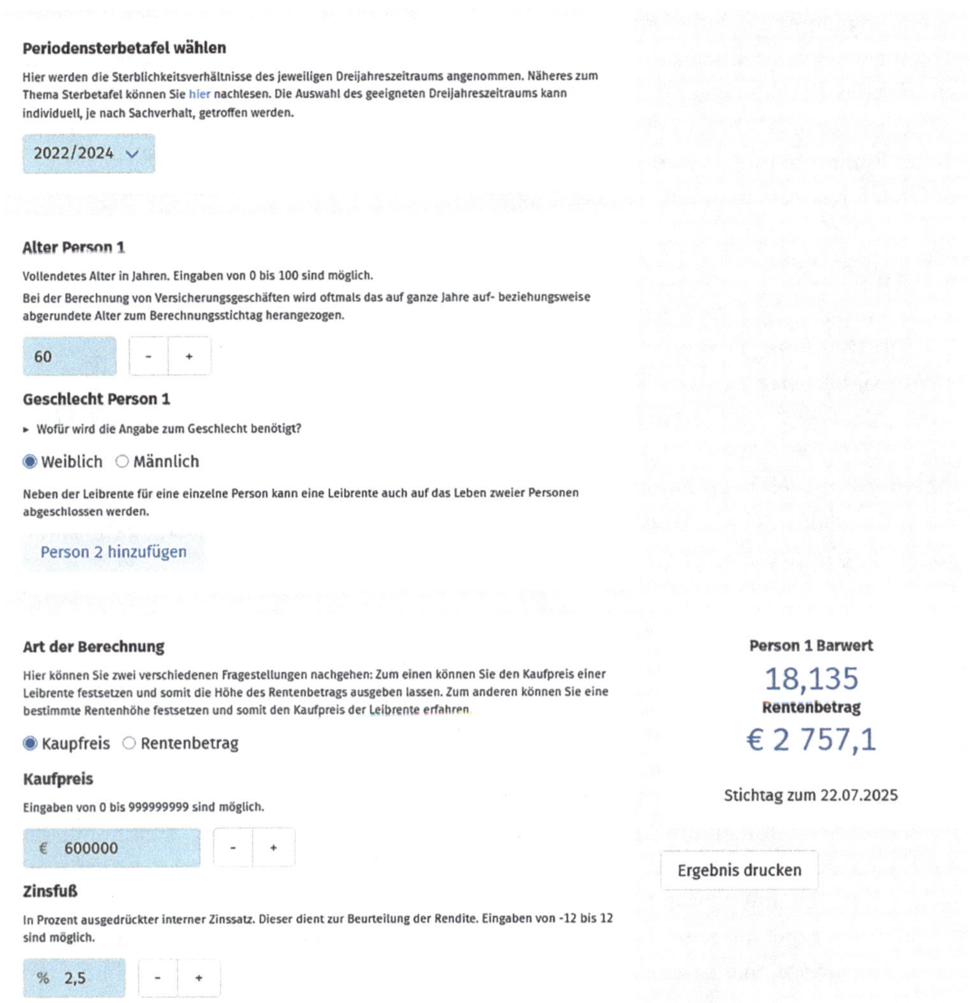

Abb. 8.1 Aktuarischer Annuitätenfaktor und monatliche konstante Auszahlung an eine weibliche Person aus einer Sofortrenten-Anlage von für 600.000 € bei einem Zinssatz von 2,5 % gemäß Leibrentenrechner des Statistischen Bundesamtes

[4] Das heißt der simulierte 5 %-*VaR* des Vermögenswertes von 689.858 € aus Abbildung 7.2 wurde sogar noch unterschritten, was auf eine wahrhaft üble Kapitalmarktentwicklung hinweist.

Die Dame erhält somit gegen eine Einmalzahlung von 600.000 € eine nachschüssige jährliche Rente 2.757 € pro Monat. ◄

Die Zahlen des Beispiels erwecken den Eindruck, als hätte man mit der Sofortrente trotz der unterstellten extrem ungünstigen Marktentwicklung das Entnahmeziel von 2.436 € mehr als erreicht. Das ist jedoch ein Missverständnis: Der vom Statistischen Bundesamt angebotene Leibrentenrechner bietet leider nicht die Möglichkeit der Barwertermittlung für eine dynamisch an die Inflationsrate angepasste Rentenzahlung. Das heißt die vom Rentenrechner angezeigten Beträge erfolgen unter der Annahme, dass sie konstant bleiben. Für das Entnahmeziel von 2.436 € hatten wir jedoch angenommen, dass es auch in der Rentenphase jährlich um 2 % erhöht werden soll. Um die Barwerte dynamisch angepasster Rentenzahlungen zu ermitteln, müssen wir daher auf Gleichungen (7.2) bzw. (7.3) des letzten Kapitels bzw. auf Anhang 1 zugreifen.

Beispiel:

*Für eine an die Inflationsrate von 2 % angepasste Rentenzahlung ergibt sich (bei 2,5 % Verzinsung) gemäß Anhang 1 [bzw. Gleichung (7.2)] für eine 60-jährige Dame ein dynamischer aktuarischer Barwertfaktor von 23,38. Die Dame erhält somit für ihre 600.000 € eine anfängliche monatliche Rentenzahlung in Höhe von 600.000 €/(12*23,38) ≈ 2.139 €. Dieser Betrag ist deshalb deutlich geringer als der mit dem Leibrentenrechner ermittelte Wert, weil es ja ein Anfangsbetrag ist, der jährlich um 2 % angehoben wird.*[5] *Vergleicht man daher diesen Wert mit dem ebenfalls dynamisch kalkulierten Einkommensziel von 2.436 €, wurde das Ziel um rund 300 € verfehlt.* ◄

Es lässt sich daher festhalten, dass Sofortrenten, selbst wenn sie rein theoretisch und ohne Versicherungsmargen kalkuliert werden, in der Regel nur sehr enttäuschende Zahlungen gewährleisen. Diese Enttäuschung wird noch verstärkt, wenn Versicherungsmargen miteinbezogen werden.

Tatsächliche Kaufpreise und implizite Versicherungsmargen

Die obenstehenden theoretischen, dem Leibrentenrechner oder Anhang 1 entnommenen Werte sind ohne die üblichen Versicherungsmargen kalkuliert. Daher ist es ganz aufschlussreich, sie mit tatsächlichen Versicherungsangeboten zu vergleichen. Abbildung 8.2 zeigt das Ergebnis einer Internet-Recherche nach Angeboten einer gleichbleibenden Sofortrente gegen eine Einmalzahlung von 600.000 € für eine 60-jährige weibliche Person.

[5] Der statische Barwertfaktor gemäß (7.2) beträgt 17,99, was eine gleichleibende monatliche unbefristete Auszahlung in Höhe von 600.000 €/(17,99*12) ≈ 2.779 € erlaubt. Dieses Ergebnis entspricht ziemlich genau dem des Leibrentenrechners.

Abb. 8.2 Versicherungsangebote für eine „reine" Sofortrente, d. h. ohne Zusatzleistungen:. Abfrage am 16.12.2025 bei https://rente.check24.de/result?bd=1965-12-28&pt=sofort&is=2026-01-01&ra=59&otp=600000&si=klassisch&bg=50&db=MIX&pgp=10&pp=oneTime&wp1=50&wp2=ch24_v_natural&tariffIds=

Unternehmen	Zahlung jährlich (monatlich)	Impliziter Annuitätenfaktor
Standard Life	26.981 € (2.249 €)	22,23
Die Continentale	20.117 € (1.676 €)	29,82
Condor	19.919 € (1.660 €)	30,12
Allianz	19.592 € (1.633 €)	30,62
Württembergische	19.549 € (1.629 €)	30,69
Stuttgarter	19.146 € (1.596 €)	31,33

Die Versicherungsrealität zeigt somit ein völlig anderes Bild als der (theoretische) Leibrentenrechner. Die tatsächlichen Angebote deutscher Versicherer garantieren gegen eine Einmalzahlung von 600.000 € lediglich (konstante) Monatsrenten zwischen 1.596 € und 1.676 €. Eine Ausnahme stellt Standard Life mit 2.249 € dar.[6] Aber alle Angebote und insbesondere die der deutschen Versicherungen liegen weit unter den 2.757 €, die der Leibrentenrechner ausgibt. Sie kalkulieren daher entweder mit deutlich geringeren Sterbewahrscheinlichkeiten[7] als das statistische Bundesamt oder aber mit enormen Gewinnmargen.[8]

Abbildung 8.3 stellt für ausgewählte Lebensalter die theoretischen und tatsächlichen Werte sowohl von Sofortrenten als auch für um zehn Jahre aufgeschobene Leibrenten gegenüber.

Selbst wenn man berücksichtigt, dass die in Tabelle 8.3 dargestellten Differenzen nicht nur auf hohe Margen zurückgeführt werden können, sondern unter Umständen auch auf unterschiedliche Kalkulationszinsen und geringere Sterbewahrscheinlichkeiten, sind sie doch erheblich. Vor diesem Hintergrund ist es der Versicherungswirtschaft gegenüber nicht unfair, wenn wir in den folgenden Beispielskalkulationen eine pauschale Volumenmarge von 20 % unterstellen.

[6] Sollte es sich bei diesem doch relativ hohen Betrag nicht um einen Fehler der WebSite handeln, dann dürfte es an einer geringeren Bonität („AA-" nach Fitch) liegen. Standard Life (bzw. ihre Muttergesellschaft Phoenix Group) gehört zwar zu den finanziell gut bis sehr gut aufgestellten Versicherern, steht aber im Rating-Vergleich nicht unbedingt an der Spitze des Marktes.

[7] In Kapitel 4 hatten wir ja diskutiert, dass das aufgrund der adversen Selektion in einem gewissen Umfang auch angebracht ist.

[8] Ein weiterer Grund könnte sein, dass die Versicherungen mit geringeren Zinsen kalkulieren als die in den Leibrentenrechner eingegebenen 2,5 %.

Abb. 8.3 Gegenüberstellung von theoretischen und tatsächlichen aktuarischen Annuitätenfaktoren für Sofortrenten und um 10 Jahre aufgeschobene Leibrenten. Die theoretischen Werte wurden auf Grundlage des Leibrentenrechners des Statistischen Bundeamtes (https://service.destatis.de/DE/leibrentenrechner/) ermittelt, die tatsächlichen Werte auf Grundlage von Online-Abfragen konkreter Versicherungsangebote am 16.12.2025. Für Sofortrenten wurde auf https://www.transparent-beraten.de/rechner/sofortrente/ zugegriffen, für aufgeschobene Leibrenten auf https://rente.check24.de/result?bd=1955-01-01&pt=s3einmalzahlung&is=2026-01-01&ra=80&otp=100000&si=fondsgebunden&bg=50&db=MIX&pgp=15&pp=oneTime&wp1=50&wp2=ch24_v_natural&tariffIds=). Für Letztere konnten keine garantierten Beträge erfragt werden, sondern nur „mögliche Leistungen". Diese wurden den tatsächlichen Faktoren zugrunde gelegt. Die Differenzen ergeben sich aus der Gegenüberstellung von tatsächlichen (Unisex) Annuitätenfaktoren und den entsprechenden theoretischen Werten für weibliche Personen, wodurch die Differenzen geringer ausfallen

	Aktuarischer	Annuitätenfaktor	
Alter (Rentenart)	*Theoretisch m (w)*	*Tatsächlich (Unisex)*	*Differenz in %*
60 (sofort)	*16,027 (18,135)*	*27,69*	*+52,70 %*
65 (sofort)	*13,731 (15,761)*	*22,56*	*+43,16 %*
70 (sofort)	*11,466 (13,297)*	*17,43*	*+31,19 %*
75 (sofort)	*9,203 (10,751)*	*12,30*	*+14,49 %*
60 (aufgesch.)	*7,697 (9,57)*	*11,21*	*+17,17 %*
65 (aufgesch.)	*5,685 (7,366)*	*9,95*	*+35,28 %*
70 (aufgesch.)	*3,798 (5,165)*	*9,48*	*+83,70 %*
75 (aufgesch.)	*2,123 (3,086)*	*kein Angebot*	

Kapitalmarktbasierter befristeter Entnahmeplan

Vor allem, weil im Todesfall das Vermögen an die Versicherung geht, aber auch wegen enttäuschend geringer Monatszahlungen der meisten Versicherungen wird von der Finanzbranche gerne geraten, für seine Ruhestandsplanung stärker auf die renditestarken Kapitalmärkte, insbesondere auf Aktien zu setzen. Eine verbreitete Praxis ist, die individuelle Lebenserwartung $E(\tilde{T}_x)$ gemäß Gleichung (3.7) aus Kapitel 3 als Anlagehorizont festzulegen und auf dieser Grundlage einen befristeten Entnahmeplan zu kalkulieren. Dem Langlebigkeitsrisiko wird dabei häufig durch eine Art Vermögenspuffer Rechnung getragen, der sicherstellt, dass auch nach Ablauf des Anlagehorizontes mit einer festzulegenden Wahrscheinlichkeit noch ein bestimmtes Vermögen vorhanden ist.

Auf diese Weise lassen sich Entnahmebeträge kalkulieren, die dann mit entsprechenden Versicherungsangeboten verglichen werden können.[9] Wie hoch diese Beträge sind, hängt

[9] Auch wenn der Vergleich natürlich hinkt, da man dabei befristete Entnahmen mit Zahlungen vergleicht, die bis ans Lebensende geleistet werden.

neben dem Volumen des Ruhestandsvermögens auch von der Anlagestrategie, sprich der gewählten Aktienquote ab. Wie bereits für die Ansparphase, unterstellen wir auch für die Entnahmephase, dass die Aktienquote entsprechend Gleichung (6.6) aus Kapitel 6 festgelegt wird.

Beispiel:

Wir beziehen uns auf die Situation der Dame aus den letzten Beispielen. Sie ist mittlerweile 60 Jahre alt, verfügt über ein Vermögen von 600.000 € und erhält eine gesetzliche Rente von 1.900 € pro Monat, die sie als absolut sicher einschätzt. Mit ihrem Vermögen möchte sie eine monatliche Versorgungslücke von 2.436 € schließen. Um die hierfür geeignete Aktienquote zu ermitteln, benötigen wir zunächst den Wert ihres Humankapitals, das – da sie ja nicht mehr arbeitet – nur noch aus dem Barwert der ihr zustehenden gesetzlichen Rente besteht, die jährlich um 2 % erhöht wird. Der entsprechende aktuarische Barwertfaktor beträgt (bei einem Zinssatz von 2,5 % p. a. und den Mortalitätsparametern m = 89 und b = 10):

$$_{60}ABWF = \sum_{t=0}^{\infty} e^{0,02*(t-1)} * \exp\left\{e^{\frac{60-89}{10}}\left(1-e^{\frac{t}{10}}\right)\right\} * e^{-0,025*t} \approx 23,38$$

*was einem Barwert der gesetzlichen Rente in Höhe von 1.900 €*12*23,38 = 533.064 € entspricht. Damit ergibt sich für $E(\tilde{R}) = 8\%$, $\sigma(\tilde{R}) = 15\%$, r = 2,50 % und γ = 15 die passende Aktienquote als:*

$$\theta = \frac{1}{15}\left(1 + \frac{533.064\,€}{600.000\,€}\right)\frac{0,055}{0,15^2} = 0,30774\ldots \approx 30\%.$$ ◀

Optimaler Entnahmebetrag

Nachdem die Aktienquote θ sowie der Anlagehorizont $T = E(\tilde{T}_x)$ festgelegt sind, ist noch ein etwaiger Risikopuffer $\bar{W}_T$ und die erlaubte Unterschreitungswahrscheinlichkeit α festzulegen. Sind diese Werte gegeben, dann ergibt sich der optimale anfängliche monatliche Entnahmebetrag als Lösung des folgenden stochastischen Maximierungskalküls:

$$\text{maximiere} \underset{E}{\rightarrow} E \tag{8.1}$$

unter den folgenden Nebenbedingungen

(a) $\alpha\% VaR(\tilde{W}_t) \geq \bar{W}_T$

(b) $\tilde{R}_{t;P} \sim N[\theta E(\tilde{R}) + (1-\theta)r;\ \theta\sigma(\tilde{R})]$ $(t = 1 \ldots T)$

(c) $W_0 = \bar{W}$

(d) $\tilde{W}_t = (1-k)W_{t-1}e^{\tilde{R}_{t;P}} - E_t$ $(t = 1 \ldots T)$

(e) $E_t = E_{t-1}e^{\frac{i}{12}}$ $(t = 1 \ldots T)$

Gesucht ist daher der maximale anfängliche Entnahmebetrag E, der sicherstellt, dass das Vermögen am Ende des Anlagehorizontes T nur noch mit einer Wahrscheinlichkeit von α % kleiner ist der Risikopuffer $\bar{W}_T$ [bzw. mit (1 – α) % Wahrscheinlichkeit größer[10]] (8.1a). Die stochastische Rendite $\tilde{R}_{t;P}$, zu der die das verbleibende Vermögen angelegt wird, „gehorcht" in jeder Periode einer Normalverteilung mit dem Erwartungswert $\theta E(\tilde{R}) + (1 - \theta) r$ und der Standardabweichung $\theta\sigma(\tilde{R})$ (8.1b)]. Während der gesamten Ansparphase entwickelt sich der Vermögenswert gemäß (8.1c) und (8.1d), während die monatlichen Auszahlungen mit der Monatsinflation $i/12$ erhöht werden (8.1e). Der Kostensatz für die Wertpapieranlage beträgt 1 % p. a.

Beispiel:

Wir bleiben bei unserer Beispielsdame. Sie wählt als Risikopuffer eine Untergrenze des Vermögenswertes von 60.000 €, die mit 95 % Wahrscheinlichkeit halten soll. Gemäß Gleichung (3.7) aus Kapitel 3 hat sie noch eine Lebenserwartung von $E(\tilde{T}_{60}) = \sum_{t=1}^{\infty} W(\tilde{T}_x \geq t) = \sum_{t=1}^{\infty} \exp\left\{e^{\frac{60-89}{10}}\left(1 - e^{\frac{t}{10}}\right)\right\} = 25{,}16 \approx$ *25 Jahren, was dann auch dem Anlagehorizont entsprechen soll. Das entsprechende Maximierungskalkül lautet daher:*

Maximiere $\underset{E}{\rightarrow} E$ unter den folgenden Nebenbedingungen

(a) $5\% VaR(\tilde{W}_{25}) \geq 60.000$ €

(b) $\tilde{R}_{t;P} \sim N[4{,}15\,\%; 4{,}5\,\%]$ $\quad (t = 1 \ldots 25)$

(c) $W_0 = 600.000$ €

(d) $\tilde{W}_t = (1 - 0{,}01)\, W_{t-1} e^{\tilde{R}_{t;P}} - E_t$ $\quad (t = 1 \ldots 25)$

(e) $E_t = E_{t-1} e^{\frac{0{,}02}{12}}$ $\quad (t = 1 \ldots 25)$

Als Ergebnis erhalten wir eine (anfängliche) monatliche Entnahme in Höhe von 1.750 €. Abbildung 8.4 zeigt die Verteilung des Vermögenswerte nach 25 Jahren, wenn dieser Betrag tatsächlich monatlich entnommen und im Gleichschritt mit der Inflationsrate erhöht wird.

Für den Fall, dass die Entnahmen gleichbleiben sollen, ergibt eine Optimierung entsprechend (8.1) eine monatliche Entnahme von rund 2.220 €. ◄

Das Beispiel unterstreicht, dass eine reine Kapitalmarktlösung durchaus Entnahmen erlaubt, wie sie auch fair kalkulierte Sofortrenten bieten.[11] Unterstellt man nämlich eine Marge von 20 %, dann ergibt sich für eine solche Sofortrente eine (anfängliche) Monatszahlung von

[10] Selbstverständlich kann auch ein anderer Wahrscheinlichkeitswert vorgegeben werden. Wie bereits erwähnt, liegen sinnvolle Werte zwischen 1 % und 5 %.

[11] Vergleicht man aber mit den tatsächlichen Versicherungsangeboten, liegen die Entnahmen weit darüber (siehe hierzu Abbildung 8.2).

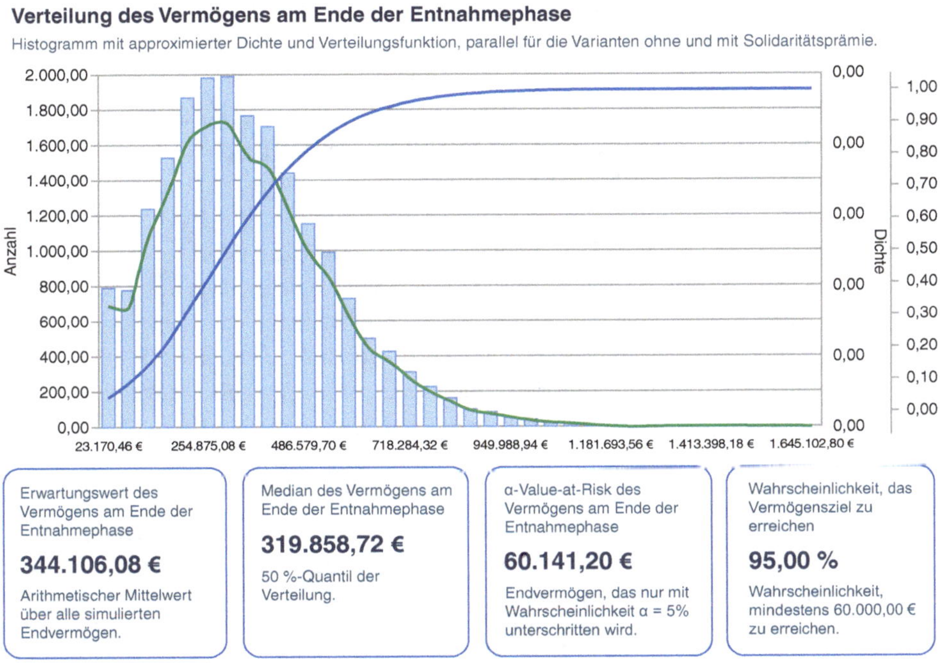

Abb. 8.4 Dichte- und Verteilungsfunktion des Vermögenswertes in 25 Jahren, bei einem Anfangsvermögen von 600.000 € und einer (anfänglichen) monatlichen Entnahme von 1.750 €, die regelmäßig mit der Inflationsrate von 2 % erhöht wird. Als Aktienquote wurden 30 % gewählt, was einer zu erwartenden Rendite von 4,15 % p. a. und einer Volatilität von 4,50 % p. a. entspricht. Der Erwartungswert des Vermögens in 25 Jahren liegt bei 344.106 €, der Median bei 319.859 € und der 5 %-*VaR*-Wert („Krisenwert") bei 60.141 €

lediglich 600.000 €/(23,38*1,2*12) ≈ 1.782 €. Allerdings besteht bei der Finanzmarktlösung eine sehr große Chance (von 95 %) auf wesentlich bessere Entwicklungen und damit ein deutlich höheres Entnahmepotential.

Andererseits ist das Langlebigkeitsrisiko bei einer reinen Kapitalmarktlösung nicht wirklich zufriedenstellend berücksichtigt. Aus Kapitel 3 wissen wir, dass die Wahrscheinlichkeit, seine eigene Lebenserwartung zu überleben, sehr hoch ist. Für die 60-jährige Dame der letzten Beispiele beträgt sie entsprechend Gleichung (3.6) immerhin 54 %. Ob die Wahl der Lebenserwartung als fixer Anlagehorizont eine empfehlenswerte Vorgehensweise ist, ist daher mehr als fraglich. Doch was ist die Lösung? Wie so oft, liegt die Antwort in der Mitte, konkret, in einer Mischung aus befristeter Anlage und einer Versicherung.

Wie bereits in Kapitel 4 besprochen, gibt es zwei Gründe, warum es in der Regel günstiger ist, eine Auszahlungsstrategie anstatt durch eine Sofortrente mit einer Kombination aus einem befristeten durch eine Kapitalanlage finanziertem Entnahmeplan und einer aufgeschobenen Leibrente umzusetzen. Da ist zum einen die Möglichkeit, für den Entnahmeplan in höher rentierliche Anlagen zu investieren und zum anderen die hohen

Gewinnmargen der Versicherungen. Eine Mischung verbindet die renditeträchtige Welt der Finanzmärkte mit den Absicherungsmechanismen einer Versicherung.

8.2 Kombination aus befristetem Entnahmeplan und aufgeschobener Leibrente

Die in Abschnitt 8.1 beschriebene Sofortrente sichert zwar das Langlebigkeitsrisiko ab, hat aber neben den enttäuschend geringen Auszahlungen den Nachteil, dass das gesamte Vermögen an die Versicherung geht, wenn der Versicherungsnehmer vorzeitig verstirbt. Die Kapitalmarktlösung dagegen bietet zwar potentiell sehr hohe Entnahmemöglichkeiten, berücksichtigt aber das Langlebigkeitsrisiko nicht in einer letztlich überzeugenden Weise.

Daher liegt es nahe, zwar eine Versicherung gegen das Langlebigkeitsrisiko zu erwerben, aber nicht mit dem gesamten Vermögen für die vollständige Rentenphase, sondern als aufgeschobene Leibrente für einen späteren Lebensabschnitt, beispielsweise erst ab einem Lebensalter von 70 Jahren. Diese kann dann mit einem befristeten durch eine Kapitalanlage finanziertem Entnahmeplan („Überbrückungsstrategie") kombiniert werden, der den Zeitraum zwischen Rentenantritt und dem Beginn der Zahlungen aus der aufgeschobenen Leibrente überbrückt. Um Vergleichbarkeit herzustellen, wird die Kombination so gewählt, dass sie genau die mit der Inflationsrate ansteigenden Zahlungen einer Sofortrente dupliziert. Abbildng 8.5 zeigt beispielhaft die entsprechenden Zahlungsströme, sowie ein Szenario der Entwicklung des in die Überbrückungsstrategie investierten Vermögens.

Wie wir in Kapitel 4 bereits festgestellt haben, ist eine solche Kombination nicht nur erheblich flexibler, sondern unter realistischen Bedingungen auch günstiger als eine Sofortrente. Trotzdem aber ist das Langlebigkeitsrisiko vollständig ausgeschaltet.

Wahl des Aufschubzeitraumes

Um nun eine Kombination konkret mit einer Sofortrente vergleichen zu können, ist zunächst ein Aufschubzeitraum festzulegen, während dessen das Einkommen aus der Überbrückungsstrategie entnommen wird. Eine Verlängerung dieses Zeitraumes bewirkt die folgenden gegenläufigen Effekte. Einerseits verringert sie den Betrag V_0^a, der für die aufgeschobene Leibrente bezahlt werden muss.[12] Dadurch wird der Betrag $\left(V_0 - V_0^a\right)$ größer[13], der in die renditestärkere Überbrückungsstrategie, sprich in den befristeten Entnahmeplan investiert werden kann, was die Auszahlungen aus diesem Plan ceteris paribus tendenziell erhöht. Andererseits hat der Plan dann eine längere Laufzeit und die Auszahlungen müssen länger geleistet werden, was sie verringert. Aufgrund dieser Zusammenhänge

[12] Und zwar aufgrund eines längeren Diskontierungszeitraumes und höherer Sterbewahrscheinlichkeiten.

[13] V_0 ist der Preis der Sofortrente.

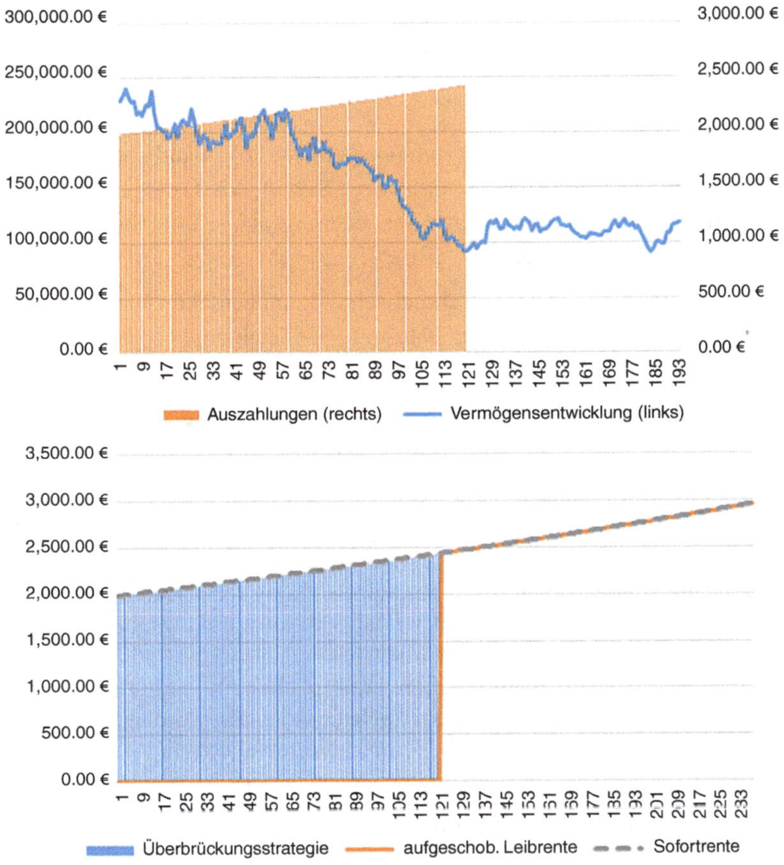

Abb. 8.5 Bespielhafte Auszahlungen einer Sofortrente sowie einer Kombination aus aufgeschobener Leibrente und eines auf 10 Jahre befristeten Überbrückungsplans (unten). Dargestellt ist auch das Szenario einer Vermögenswertentwicklung aufgrund der Entnahmen aus dem Überbrückungsplan (oben)

liegt es eigentlich nahe, den Aufschubzeitraum durch eine quantitative Optimierung zu bestimmen. Das entsprechende Kalkül könnte beispielsweise darin bestehen, die Wahrscheinlichkeit zu maximieren, dass das in die Überbrückungsstrategie investierte Vermögen ausreicht, die Entnahmen über den gesamten Zeitraum hinweg zu finanzieren.

Andererseits ist das tatsächliche Angebot an aufgeschobenen Leibrenten zumindest in Deutschland sehr eingeschränkt, so dass häufig ohnehin keine freie Wahlmöglichkeit gegeben sein dürfte.[14] Aus diesem Grund gehen wir davon aus, dass der Aufschubzeitraum a exogen gegeben ist.

[14] So konnte der Autor beispielsweise bei seiner Web-Recherche kein Angebot einer aufgeschobenen Leibrente finden, deren Auszahlungen an die Inflation angepasst werden.

Bei dem in Folgenden angestellten Vergleich[15] unterstellen wir sowohl für die Versicherungen als auch die Kapitalmarktanlage entsprechende Kostensätze. Konkret gehen wir in vier Schritten vor:

(1) Zunächst wird – gewissermaßen als Referenzpunkt – die anfängliche monatliche Sofortrente E_{sofort} ermittelt, die man für das vorhandene Ruhestandsvermögen V_0 erhalten könnte. Hierbei wird eine volumensabhängige Versicherungsmarge in Höhe von C berücksichtigt.[16] Es gilt daher: $E_{\text{sofort}} = V_0 * [{}_xABWF * (1 + C)]^{-1}$. Wie bereits an mehreren Stellen thematisiert ist ${}_xABWF$ der übliche aktuarische Annuitätenfaktor für einen unbefristeten, bis an Lebensende laufenden Zahlungsstrom [vgl. Gleichung (4.4) aus Kapitel 4].

(2) Danach bestimmt man den Wert V_0^a einer um a Jahre aufgeschobenen Leibrente, die nach Ablauf des Aufschubzeitraumes dieselben Auszahlungen leistet wie die Sofortrente. Er ergibt sich entsprechend Gleichung (4.4a) aus Kapitel 4 (oder den Annuitätenfaktoren aus Anhang 1) als $V_0^a = E_{\text{sofort}} e^{i*a} {}_xABWF_a * (1 + C)$

(3) Anschließend konstruiert man einen auf a Jahre befristeten Auszahlplan, die „Überbrückungsstrategie". Für diese Strategie unterstellen wir jährliche Kosten in Höhe von k % des jeweils vorliegenden Vermögenswertes. Diese werden monatlich abgezogen. Aus dieser Strategie entnimmt man (fiktiv) dieselben Beträge, die auch durch die Sofortrente möglich wären und ermittelt anschließend die Wahrscheinlichkeit, mit der das Vermögen ausreicht, diese Entnahmen T Jahre zu finanzieren.[17]

(4) Schließlich werden die höchstmöglichen (anfänglichen) monatlichen Auszahlungen $\hat{E}$ ermittelt, die aus der Überbrückungsstrategie entnommen werden können, so dass das Vermögen mit einer vorzugebenden Wahrscheinlichkeit von $(1 - \alpha)$ ausreicht, diese Entnahmen den gesamten Überbrückungszeitraum zu finanzieren. Dies entspricht formal dem folgenden Optimierungsprogramm:

$$\text{maximiere} \underset{\hat{E}}{\rightarrow} \hat{E} \tag{8.2}$$

unter den folgenden Nebenbedingungen

(a) $W_0 = \left(V_0 - V_0^a\right)$

(b) $\hat{E}_t = \hat{E}_{t-1} e^{\frac{i}{12}}$ $(t = 1 \ldots T)$

(c) $\tilde{R}_{t;P} \sim N[\theta E(\tilde{R}) + (1 - \theta) r; \theta\sigma(\tilde{R})]$ $(t = 1 \ldots T)$

(d) $\tilde{W}_t = (1 - k) W_{t-1} e^{\tilde{R}_{t;P}} - \hat{E}_t$ $(t = 1 \ldots T)$

(e) $\alpha\% VaR\left(\tilde{W}_T\right) \geq 0$

[15] Auf den Vergleich mit einer reinen Kapitalanlage verzichten wir, da dabei das Langlebigkeitsrisiko nicht wirklich ausgeschaltet ist.

[16] Die durchaus mit 20 % angesetzt werden kann, was eher an der Untergrenze der von Versicherungen tatsächlich kalkulierten Margen angesiedelt sein dürfte.

[17] Diese Wahrscheinlichkeit kann zwar analytisch exakt bestimmt werden, die entsprechenden formalen Ausdrücke sind jedoch sehr komplex. Daum ermitteln wir sie im Folgenden im Rahmen einer entsprechenden Monte-Carlo-Simulation lediglich approximativ.

Gesucht ist somit die maximal mögliche (anfängliche) Auszahlung aus einem auf a Jahre angelegten Überbrückungsplan, dessen Anfangswert der Differenz $(V_0 - V_0^a)$ aus dem aktuarischen Barwert V_0 einer Sofortrente abzüglich des Barwertes V_0^a einer aufgeschobenen Leibrente entspricht (8.2a), wobei die Auszahlungen regelmäßig um die Inflationsrate i erhöht werden (8.2b). Die Rendite dieser Überbrückungsstrategie ergibt sich durch die gewählte Aktienquote θ sowie aufgrund der Marktparameter $E(\tilde{R})$, $\sigma(\tilde{R})$ und r (8.2c). Ihr Wert entwickelt sich stochastisch entsprechend (8.2d) und soll am Ende mit einer Wahrscheinlichkeit von $(1 - \alpha)$ noch positiv sein (8.2e).

Die Ergebnisse aus den Schritten (1) bis (4) entscheiden letztlich darüber, ob eine Kombination rein rechnerisch vorteilhafter ist als eine Sofortrente. Liegt die im dritten Schritt ermittelte Wahrscheinlichkeit über einem akzeptierten Wahrscheinlichkeitslevel $(1-\alpha)$, dann ist die Kombination finanziell gesehen vorzuziehen.[18] Liegt sie darunter, dann kommt es auf den in (4) für die Überbrückungsstrategie ermittelten (dann geringeren) Auszahlbetrag an: Der Anleger muss sich dann entscheiden, ob er bereit ist, für die größere Flexibilität der Kombination eine vorübergehende Absenkung der Entnahmen im erforderlichen Umfang hinzunehmen.

Beispiel:

Wir knüpfen unmittelbar an die Situation der Dame unserer letzten Beispiele an. Sie ist 60 Jahre alt und hat ein Vermögen von $V_0 = 600.000$ €. Wenn sie damit eine Sofortrente erwirbt, sichert sie sich damit bei einer Kostenmarge von 20 %, einer Inflation von 2 % und einem Zinssatz von 2,5 % eine (anfängliche) monatliche Zahlung in Höhe von $E_{\text{sofort}} = 600.000 * (1,2 * 12 * {}_{60}ABWF)^{-1} = 600.000 *$

$$\left\{1,2 * 12 * \sum_{t=0}^{\infty} e^{0,02*(t-1)} * \exp\left[e^{\frac{60-89}{10}}\left(1 - e^{\frac{t}{10}}\right)\right] * e^{-0,025*t}\right\}^{-1} = 600.000 *$$

$(1,2 * 12 * 23,38)^{-1} \approx 1.782$ €

Um mit einer Kombination dieselben Auszahlungen zu realisieren, wie mit der Sofortrente, muss die um 10 Jahre aufgeschobene Leibrente einen anfänglichen Monatsbetrag von 1.782 €$*e^{0,02*10}$ = 2.176,53 ≈ 2.176 € gewährleisten. Der Preis einer solchen aufgeschobenen Leibrente ermittelt sich analog zu Gleichung (4.4a) aus Kapitel 4 (oder Anhang 1) entsprechend:

$$V_0^a = 2.176\text{ €} * 12 * 1,2 * {}_{60}ABWF_{10}$$

$$= 2.176\text{ €} * 12 * 1,2 * \sum_{t=0}^{\infty} e^{0,02*(t-1)} * \exp\left\{e^{\frac{60-89}{10}}\left(1 - e^{\frac{10+t}{10}}\right)\right\} * e^{-0,025*(10+t)}$$

$$= 2.176\text{ €} * 12 * 1,2 * 11,47 = 359.405\text{ €}$$

[18] Dass mit einer Kombination immer eine größere Flexibilität sowie die sehr große Chance auf deutlich höhere Zahlungen verbunden sind, kann bei einem quantitativen Vergleich leider nicht berücksichtigt werden.

Für die Anlage in den Überbrückungsplan stehen daher noch 600.000 – 359.405 = 240.595 € zur Verfügung. Investiert man diesen Betrag in ein Wertpapierdepot mit einer Aktienquote von 30 % (bei jährlichen Kosten von 1 % des Vermögens) und wählt die anfängliche Entnahme aus der Überbrückungsstrategie so, dass das Vermögen mit 95 % Wahrscheinlichkeit mindestens 10 Jahre hält, dann können sogar anfängliche 1.860 € entnommen werden. Abbildung 8.6 zeigt die entsprechende Verteilung des in die Überbrückungsstrategie angelegten Vermögens in zehn Jahren. ◄

Dieses Bespiel verdeutlicht, dass unter einigermaßen realistischen Voraussetzungen hinsichtlich Finanzmarktrenditen und Kostenstrukturen die Kombination aus aufgeschobener Leibrente und Finanzmarktanlage einer Sofortrente überlegen ist. Sie bietet denselben Zahlungsstrom wie eine Sofortrente und – bei ausreichend hoch gewähltem Konfidenzlevel (1 – α) – effektiv auch dasselbe Sicherheitsniveau. Dazu kommen eine weitaus höhere Flexibilität und die große Chance auf deutlich höhere Vermögenswerte. Von daher ist sie in jedem Fall vorzuziehen. Das stimmt übrigens mit der Einschätzung von US-amerikanischen Arbeitnehmern überein, von denen laut einer Befragung durch Finke und Fichtner

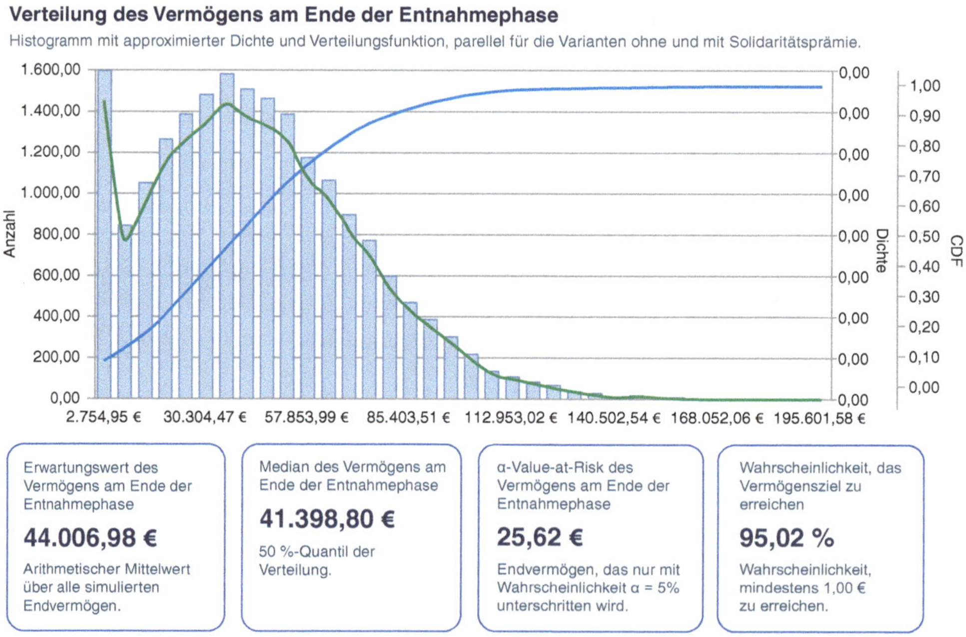

Abb. 8.6 Histogramm eines in die Überbrückungsstrategie investierten Vermögen in Höhe von ursprünglich 240.595 € nach zehn Jahren, aus der anfänglichen 1.860 € pro Monat entnommen werden und damit sogar mehr als die Sofortrente bietet (anfängliche 1.782 € pro Monat)

Abb. 8.7 Gegenüberstellung der bisher analysierten Entnahmepläne. Den Beispielszahlen in der letzten Spalte liegt die Situation einer 60-jährige Person zugrunde sowie die Mortalitätsparameter $m = 89$ und $b = 10$. Weiter wurde eine Marktrendite von 8 % p. a., eine Marktvolatilität von 15 % p. a., und ein Zinssatz von 2,50 % unterstellt. Die Kapitalmarktanlage hat eine Aktienquote von 30 % und verursacht jährliche Kosten von 1 % des jeweils vorliegenden Vermögenswertes, die monatlich eingezogen werden. Versicherungen werden mit einem Aufschlag von 20 % auf die jeweiligen aktuarischen Annuitätenfaktoren kalkuliert

Art des Entnahmeplans	Eigenschaften	Risiken	Kennzahlen des Beispiels (Anlage von 600.000€)
Wertpapierbasierter Entnahmeplan mit Lebenserwartung als Anlagehorizont	Höhere Auszahlungen möglich/Hohe Vermögenswerte am Ende des Plan ungshorizontes wahrscheinlich	„Langlebigkeitsrisiko" nicht zufriedenstellend adressiert	1.750€ pro Monat, mit 2 % p.a. ansteigend (95 % Konfidenz, Risikopuffer 60.000€) $E(\tilde{W}_{25}) = 411.954€$ $Med(\tilde{W}_{25}) = 380.074€$
Sofortrente einer Versicherung (theoretische Werte, kalkulierte Marge von 20 %)	Geringe Auszahlungen / Im Falle des Todes geht Vermögen an Versicherung	„Langlebigkeitsrisiko" rechtlich abgesichert	1.782€ pro Monat, mit 2 % p.a. ansteigend.
Kombination aus befristeten Entnahmeplan und aufgeschobener Leibrente einer Versicherung	Höhere Auszahlungen möglich / Im Falle des Todes geht Vermögen nur teilweise an Versicherung / Hohe Vermögenswerte am Ende des Überbrückungszeitraums wahrscheinlich	„Langlebigkeitsrisiko" rechtlich abgesichert / Geringes Restrisiko, dass Vermögen nicht ausreicht, die Entnahmen den gesamten Überbrückungszeitraum zu finanzieren	In der Überbrückungshase: 1.860€ pro Monat, mit 2 % p.a. ansteigend. Nach 10 Jahren: 2.176€ pro Monat, weiter mit 2 % p.a. steigend (analog der Sofortrente) $V_0^a = 359.405€$ $W_0 = 240.595€$

(2022) doppelt so viele eine Kombination aus lebenslanger Annuität und Finanzanlage vorziehen als einem von beiden alleine.[19]

Abbildung 8.7 stellt die bisher analysierten Möglichkeiten, Entnahmen zu organisieren, gegenüber.

Als Ergebnis lässt sich festhalten, dass unter realistischen Voraussetzungen hinsichtlich Verzinsungen und Kostenstrukturen eine Kombination aus aufgeschobener Leibrente und einer „Überbrückungsstrategie" mit Abstand die beste Lösung darstellt. Das Langlebigkeitsrisiko ist dabei ausgeschaltet und es verbleibt als eine Art „Restrisiko", dass das „Überbrückungsvermögen" vorzeitig zu Ende geht. Zum einen ist das sehr unwahrscheinlich und vor allem steht in jedem Fall das anschließende Einkommen aus der aufgeschobenen Leibrente zur Verfügung. Von daher ist dieses „Restrisiko" durchaus tragbar.

[19] Und die „peace of mind" als wichtigsten Grund dafür angeben, eine (aufgeschobene) lebenslange Annuität beizumischen.

Der Vorteil einer Kombination aus befristetem Entnahmeplan und anschließender unbefristeter (aufgeschobener) Annuität kann noch weiter gesteigert werden, wenn man auch für die Absicherung des Langlebigkeitsrisikos auf die dejure Garantie einer Versicherung verzichtet. Dies wird durch sogenannte Tontine-Anlagen möglich, die im folgenden Kapitel beschrieben werden. Wie sich herausstellen wird, verbindet eine solche Anlage den spezifischen Charakter einer Versicherung mit der renditeträchtigen Welt der Finanzmärkte. Das Langlebigkeitsrisiko ist dadurch faktisch ausgeschaltet und die typischen Nachteile der Versicherungswirtschaft – mangelnde Flexibilität, hohe Kosten aufgrund teurer Verwaltungs- und Vertriebsstrukturen sowie der Bildung von Garantierücklagen – werden vermieden.

Literatur

Charupat, N., Huang, H., Milevsky, M. A., 2012, Strategic Financial Planning over the Life Cycle, Cambridge University Press.

Finke, M., Fichtner, J. J., 2022, Employee Opinions about Partial Annuitization in a Retirement Plan, The Journal of Retirement, 9(3), S. 9–31.

Kotlikoff, l. J., Burns, S., 2008, Spend 'til the end: the revolutionary guide to raising your living standard today and when you retire, Simon and Schuster, New York.

Ruß, J., Kling, A., Seyboth, A., 2023, Die Rolle der lebenslangen Rente in der geförderten Altersvorsorge, Institut für Finanz- und Aktuarwissenschaften.

Samuelson, P. A., 1969, Lifetime portfolio selection by dynamic stochastic programming, The Review of Economics and Statistics, Vol. 51(3), 239–246.

https://rente.check24.de/

https://service.destatis.de/DE/leibrentenrechner/

https://www.transparent-beraten.de/rechner/sofortrente/

9 Wie können Langlebigkeitsrisiken ökonomisch-statistisch abgesichert werden?

An mehreren Stellen des vorliegenden Buches wurde betont, dass das Langlebigkeitsrisiko nicht unterschätzt werden sollte. Um es wirklich zuverlässig auszuschalten, sind Versicherungen bis dato unverzichtbar. Ein historisch betrachtet sehr altes Finanzinstrument, das aktuell sowohl in der Wissenschaft als auch der Praxis eine Art Renaissance erlebt, bietet dazu nun endlich eine ernsthafte Alternative – die sogenannte Tontine.

Ähnlich den von der Versicherungswirtschaft angebotenen Leibrenten bietet eine solche Anlage eine Absicherung gegen das Langlebigkeitsrisiko. Dies zwar nicht durch eine juristische Garantie, stattdessen ist es aus ökonomischen und statistischen Gründen gewährleistet, dass die Auszahlungen ein Leben lang gezahlt werden können. Zudem sind sie flexibler, transparenter und vor allem renditestärker als vergleichbare Versicherungsprodukte. Daher werden im Folgenden ihre (theoretischen) Hintergründe erläutert und Möglichkeiten einer konkreten Ausgestaltung diskutiert.

Historischer Hintergrund

Die Entstehungsgeschichte von Tontinen reicht bis ins 17. Jahrhundert zurück. Als Begründer vermutet man Lorenzo de Tonti, einem Berater des französischen Kardinals Mazarin, der dem französischen König Ludwig XIV um das Jahr 1653 den Vorschlag gemacht habe soll, damit sein Militär zu finanzieren.[1]

Das Konzept ist im Prinzip einfach: Eine Gruppe von Menschen zahlt Geld in einen gemeinsamen Topf (Tontine-Pool) und erhält im Gegenzug entsprechend eines vorher vereinbarten Reglements Auszahlungen aus diesem Topf. Verstirbt ein Teilnehmer während der Laufzeit, wird sein Vermögen auf den Tontine-Pool übertragen und nach einem festgelegten Schlüssel auf die überlebenden Pool-Mitglieder aufgeteilt. Die Besonderheit von historischen Tontinanlagen war, dass sie eine feststehende Anzahl an Teilnehmern hatten und der letzte (oder eine bestimmte Anzahl) überlebende(r) Teilnehmer das gesamte im

[1] Vergleich hierzu Milevsky, 2015 und McKeever, 2010.

S. May, *Aktuarisch fundierte Ruhestandsplanung*,
https://doi.org/10.1007/978-3-658-51938-4_9

Pool verbliebene Vermögen erhielt. Diese geschlossene Form wurde in Europa und den USA vor allem im 18. und 19. Jahrhundert populär, führte aber sehr häufig zu Missbrauch und Betrug.[2] Daraufhin wurden sie in vielen Ländern verboten. Mittlerweile spielen Tontinanlagen in der Finanzbranche so gut wie keine Rolle mehr. Es gibt aber immer mehr Studien, die zeigen, dass vor allem offene Tontine-Pools – entsprechend angepasst und angemessen reguliert – im Rahmen der Altersvorsorge eine sehr produktive Rolle spielen können.[3]

9.1 Fairness-Restriktion und zu erwartende Solidaritätsprämie

Jede Tontine-Anlage ist dadurch gekennzeichnet, dass ein angesammeltes Vermögen im Falle des Ablebens des Eigentümers an die überlebenden Pool-Anleger übertragen wird. Im Gegenzug erhält er zu Lebzeiten eine Entschädigung in Form einer entsprechend höheren Wertentwicklung bzw. höheren Auszahlungen. Man benötigt daher eine Regel bzw. einen Mechanismus, der festlegt, wie die Vermögensübertragungen, aber auch die „Entschädigungen" genau funktionieren. Im Falle des im Folgenden dargestellten offenen Tontine-Pools wird das maßgeblich von den individuellen Sterbewahrscheinlichkeiten der verschiedenen Poolmitglieder bestimmt, bzw. den daraus abgeleiteten Solidaritätsprämien[4]. Daher wird zunächst skizziert, wie sich diese aus den Sterbewahrscheinlichkeiten ableiten lassen.

Eine zentrale Rolle spielt hierbei die sogenannte Fairness-Restriktion. Diese besagt, dass der am Periodenanfang[5] zu erwartende Wert einer Tontine-Anlage gleich dem zu erwartenden Vermögenswert einer alternativen Anlage derselben Risikostruktur, jedoch ohne Tontine-Charakter, sein muss. Formal lautet diese Restriktion[6]:

$$\begin{aligned} V_j\left[1+E\left(\tilde{R}\right)\right] &= \\ &= q_j * 0 + \left(1-q_j\right)E\left(\tilde{V}_j \mid \text{lebt}\right) \\ &= \left(1-q_j\right)E\left(\tilde{V}_j \mid \text{lebt}\right) \end{aligned} \tag{9.1}$$

[2] Die Kapitalmärkte von damals sind nur bedingt mit dem Finanzmarktsystem von heute vergleichbar: Da sie im Grunde völlig unreguliert waren, glichen sie in vieler Hinsicht mehr dem „Wilden Westen".

[3] Vergleiche hierzu Milevsky und Salisbury, 2015, Fullmer und Sabin 2019 sowie Fullmer und Turner 2022.

[4] Diese werden in der einschlägigen Literatur als „mortality credits", „longevity premium" u. ä. bezeichnet. In der vorliegenden Ausarbeitung wird der – wie ich finde – sehr passende Begriff „Solidaritätsprämie" verwendet.

[5] Wenn man noch nicht weiß, ob man am Periodenende noch lebt.

[6] Vergleiche hierzu sowie für die folgende Herleitung der Solidaritätsprämie Fullmer, 2019 sowie Fullmer und Sabin, 2019.

Hierbei gilt:

V_j = Depotwert am Anfang der Periode eines Anlegers im Alter von j Jahren
$E(\tilde{R})$ = zu erwartende Rendite einer Anlage ohne Tontine-Charakter
q_j = Sterbewahrscheinlichkeit des Anlegers j während der laufenden Periode
$(1 - q_j)$ = Überlebenswahrscheinlichkeit während der Periode
$E(\tilde{V}_j|\text{lebt})$ = zu erwartender Depotwert der Tontine-Anlage am Periodenende, unter der Voraussetzung, dass der Depotinhaber am Periodenende noch lebt

Löst man (9.1) nach $E(\tilde{V}_j|\text{lebt})$ auf erhält man:

$$
\begin{aligned}
E(\tilde{V}_j|\text{lebt}) &= \frac{V_j\,[1+E(\tilde{R})]}{1-q_j} \\
&= V_j\left[1+E(\tilde{R})\right]\frac{1}{1-q_j} \\
&= V_j\left[1+E(\tilde{R})\right]\left[\frac{1-q_j+q_j}{1-q_j}\right] \\
&= V_j\left[1+E(\tilde{R})\right]\left[\frac{1-q_j}{1-q_j}+\frac{q_j}{1-q_j}\right] \\
&= V_j\left[1+E(\tilde{R})\right]\left[1+\frac{q_j}{1-q_j}\right] \\
&= V_j\left[1+E(\tilde{R})\right]\left[1+E(\tilde{L}_j)\right]. \\
&\quad \text{mit } E(\tilde{L}_j) := \frac{q_j}{1-q_j}
\end{aligned}
$$

Für den Vermögenswert $E(\tilde{V}_j|\text{lebt})$ eines am Ende der Periode noch lebenden Tontine-Anlegers j gilt daher:

$$E(\tilde{V}_j|lebt) = V_j\left[1+E(\tilde{R})\right]\left[1+E(\tilde{L}_j)\right] \tag{9.2}$$

$E(\tilde{L}_j)$ ist dabei die erwartete Solidaritätsprämie, d. h. die durch den speziellen Tontine-Charakter der Anlage zu erwartende, zusätzliche Rendite.[7] Dass es sich dabei trotz eines feststehenden Wertes von q_j um einen Erwartungswert handelt, liegt daran, dass die letztlich vereinnahmte Solidaritätsprämie auch davon abhängig gemacht werden muss, wieviel Mitglieder des Pools im jeweiligen Jahr tatsächlich verstorben sind. Dieser Aspekt wird in Abschnitt 9.3 ausführlich besprochen.

Obwohl aus Vereinfachungsgründen auf ein entsprechendes Subskript verzichtet wurde, ist es wichtig, sich klarzumachen, dass q_j die Sterbewahrscheinlichkeit eines konkreten

[7] Hinweis für Spezialisten: Da $q = 1 - e^{-\lambda}$ gilt [vgl. Gleichung (3.2) Kapitel 3], woraus $\lambda = -\text{In}(1-q)$ folgt, besteht auch der Zusammenhang $e^{-\lambda} - 1 = \frac{q}{1-q}$. Die erwartete Solidaritätsprämie $\frac{q}{1-q}$ kann daher auch $e^{-\lambda} - 1 = e^{-\text{In}(1-q)}$ geschrieben werden. λ bezeichnet dabei die hinter der Sterbewahrscheinlichkeit q stehende „Kraft der Vergänglichkeit".

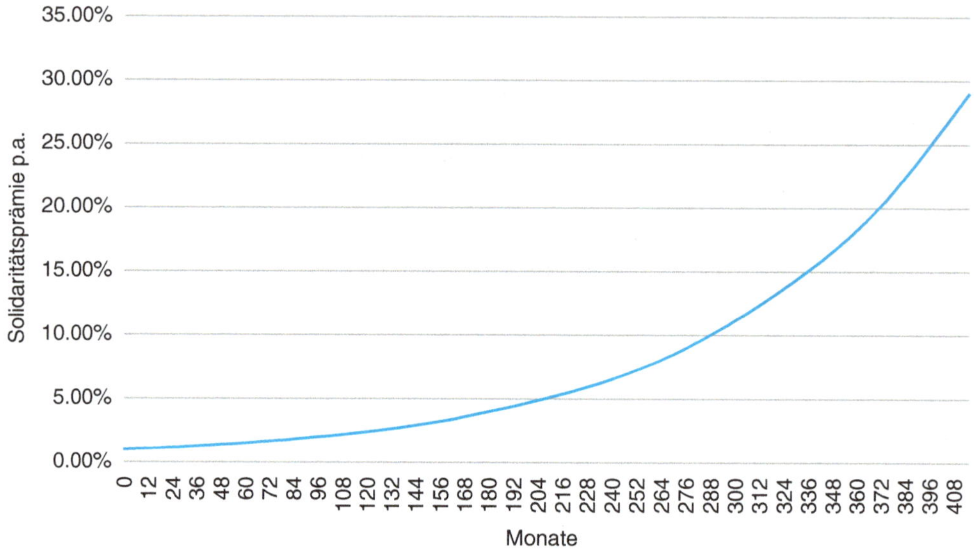

Abb. 9.1 Jährliche zu erwartenden Solidaritätsprämie für überlebende Tontine-Teilnehmer im Alter von 65 bis 100 Jahren. Die den Werten zugrundeliegenden Sterbewahrscheinlichkeiten wurden auf Grundlage des Gompertz-Makeham-Modells unter der Annahme von $m = 90$ und $b = 10$ ermittelt [vgl. Gleichung (3.2) bis (3.4) aus Kapitel 3]

Individuums j bezeichnet[8] und dass der Wert von q_j und damit auch der Wert $E(\tilde{L}_j)$ mit zunehmendem Lebensalter steigt (Abb. 9.1).[9]

Als erstes Zwischenergebnis lässt sich daher festhalten: Der zu erwartende Wert einer Tontine-Anlage am Ende der Periode hängt zunächst von der (zu erwartenden) Anlagerendite $E(\tilde{R})$ ab. Da die Vermögenswerte der Verstorbenen auf die überlebenden Pool-Anleger übergehen, wird dieser Wert zusätzlich durch eine mit zunehmendem Alter ansteigende erwartete Solidaritätsprämie $E(\tilde{L}_j)$ gesteigert. Die beiden Grafiken in Abbildung 9.2 zeigen simulierte Entwicklungen des Wertes einer Anlage von 100.000 € über zehn Jahre hinweg für eine 60 Jahre (oben) und 70 Jahre alte Person (unten), dargestellt jeweils mit und ohne Solidaritätsprämie. Beachte, dass der Wert der „normalen" Anlage altersunabhängig ist, wogegen der Wert der Tontine-Anlage entscheidend davon abhängt.

Die beiden Grafiken machen deutlich, dass die Solidaritätsprämie einer Tontine-Anlage vor allem im hohen Alter einen entscheidenden Unterschied ausmacht.

[8] Genau genommen müsste wir die Sterbewahrscheinlichkeit mit q_{jx} bezeichnen und damit klarmachen, dass es sich um die Sterbewahrscheinlichkeit des Individuums j im Alter von x Jahren handelt.

[9] Man beachte vor allem die starke Zunahme in sehr späten Lebensjahren jenseits der 85. Da ein hohes Lebensalter häufig mit sehr hohen Ausgaben für medizinische Versorgung und Betreuung einhergeht, sind Tontine-Anlagen besonders zur Absicherung des Langlebigkeitsrisikos geeignet.

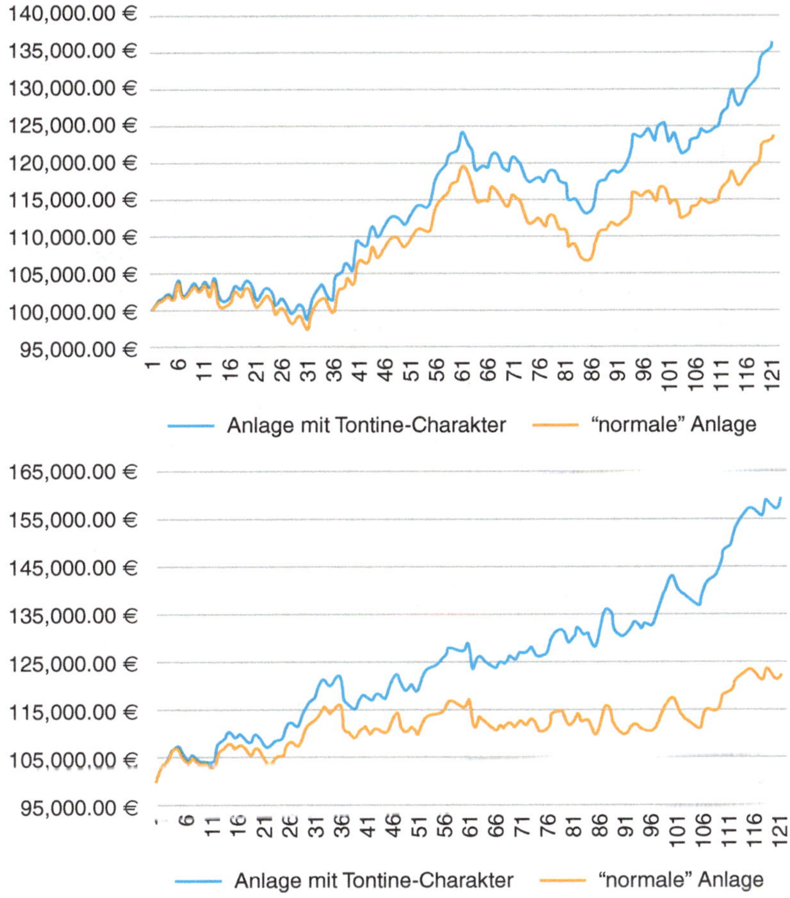

Abb. 9.2 Mittels Monte-Carlo-Methode simulierte Wertentwicklungen einer Anlage von 100.000 € mit und ohne Tontine-Charakter für eine 60 Jahre alte (obere Grafik) und eine 70 Jahre alte Person. Die Szenarien wurde unter der Annahme normalverteilter Renditen mit einem Erwartungswert von 4,15 % p. a und einer Volatilität von 4,5 % p. a. (= Aktienquote von 30 %) sowie Mortalitätsparametern $m = 89$ und $b = 10$ erstellt. Beachte, dass die „normale" Anlagen nach zehn Jahren unabhängig von Lebensalter des Anlegers auf knapp 125.000 € angewachsen ist (was einer enttäuschenden Renditerealisierung von durchschnittlich gut 2 % p. a. entspricht)

9.2 Entnahmeregel und maximale Auszahlungen

Aus Gründen, welche noch genauer erläutert werden, ist es erforderlich, Auszahlungen aus einer Tontinanlage nur im Rahmen eines vorab festgelegten Entnahmereglements zuzulassen, das eine Spanweite festlegt, in der beliebige Beträge entnommen werden können.

Aufgrund des skizzierten besonderen Charakters einer Tontine wird die Wahl eines konkreten Entnahmebetrages im Spannungsfeld eines Zielkonflikts getroffen. Auf der einen Seite will man in der verbleibenden Lebensspanne möglichst das gesamte Vermögen aufbrauchen. Dies spricht für wenige, dafür aber hohe Entnahmen. Andererseits soll aber auch das Risiko minimiert werden, das Vermögen vorzeitig zu verzehren, was eher für geringere Entnahmen spricht, die sich dafür aber über einen längeren Zeitraum erstrecken.

Um jedem Tontine-Anleger die Möglichkeit zu geben, sich im skizzierten Spannungsfeld situationsabhängig optimal zu positionieren, schlagen wir eine Auszahlungsregel vor, die für jedes Jahr lediglich einen vom Lebensalter abhängigen maximalen Auszahlungsbetrag festlegt, zugleich aber beliebige Unterschreitungen zulässt. Konkret verwenden wir hierzu den in Kapitel 4 [Gleichung (4.4)] eingeführten aktuarischen Annuitätenfaktor ${}_xABWF$ für konstante Zahlungen ($g = 0$), der aus Gründen besserer Lesbarkeit hier noch einmal abgedruckt ist:

$$ {}_xABWF := \sum_{t=1}^{\infty} \exp\left\{ e^{\frac{x-m}{b}} \left(1 - e^{\frac{t}{b}} \right) \right\} * e^{-r*t} \tag{9.3} $$

Zur Erinnerung: Die Wahrscheinlichkeit, dass eine aktuell x-jährige Person die nächsten t Jahre überlebt, ergibt sich gemäß dem Gompertz-Makeham-Modell [Gleichung (3.6), Kapitel 3] durch ${}_xp_t = \exp\left\{ e^{\frac{x-m}{b}} \left(1 - e^{\frac{t}{b}} \right) \right\}$. Setzt man das in obige Gleichung ein, dann wird (9.3) zu:

$$ {}_xABWF = \textstyle\sum_{t=1}^{\infty} {}_xp_t e^{-rt} \tag*{(9.3)'} $$

r ist hierbei der Zinssatz, mit dem zukünftige Zahlungen stetig (d. h. mittels Eulerzahl e) abgezinst werden.

Wie schon im Kapitel 4 angesprochen, ist ${}_xABWF$ im Kern der übliche, aus der Finanzmathematik bekannte Annuitätenfaktor. Der Unterschied besteht darin, dass in (9.3)′ die Wahrscheinlichkeit des Zuflusses jeder einzelnen Zahlung nicht 100 % beträgt (wie bei garantierten Zahlungen), sondern lediglich ${}_xp_t$. Für eine Annuität üblicher Bauart mit sicheren Zahlungen lautet der entsprechende Annuitätenfaktor $\sum_{j=0}^{\infty} e^{-rj}$. Durch Division mit ${}_xABWF$ lässt sich ein vorhandener Vermögenswert in einen finanzmathematisch-aktuarisch äquivalenten Zahlungsstrom umwandeln.

Damit bildet ${}_xABWF$ eine rationale Grundlage der folgenden Auszahlungsregel: Die maximalen Auszahlungen pro Periode ergeben sich, in dem das in der Periode t zur Verfügung stehende Vermögen V_t (des Anlegers j, aber auf das Subskript j haben wir bewusst verzichtet) durch diesen Annuitätenfaktor ${}_xABWF$ geteilt, bzw. mit dessen Kehrwert ${}_xABWF^{-1}$ multipliziert wird.

$$ \begin{aligned} \text{MaxAuszahlung}_t &= \frac{V_t}{{}_xABWF} \\ &= V_t * {}_xABWF^{-1} \end{aligned} \tag{9.5} $$

Damit gibt der Kehrwert ${}_xABWF^{-1}$ den Prozentsatz des Vermögens an, der im entsprechenden Jahr höchstens entnommen werden darf.

Beispiel:

Entsprechend den Parametern des Gompertz-Makeham-Modells (m = 89 und b = 10) hat der jährliche Annuitätenfaktor eines beispielsweise 85-jährigen Mannes einen Wert von 6,81 (bei einem Diskontierungszins von 2,5 % p. a.). Der entsprechende Kehrwert ist 6,81 – 1 = 0,146842... ≈ 14,68 %. Er kann somit jährlich knapp 15 % seines Vermögens entnehmen, ein Anteil, der mit jedem weiteren Lebensjahr weiter ansteigt. ◀

Da die verbleibende Lebenserwartung sowie die entsprechenden „Überlebenswahrscheinlichkeiten" ${}_xp_t$ mit jedem weiteren Lebensjahr t abnehmen, reduziert sich auch der Annuitätenfaktor im Laufe der Zeit, bzw. sein Kehrwert, d. h. der Anteil am Vermögen, der regelmäßig entnommen werden kann, nimmt zu, wie in Abbildung 9.3 dargestellt.

Da der Wert von ${}_xABWF$ mit zunehmendem Alter immer geringer wird, sich ${}_xABWF^{-1}$ also erhöht, nimmt der maximale Auszahlungsbetrag **bei gleichbleibendem Vermögen** zwar zu. Aufgrund der relativ hohen Vermögensanteile, den die durch (9.5) festgelegten Beträge vor allem im hohen Alter ausmachen, kann dieser Effekt aber durch eine auszahlungsbedingte Vermögenminderung überkompensiert werden, was dazu führt, dass der maximale Auszahlungsbetrag im Endeffekt doch abnimmt.

Abbildung 9.4 stellt die Entwicklungen der maximalen Entnahmebeträge [gemäß Gleichung (9.5)] und der entsprechenden verbleibenden Vermögensbestände als stochastische Größen (oben) und als Erwartungswerte (unten) dar. Es wurde unterstellt, dass ein 65-jähriger

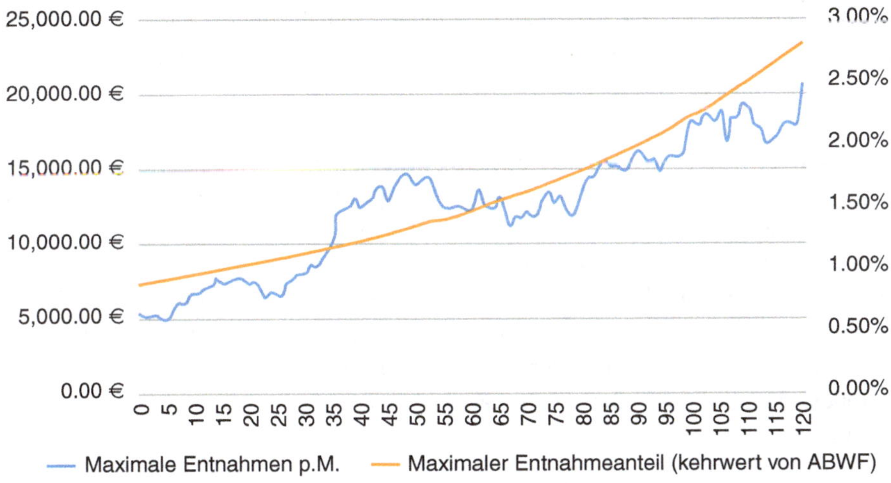

Abb. 9.3 Entwicklung des maximalen prozentualen Anteils an einem sich stochastisch entwickelnden Vermögen sowie die entsprechende monatliche Auszahlung eines 65-jährigenTontine-Anlegerin für die nächsten 120 Monate entsprechend Regel (9.5). Die zugrundeliegenden Sterbewahrscheinlichkeiten wurden mit dem Gompertz-Makeham-Modell unter der Annahme von $m = 89$ und $b = 10$ [vgl. Gleichung (3.2) bis (3.4) aus Kapitel 3] sowie einem Diskontierungssatz von 2,5 % p. a. ermittelt

Pensionist 100.000 € in eine Tontine angelegt hat und von Anfang an jährlich den maximal möglichen Betrag entnimmt.

Der Wert hoher Flexibilität

Entscheidet sich ein Tontine-Anleger für die jeweils maximalen Entnahmen entsprechend (9.5), dann ist das in der Regel mit sehr volatilen Auszahlungsbeträgen verbunden (vgl. Abb. 9.4, oben).

Meistens sind jedoch gleichbleibende oder mit der Inflation ansteigende Auszahlungsbeträge gewünscht bzw. ein anderes Auszahlungsprofil.[10] Eine solche Auszahlungsstrategie führt dazu, dass das jeweilige Auszahlungsmaximum nicht in allen Perioden ausgeschöpft wird. Da durch verringerte Auszahlungen das Wachstum des Vermögens beschleunigt wird, bewirkt das zugleich ein höheres zukünftiges Auszahlungspotential und erhöht dadurch die Wahrscheinlichkeit, selbst in einem sehr hohen Alter noch über ein ausreichendes Einkommen verfügen zu können.[11]

Abbildung 9.5 stellt die Entwicklungen tatsächlicher und maximaler Entnahmebeträge [gemäß Gleichung (9.5)] sowie der entsprechenden verbleibenden Vermögensbestände als stochastische Größen (oben) und als Erwartungswerte (unten) dar. Konkret wurde unterstellt, dass ein 65-jähriger Pensionist 100.000 € in eine Tontine anlegt und von Anfang 8.000 € jährlich entnimmt. Sollten diese 8.000 € den maximal möglichen Betrag übersteigen, wird lediglich dieser entnommen.

Beachte, dass in den ersten Jahren stets das Auszahlungsmaximum entnommen wird. Erst später übersteigen die maximal möglichen Entnahmen die anvisierten 8.000 €. Grund: Die mit zunehmendem Alter stark ansteigenden Solidaritätsprämien sowie entsprechend dynamische Vermögenszuwächse.

Die Auszahlungsregel (9.5) gewährleistet somit vor allem in späteren Lebensjahren eine hohe finanzielle Flexibilität. Insbesondere kann dadurch auch auf überraschende Finanzbedarfe angemessen reagiert werden, mit denen man im fortgeschrittenen Alter ja durchaus rechnen muss – ein Vorteil von Tontine-Anlagen, der sich nur schwer quantifizieren lässt, aber trotzdem kaum überschätzt werden kann.

Wie alle Verträge und Vereinbarungen, denen explizite oder implizite Versicherungen zugrunde liegen, sind auch Tontinen durch eine asymmetrische Informationsverteilung zwischen den Vertragsparteien gekennzeichnet. Die führt zu zwei grundsätzlichen Komplikationen, nämlich der sogenannten „adversen Selektion“ sowie der „moral hazard“-Problematik.

[10] Das idealerweise das Resultat einer rationalen Entnahmeregel ist, wie beispielsweise der in Kapitel 5 vorgestellten Fisher-Regel.

[11] Was die Möglichkeit schafft, gegebenenfalls auch überraschend hohe Ausgaben z. B. für medizinische Versorgung usw. bewältigen zu können.

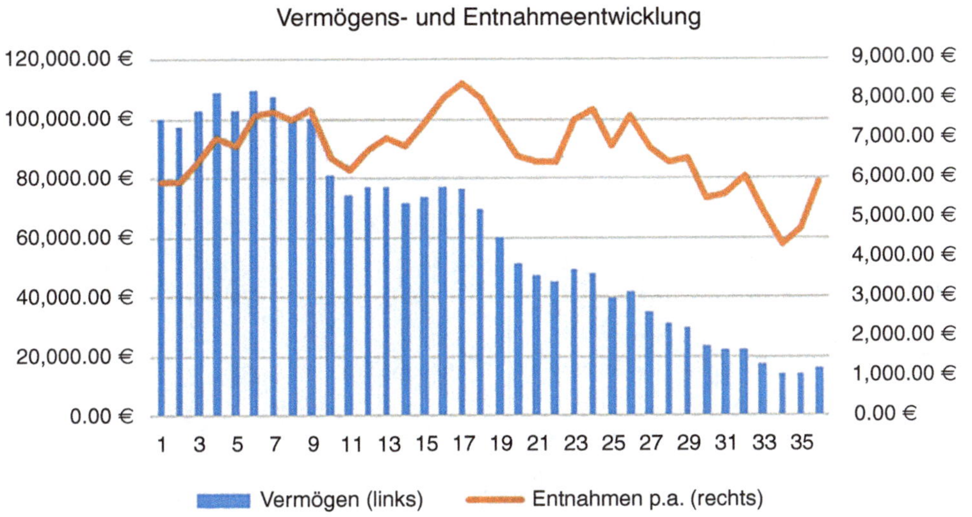

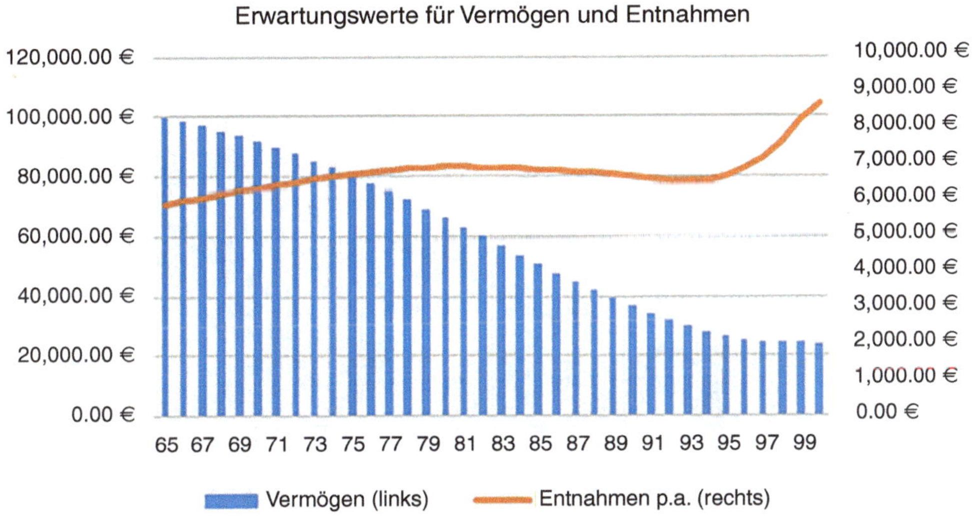

Abb. 9.4 Vermögens- und Entnahmeentwicklung einer Tontine-Anlage von 100.000 €, welche mit 65 eingerichtet wurde und aus der von Beginn an die jeweils maximale Auszahlung entsprechend (9.5) entnommen wurde. Für die Wertentwicklungen wurden eine zu erwartende Rendite von 4,08 % sowie eine zu erwartende Volatilität von 7,40 % unterstellt; die Solidaritätsprämien sowie die maximalen Auszahlungen wurden auf Grundlage eines Diskontierungszinses von 2,5 % p. a. sowie des Gompertz-Makeham-Modells unter der Annahme von $m = 89$ und $b = 10$ ermittelt

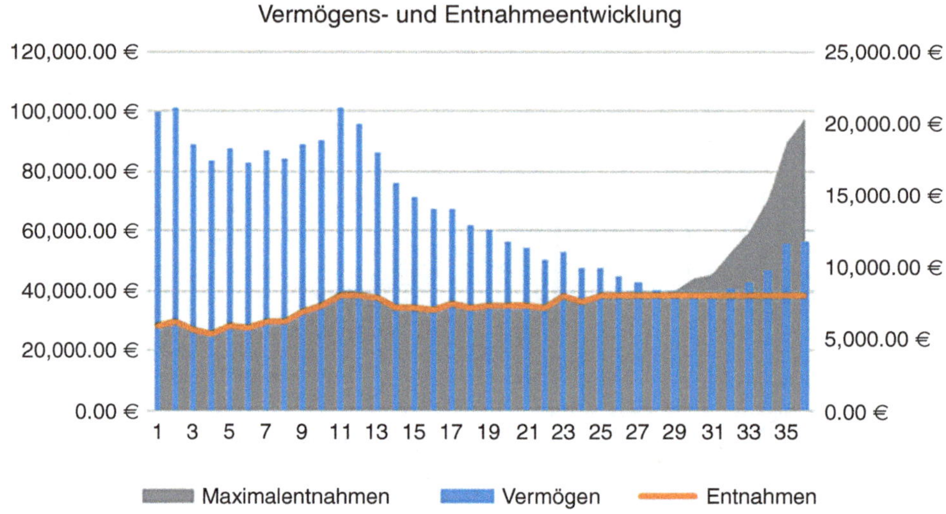

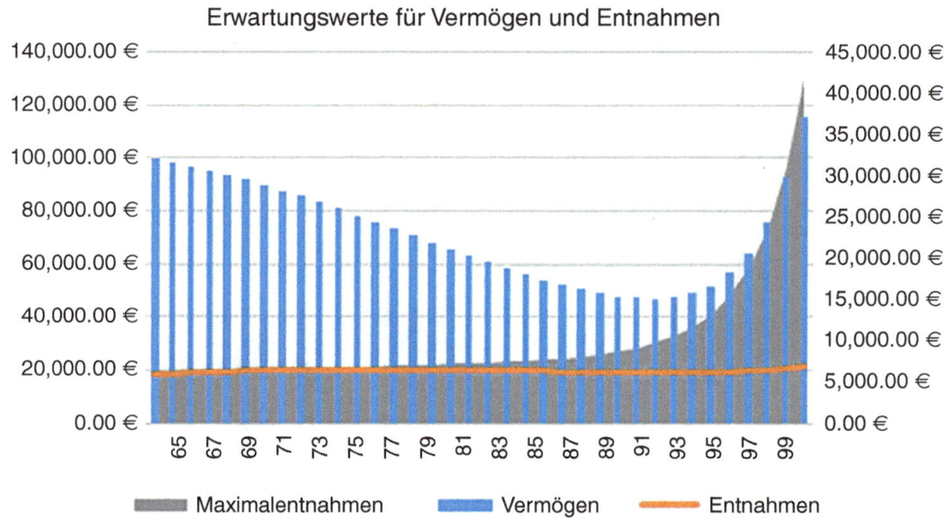

Abb. 9.5 Vermögens- und Entnahmeentwicklung einer Tontine-Anlage von 100.000 €, welche mit 65 eingerichtet wurde und aus der von Beginn an 8.000 € entnommen werden, bzw. wenn dadurch die Auszahlungsgrenze (9.5) überschritten würde, der Maximalbetrag. Für die Wertentwicklungen wurden eine zu erwartende Rendite von 4,08 % sowie eine zu erwartende Volatilität von 7,40 % unterstellt; die Poolrenditen sowie die maximalen Auszahlungen wurden auf Grundlage eines Diskontierungszinses von 2,5 % p. a. sowie des Gompertz-Makeham-Modells unter der Annahme von $m = 89$ und $b = 10$ ermittelt

Adverse Selektion

Ähnlich wie bei den von Versicherungen angebotenen Leibrenten muss auch bei der Kalkulation von Tontine-Angeboten das Problem der adversen Selektion berücksichtigt werden. Wie schon im Kapitel 4 kurz besprochen, beschreibt die adverse Selektion oder Negativauswahl eine Art Selbstselektionsprozess, der dadurch entsteht, dass die spezielle Vertragskonstruktion vor allem für Personen attraktiv ist, deren Gesundheitszustand (und damit auch ihre Überlebenswahrscheinlichkeiten) über dem der allgemeinen Bevölkerung liegt. Als Konsequenz befinden sich dadurch im Pool überdurchschnittlich viele gesunde Personen mit geringen Sterbewahrscheinlichkeiten. Diese Problematik kann durch eine entsprechende Vertragsgestaltung zwar abgemildert werden, ist letztlich aber – weil in der Natur der Sache liegend – unvermeidlich. Damit der Prozess der adversen Selektion die Zahlungsfähigkeit des gesamten Pools nicht gefährdet, muss dieses systematische Langlebigkeitsrisiko[12] in fairer Weise auf den gesamten Pool verteilt werden. Dies geschieht durch eine entsprechende Korrektur der Poolrendite, die im Folgenden genauer beschrieben wird.

9.3 Zahlungsfähigkeit offener Tontine-Pools und effektive Solidaritätsprämie

Wie im letzten Abschnitt erläutert, wird der Mechanismus, der das Vermögen der verstorbenen Tontine-Anleger auf die Überlebenden überträgt, durch die aus den individuellen Sterbewahrscheinlichkeiten abgeleiteten Solidaritätsprämien bestimmt. Diese Prämien bedeuten für die jeweils Überlebenden ein Renditeplus, legen also fest, wie viel zusätzliches Vermögen sie jedes Jahr erhalten. Wenn man nun annimmt, dass die tatsächlichen Sterbehäufigkeiten unter den Poolmitgliedern mit den entsprechenden statistischen Wahrscheinlichkeiten (auf deren Grundlage ja die Solidaritätsprämien kalkuliert werden) übereinstimmen, dann kann gezeigt werden, dass das Vermögen, das von den Verstorbenen auf den Pool übertragen wird, dem von den Überlebenden erwarteten Vermögenszuwachs entspricht.

Hierzu halten wir zunächst fest, dass unter dieser Annahme die tatsächlichen den zu erwartenden Vermögensübertragungen entsprechen, d. h. unabhängig davon, welche stochastische Marktrendite $\tilde{R}$ sich realisiert, gilt in jedem Fall:[13]

$$\sum_{\text{tot}} V_j\left(1+\tilde{R}\right) = \sum_{j=1}^{N} q_j V_j\left(1+\tilde{R}\right)$$

[12] Das unsystematische Langlebigkeitsrisiko ist die Möglichkeit, dass ein einzelnes Poolmitglied länger lebt, als es statistisch zu erwarten ist. Systematisch ist dieses Risiko dagegen, wenn das auch für den Durchschnitt aller Poolmitglieder gilt.

[13] Die Summation über j bezieht sich auf die verschiedenen Poolmitglieder. Da jedem Mitglied eindeutig ein Alter entspricht, kann auf das explizite Alterssubskript x verzichtet werden.

Die rechte Seite der obigen Gleichung kann aber wie folgt umgeformt werden:

$$\begin{aligned}\sum_{j=1}^{N} q_j V_j\left(1+\tilde{R}\right) &= \sum_{j=1}^{N}\left(1-q_j\right)\frac{q_j}{1-q_j} V_j\left(1+\tilde{R}\right)\\ &= \sum_{j=1}^{N}\left(1-q_j\right)E(\tilde{L}_j)V_j\left(1+\tilde{R}\right) = \sum_{\text{lebt}} E(\tilde{L}_j)V_j\left(1+\tilde{R}\right).\end{aligned}$$

Es gilt daher:

$$\sum_{\text{tot}} V_j\left(1+\tilde{R}\right) = \sum_{\text{lebt}} E(\tilde{L}_j)V_j\left(1+\tilde{R}\right). \tag{9.6}$$

Das tatsächlich auf den Pool übertragene Gesamtvermögen (links) entspricht damit genau dem zu erwartenden Vermögenszuwachs für die überlebenden Pool-Mitglieder (rechts).

Abweichende Sterbehäufigkeiten

Dass die tatsächlichen Sterbehäufigkeiten mit den entsprechenden statistischen Wahrscheinlichkeiten übereinstimmen, dürfte allerdings eine Ausnahme sein. In der Regel ist jeder Tontine-Pool einer Art systematischem Langlebigkeitsrisiko ausgesetzt, d. h. der Eventualität, dass die tatsächlichen Sterbehäufigkeiten in einzelnen Jahren insgesamt geringer sind als es aufgrund der entsprechenden Wahrscheinlichkeiten zu erwarten war. Das kann rein zufällig passieren, so dass sich etwaige Unter- oder auch Überschreitungen im Zeitablauf ausgleichen sollten. Trotzdem aber können solche zufälligen Abweichungen vor allem bei einer geringen Anzahl an Pool-Mitgliedern erheblich sein. Dies führt zu der bekannten hohen Volatilität mancher Tontineanlagen.[14]

Die Abweichungen können aber auch das Ergebnis eines adversen Selektionsprozesses sein, aufgrund einer asymmetrischen Informationsverteilung zwischen dem Poolmanagement (welches die Solidaritätsprämien kalkuliert) und den Poolmitgliedern. In diesem Fall muss man damit rechnen, dass die Sterbehäufigkeiten die statistischen Sterbewahrscheinlichkeiten in systematischer Weise unterschreiten. M. a. W.: Es besteht ein systematisches Langlebigkeitsrisiko.

Das systematische Langlebigkeitsrisiko entsteht somit durch die Möglichkeit, dass der gesamte Pool im Durchschnitt länger lebt als erwartet; unsystematisch ist dieses Risiko dagegen, wenn das nur für Einzelne gilt. Tontine-Anlagen bieten lediglich eine Absicherung gegen das unsystematische Langlebigkeitsrisiko, das systematische Risiko dagegen trägt der gesamte Pool gemeinsam als Kollektiv. Hier liegt der entscheidende Unterschied zu einer Versicherung, die durch die staatliche Versicherungsaufsicht gezwungen wird,

[14] Diese Volatilität hängt von der Größe des Tontine-Pools ab: Je mehr Mitglieder, desto geringer die Schwankungen.

soviel Mittel vorzuhalten, dass ihre Kunden – zumindest theoretisch – auch gegen das systematische Langlebigkeitsrisiko abgesichert sind. Da ein Tontine-Pool somit dieses systematische Risiko selbst trägt, entsteht die potentielle Gefahr, dass er seinen vertraglichen Verpflichtungen nicht mehr im vollen Umfang nachkommen kann.

Um das auszuschließen, müssen die Solidaritätsprämien jedes Jahr regelmäßig an die tatsächliche Entwicklung der Sterblichkeit im Pool angepasst werden. Ist die tatsächliche Sterblichkeit geringer als statistisch zu erwarten, müssen sie reduziert werden, ist sie höher, erhöht. Konkret geschieht dies mit Hilfe eines Korrekturfaktors, dem Selbstfinanzierungsquotienten *SFQ:*

$$SFQ = \frac{\sum_{\text{tot}} V_j(1+\tilde{R})}{\sum_{\text{lebt}} E(\tilde{L}_j) V_j(1+\tilde{R})} \tag{9.7}$$

Wie bereits angesprochen bezeichnet $\sum_{\text{tot}} V_j(1+R)$ das Gesamtvermögen aller während der Periode Verstorbenen am Periodenende und $\sum_{\text{lebt}} E(\tilde{L}_j) V_j(1+\tilde{R})$ den aufgrund der Pool-Renditen erwarteten Vermögenszuwachs für die überlebenden Pool-Teilnehmer.

Unter der Voraussetzung, dass die zur Kalkulation der Poolrenditen verwendeten Wahrscheinlichkeiten $(q_1; \ldots; q_N)$ die tatsächliche Sterblichkeitssituation im Pool widerspiegeln, kann für *SFQ* ein Wert von 1 erwartet werden:

$$E\left\{ \frac{\sum_{\text{tot}} V_j(1+\tilde{R})}{\sum_{\text{lebt}} E(\tilde{L}_j) V_j(1+\tilde{R})} \right\} = \frac{\sum_{j=1}^{N} q_j V_j(1+\tilde{R})}{\sum_{j=1}^{N} (1-q_j) E(\tilde{L}_j) V_j(1+\tilde{R})} = \frac{\sum_{j=1}^{N} q_j V_j(1+\tilde{R})}{\sum_{j=1}^{N} (1-q_j) \frac{q_j}{1-q_j} V_j(1+\tilde{R})}$$

$$= \frac{\sum_{j=1}^{N} q_j V_j(1+\tilde{R})}{\sum_{j=1}^{N} q_j V_j(1+\tilde{R})} = 1$$

Ist der erwartete Vermögenszuwachs für die überlebenden Poolteilnehmer größer als das Gesamtvermögen aller während der Periode tatsächlich Verstorbenen ($SFQ < 1$), dann sind weniger verstorben, als man aufgrund der Sterbewahrscheinlichkeiten erwarten konnte. Die an den Pool übertragenen Vermögenswerte reichen in diesem Fall nicht aus, um den kalkulierten Vermögenszuwachs für die Überlebenden abzudecken. Letztlich wäre dadurch die Stabilität des Pools gefährdet.

Die Anpassung der Solidaritätsprämien geschieht durch einfache Multiplikation der zu erwartenden Poolrenditen $E(\tilde{L}_j)$ mit dem Selbstfinanzierungsquotienten *SFQ*:

$$L_j^* = SFQ * E(\tilde{L}_j) = \frac{\sum_{\text{tot}} V_j(1+R)}{\sum_{\text{lebt}} E(\tilde{L}_j) V_j(1+R)} * \frac{q}{1-q} \tag{9.8}$$

Wird der Vermögenszuwachs für die überlebenden Pool-Anleger jedes Jahr mit der korrigierten Solidaritätsprämie L_j^* kalkuliert, ist die Zahlungsfähigkeit des Tontine-Pools zu jedem Zeitpunkt gewährleistet: Die übertragenen Vermögenswerte der Verstorbenen entsprechen dann in Summe stets den durch diese Prämien entstehenden Vermögenszuwächsen für die Überlebenden. Die korrigierten Solidaritätsprämien regeln damit, wie das von den Verstorbenen auf den Pool übertragene Vermögen auf die einzelnen überlebenden Pool-Anleger aufgeteilt wird und gewährleisten zugleich die Zahlungsfähigkeit des Tontine-Pools. Das folgende, im Detail durchgerechnete Beispiel sollte die Zusammenhänge deutlich machen.

Beispiel:

*Ein Tontine-Pool besteht aus insgesamt 10 Mitgliedern, fünf 85-jährige und fünf 95-jährige. Jeder der 85-jährigen hat am Jahresanfang ein Vermögen von 100.000 € im Pool, von den 95-Jährigen jeder 500.000 €. Die Marktrendite beträgt 10 %, d. h. das Gesamtvermögen des Pools beträgt am Jahresende (5*100.000 € + 5*500.000 €)*1,1 = 3.300.000 €.*

Für die Pool-Mitglieder gelten die folgenden Sterbewahrscheinlichkeiten und einfachen Pool-Renditen:

- *Alter 85:* $q_{85} = 2{,}8879\ \%$. *Dies ergibt eine Pool-Rendite:* $E(\tilde{L}_{85}) = 0{,}028879/(1-0{,}028879) = 0{,}029738 = 2{,}9738\ \%$. *Das heißt ein am Jahresanfang 95-Jähriger wird das laufende Jahr mit einer Wahrscheinlichkeit von 2,8879 % nicht überleben; die entsprechende Pool-Rendite beträgt 2,9738 %.*
- *Alter 95:* $q_{95} = 12{,}0165\ \%$. *Dies ergibt eine Pool-Rendite:* $E(\tilde{L}_{95}) = 0{,}120165/(1-0{,}120165) = 0{,}136577 = 13{,}6577\ \%$. *Das heißt ein am Jahresanfang 95-Jähriger wird das laufende Jahr mit einer Wahrscheinlichkeit von 12,0165 % nicht überleben; die entsprechende Pool-Rendite beträgt 13,6577 %*

Im Verlauf des Jahres versterben drei 85-Jährige. Das heißt auf den Pool werden 330.000 € übertragen: $\sum_{\text{tot}} V_j(1+R) = 3 * 100.000\ € * (1+0{,}1) = \mathbf{330.000\ €.}$

Die mit den unkorrigierten Pool-Renditen kalkulierten Vermögenszuwächse der Überlebenden dagegen betragen: $\sum_{\text{lebt}} E(\tilde{L}_{85})V_j(1+R) = 2 * 0{,}029738 * 110.000\ € + 5 * 0{,}136577 * 550.000\ € = 6.542{,}36\ € + 375.586{,}75 = \mathbf{382.129{,}11\ €.}$

Das heißt die Vermögenszuwächse für die Überlebenden übersteigen den von den Verstorbenen übertragenen Betrag. Diese Abweichung wird durch die folgende jährliche Korrektur der Poolrenditen vermieden:

Korrekturfaktor: $SFQ = \frac{\sum_{\text{tot}} V_j(1+R)}{\sum_{\text{lebt}} E(\tilde{L}_j)V_j(1+R)} = \frac{330.000}{382.129{,}11} = \mathbf{0{,}8636}$. *Das heißt sämtliche Renditen müssen um ca. 14 % abgesenkt werden:*

$$L^*_{85} = E(\tilde{L}_{85}) * SFQ = 0{,}029738*0{,}8636 = 0{,}025681 = \mathbf{2{,}5681\ \%}$$
$$L^*_{95} = E(\tilde{L}_{95}) * SFQ = 0{,}136577*0{,}8636 = 0{,}117948 = \mathbf{11{,}7948\ \%}$$

Berechnung der Vermögenszuwächse für die Überlebenden auf Basis der korrigierten Pool-Renditen:

$\sum_{\text{lebt}} L^*_j V_j(1+R) = 2*0{,}025682*110.000\ € + 5*0{,}\ 117948*550.000\ € = 5.650{,}04\ € + 324.357{,}00\ € = \mathbf{330.007{,}04\ €.}$

Die Korrektur bewirkt, dass die durch die Pool-Renditen bewirkten Vermögenszuwächse für die Überlebenden und die tatsächlich übertragenen Vermögenswerte übereinstimmen. Die kleine Abweichung ist auf Rundungsfehler zurückzuführen. ◀

Problematik des „moral hazards"

Der im letzten Abschnitt beschriebene Korrekturfaktor verhindert, dass ein Tontine-Pool durch adverse Selektionsprozesse zahlungsunfähig wird. Daneben gibt es aber ein ähnlich gelagertes Problem des sogenannten „moral hazard". Hierbei geht es nicht wie bei der adversen Selektion um eine a priori Selbstselektion der Poolteilnehmer **vor** Vertragsabschluss, sondern um eine Informationsasymmetrie, welche erst entsteht, **nachdem** der Vertrag geschlossen wurde. Ein extremes Beispiel wäre ein Anleger, welcher einen großen Teil seines Vermögens in einen Tontine-Pool übertragen hat, der zwischenzeitlich aber von seinem Arzt erfährt, dass er nur noch wenige Monate zu leben hat. Durchaus nachvollziehbar entsteht dann der Wunsch, möglichst das gesamte Vermögen aus dem Tontine-Pool abzuziehen. Für die Zusammensetzung des Pools würde das aber bedeuten, dass sich dadurch die durchschnittliche Lebenserwartung im Pool weiter erhöht, da ja ein Teilnehmer mit einer sehr geringen Lebenserwartung ausscheidet.

Um zu vermeiden, dass „moral-hazard"-Probleme in einem Tontine-Pool überhandnehmen und seinen Versicherungscharakter unterminieren, muss durch die konkrete Vertragsgestaltung ausgeschlossen (oder entsprechend unattraktiv gemacht) werden, dass nach Vertragsabschluss von den ursprünglich vereinbarten Auszahlungsmodalitäten ad hoc abgewichen wird; und zwar weder was die Auszahlungszeitpunkte noch die Beträge belangt.[15] Das heißt konkret, sowohl zeitliche Vorverlegungen als auch Erhöhungen der Auszahlungen, die den durch (9.5) festgelegten Maximalbetrag übersteigen, müssen vertraglich ausgeschlossen werden.[16] Dieser Gesichtspunkt sollte bei der konkreten Ausgestaltung eines Tontine-Angebots unbedingt mit bedacht werden.

9.4 Konkrete Gestaltung einer Tontine-Anlage

Tontine-Pools können auf vielfältige Weise gestaltet werden. Neben der bereits thematisierten Problematik, ab wann und in welcher Höhe Auszahlungen aus einer Tontine-Anlage fließen sollten, sind noch die folgenden Fragen zu klären:

- Wer kann in eine Tontine-Anlage investieren?
- In welche Wertpapiere wird das Poolvermögen investiert?

[15] Unabhängig davon kann selbstverständlich die Möglichkeit eingeräumt werden, gegen eine Entschädigungszahlung vom Vertrag zurückzutreten. Vergleiche hierzu Weinert (2017).

[16] Spätere Auszahlungszeitpunkte als bei Vertragsabschluss vereinbart oder Reduktionen der Auszahlungsbeträge dagegen können auch nachträglich jederzeit ermöglicht werden, ohne dass dadurch falsche Anreize befürchtet werden müssen.

- Sind Zuzahlungen zu jeder Zeit möglich?
- Sollen die Verträge geschlechtsabhängig differenziert werden?
- Gibt es weitere individualisierte Vertragsvarianten?

Wer kann in eine Tontine-Anlage investieren?

Damit ist sowohl der persönliche Teilnehmerkreis angesprochen als auch die Frage, ob Tontine-Pools geschlossen oder als offene Konstruktionen angeboten werden sollten. Zu Beginn, als ausschließlich geschlossene Tontine-Pools aufgelegt wurden, ging man davon aus, dass sich in einem Pool möglichst nur Mitglieder einer Alterskohorte befinden sollten. Jüngere Analysen[17] betonen jedoch die Vorteile offener Pools. Insbesondere wird durch diese Arbeiten deutlich, dass die Poolteilnehmer eben keine homogene Gruppe sein müssen, sondern durchaus sehr heterogen sein können, ja sogar sein sollen. Vor diesem Hintergrund spricht nichts gegen offene Tontine-Pools, an denen grundsätzlich alle Personen teilnehmen können.

In welche Wertpapiere wird das Pool-Vermögen investiert?

Letztlich sollen aus Tontine-Anlagen immer Auszahlungen geleistet werden. Wie die Auszahlungsregel (9.5) und die Abbildungen 9.4 und 9.5 deutlich machen, können diese unter Umständen so hoch sein, dass hierfür Bestände verkauft werden müssen. Daher empfiehlt es sich, grundsätzlich nur in liquide Wertpapiere zu investieren, die an effizienten Märkten gehandelt werden und zu jedem Zeitpunkt fair bepreist sind.

Sind Zuzahlungen zu jeder Zeit möglich?

Entsprechend der Erkenntnis, dass die Zusammensetzung eines Tontine-Pools durchaus heterogen sein darf, können auch die Zuzahlungsmöglichkeiten für bestehende Tontine-Teilnehmer sehr flexibel gehandhabt werden. Zuzahlungen oder Aufstockungen etwaiger Tontine-Sparpläne sollten zu jeder Zeit möglich sein.

Sollen die Verträge geschlechtsabhängig differenziert werden?

Die in Deutschland verwendeten Sterbetafeln[18] weisen Sterbewahrscheinlichkeiten getrennt nach Geschlechtern aus. Es besteht also grundsätzlich die Möglichkeit, weiblichen und männlichen Personen gleichen Alters unterschiedliche Vertragskonditionen

---

[17] Vergleiche Fullmer, Sabin, 2019, Fullmer, Turner, 2022 und Milevsky, Salisbury, 2015.

[18] Das sind zum einen die Perioden- und Kohortensterbetafeln des Statistischen Bundesamtes (https://www.destatis.de/DE/Themen/Gesellschaft-Umwelt/Bevoelkerung/Sterbefaelle-Lebenserwart

anzubieten. Da die Überlebenswahrscheinlichkeiten von Frauen jedoch höher sind als die von Männern, würde das dazu führen, dass die Solidaritätsprämien für weibliche Tontine-Mitglieder geringer wären als die für vergleichbare Männer. Dies könnte als Diskriminierung missverstanden werden. So sind beispielsweise in den USA und Kanada und den USA in den meisten Bundesstaaten und Provinzen, aber auch in Europa unterschiedliche Versicherungsprämien oder Leistungen aufgrund des Geschlechts verboten. Stattdessen müssen sogenannte Unisex-Verträge angeboten werden.

Zudem steht zu befürchten, dass die Diskussion um die Frage, wieviel Geschlechter es überhaupt gibt, vermutlich weiter an Fahrt aufnehmen wird. Eine Geschlechtsdifferenzierung nur nach weiblich und männlich könnte daher weitere Diskriminierungsvorwürfe provozieren.

Deshalb sollten Tontine-Anlagen ausschließlich im Rahmen von Unisex-Verträgen angeboten werden. Die den Solidaritätsprämien zugrundeliegenden Sterbewahrscheinlichkeiten könnten dabei die gewichteten arithmetischen Mittel der entsprechenden Werte für Frauen und Männer sein.

Gibt es weitere individualisierte Vertragsvarianten?

Neben geschlechtsspezifischen Verträgen gibt es noch weitere Möglichkeiten der Individualisierung eines Tontine-Kontrakts. So ist es beispielsweise möglich, für Ehepaare Verträge anzubieten, bei denen im Sterbefall der jeweils überlebende Ehepartner das Eigentum an der Tontine-Anlage (oder an Teilen daran) behält und sie erst an den Pool übertragen wird, nachdem beide Ehepartner verstorben sind. Denkbar ist auch, dass im Falle des Ablebens nicht das gesamte Vermögen, sondern nur ein festzulegender Anteil übertragen wird. Der Rest ginge dann an die Erben. Grundsätzlich sind alle Varianten möglich, die aktuarisch zuverlässig kalkuliert werden können (vgl. hierzu Milevsky, 2022). Die entscheidende Frage ist, wie sinnvoll solche Varianten aus Anlegersicht sind.

Insgesamt zeigen sich Tontine-Anlagen wesentlich renditeträchtiger, kostengünstiger und vor allem erheblich flexibler als entsprechende Versicherungsprodukte. Daher sind sie die ideale Ergänzung eines privaten Depots zur Altersvorsorge, mit dem durch regelmäßige Entnahmen ein ausreichendes Ruhestandseinkommen sichergestellt werden soll. Insbesondere bieten sie aufgrund der vor allem mit fortschreitendem Alter stark ansteigenden Solidaritätsprämien eine perfekte ökonomische Absicherung des Langlebigkeitsrisikos. Zugleich besteht dadurch die vor allem im fortgeschrittenen Alter wertvolle Möglichkeit, die Auszahlungen sich verändernden Bedarfen anzupassen.

---

ung/_inhalt.html) und zum anderen die speziellen Kohortensterbetafeln DAV2004 R der Vereinigung deutscher Aktuare (https://aktuar.de/unsere-themen/lebensversicherung/sterbetafeln/2018-01-24_DAV-Richtlinie_Herleitung_DAV2004R.pdf).

Die Tatsache, dass diese Möglichkeit von Versicherungen üblicherweise nicht angeboten wird, dürfte – neben den hohen Kosten – einer der Gründe dafür sein, warum ihre Leibrenten nicht sehr beliebt sind. Man spricht in dem Zusammenhang sogar von einem „Annuity-Puzzle“, da die Nachfrage nach Annuitäten aufgrund theoretischer Überlegungen deutlich höher sein sollte, als sie tatsächlich ist. Hierfür wird in der Literatur eine Reihe von Gründen genannt; angefangen vom Vererbungsmotiv (Lockwood, 2012), über unvollständige und unfair bepreiste Märkte für Annuitäten (Kojen et al., 2011, Mitchell et al., 1999), Angst vor dem Ausfall der Anbieter (Agnew et al., 2008), bis hin zu dem m. E. wichtigsten Grund, nämlich die mit Leibrenten einhergehende, geringe Flexibilität bei der Ausgabengestaltung (Peijnenburg et al., 2017).

Im folgenden letzten Kapitel soll es daher darum gehen, wie durch den Einsatz von Tontine-Anlagen optimale Auszahlungspläne gestaltet werden können und dabei eine möglichst große Flexibilität gewahrt bleibt.

Literatur

Agnew, J. R., Anderson, L. R., Gerlach, J. R., Szykman, L. R., 2008, Who chooses Annuities? An experimental Investigation of the Role of Gender, Framing and Defaults, 2008, American Economic Review, 98(2), S. 418–422.

Fullmer, R., K., 2019, Tontines – a Practitioner's Guide to Mortality-Pooled Investments, CFA Institute Research Foundation.

Fullmer, R. K., Sabin, M. J., 2019, Individual Tontine Accounts, Journal of Accounting and Finance, Vol. 19(8).

Fullmer, R. K., Turner, J. A., 2022, Robo Tontines, The Journal of Retirement, Summer.

Kojen, R. S., Nijman, T. E., Werker, B. J., 2011, Optimal Annuity Risk Management, Review of Finance, 15(4), S. 799–833.

Lockwood, L. M., 2012, Bequest Motives and the Annuity Puzzle, Review of Economic Dynamics, 15(2), S. 226–243

McKeever, K., 2010, A Short History of Tontines, Fordham Journal of Corporate Financial Law, Vol. 15, 2.

Milevsky, M. A., 2015, King William's tontine—why the retirement annuity of the future should resemble its past, Cambridge University Press.

Milevsky, M. A., Salisbury, T. S., 2015, Optimal Retirement Income Tontines, Insurance: Mathematics and Economics, 64, 91–105.

Milevsky, M. A., 2022, How to build a modern tontine, Springer Verlag, open access.

Mitchell, O. S., Poterba, J. M. Warshawsky, M. J., Brown, J. R., 1999, New Evidence on the money´s worth of individual annuities, American Economic Review, 89(5), S. 1299–1318.

Peijnenburg, K., Nijman, T., Werker, B. J., 2017, Health Cost Risk: A potential Solution to the Annuity Puzzle, The Economic Journal, 127(603), S. 1598–1625.

Piggott, J., Valdez, E. A., Detzel, B., 2005, The Simple Analytics of a Pooled Annuity Fund, The Journal of Risk and Insurance, Vol. 72(3), S. 497–520.

Weinert, J. H., 2017, The fair surrender value of a tontine, ICIR Working Paper Series, 26/17 https://www.destatis.de/DE/Themen/Gesellschaft-Umwelt/Bevoelkerung/Sterbefaelle-Lebenserwartung/_inhalt.html

https://aktuar.de/unsere-themen/lebensversicherung/sterbetafeln/2018-01-24_DAV-Richtlinie_Herleitung_DAV2004R.pdf

Entnahmestrategien II: Finanzmarktanlagen mit Versicherungscharakter 10

Wie schon bei mehreren Gelegenheiten erwähnt, sollte bei der Konstruktion eines Entnahmeplanes das Langlebigkeitsrisiko ausdrücklich berücksichtigt werden. Deshalb standen in Kapitel 8 zunächst Versicherungen im Vordergrund. In diesem Kapitel dagegen vertiefen wir die Möglichkeit, Langlebigkeitsrisiken durch Tontine-Anlagen effektiv auszuschalten bzw. zu minimieren. Statt von Versicherungen werden daher im Folgenden die Zahlungen eines Entnahmeplanes von „normalen" Finanzmarktanlagen wie Aktien und Anleihen oder von Tontinen geleistet.

Allerdings sind auch in diesem Fall bei der Festlegung eines Auszahlplanes zwei Bedingungen zu berücksichtigen: Erstens, dass die Auszahlungen laufend angepasst werden können[1] und zweitens, dass die Wahrscheinlichkeit eines vorzeitigen Vermögensverbrauches vernachlässigbar gering gewählt werden kann. Dabei sollen die Auszahlungen nun nicht etwa – wie das häufig gemacht wird – an einem mehr oder weniger willkürlich gewählten Anlagehorizont ausgerichtet sein, sondern die entsprechenden biometrischen Realitäten, sprich die konkreten Überlebenswahrscheinlichkeiten müssen explizit berücksichtigt werden. Hierzu benötigen wir eine spezielle Kennzahl, nämlich den stochastischen Barwert eines Auszahlungsplanes.

10.1 Stochastischer Barwert eines Auszahlungsplans

Sind sowohl die Verzinsung R als auch die Entnahmedauer T eines Auszahlungsplanes $(E_1, E_2, \ldots, E_T)$ gegeben, dann ermittelt sich sein Barwert PV („present value") bekanntermaßen, indem jede einzelne, zum Zeitpunkt t zufließende Zahlung E_t mit dem Zins R über

[1] Beispielsweise an die Inflationsrate oder entsprechend dem in Kapitel 5 besprochenen Kriterium.

S. May, *Aktuarisch fundierte Ruhestandsplanung*,
https://doi.org/10.1007/978-3-658-51938-4_10

t Perioden auf die Gegenwart abdiskontiert wird und die sich so ergebenden Barwerte anschließend addiert werden, d. h. es gilt:[2]

$$PV = \sum_{t=1}^{T} E_t * e^{-R*t} \tag{10.1}$$

Sind aber nun weder der Anlagehorizont T noch die Verzinsungen R in den verschiedenen Perioden feste, sondern stochastische Größen (Zufallsvariablen), dann verändert sich (10.1) zu:

$$\widetilde{SPV} = \sum_{t=1}^{\tilde{T}} E_t * e^{-\left(\sum_{i=1}^{t} \tilde{R}_i\right)} \tag{10.2}$$

Aus PV („present value") wird nun $\widetilde{SPV}$ („stochastic present value"). Dabei kennzeichnen wir Größen, die keine feststehenden Werte sind, sondern eben stochastischer Natur, mit dem Schlangenzeichensymbol „~".

Zugrundeliegende Logik

Um die hinter (10.2) stehende Logik zu verdeutlichen – insbesondere, warum in den Exponenten Summenzeichen stehen – betrachten wir als Beispiel den Barwert einer einzelnen Zahlung E_3, die in drei Perioden zufließt. Bei einem festen Zins R ergibt sich der Barwert durch $E_3 * e^{-R*3}$. Das kann aber auch als $E_3 * e^{-(R+R+R)}$ geschrieben werden. Ist der Zins aber stochastisch und in jeder Periode unterschiedlich, wird das zu $E_3 * e^{-(\tilde{R}_1+\tilde{R}_2+\tilde{R}_3)}$, bzw. bei insgesamt t Perioden zu $E_t * e^{-\left(\sum_{i=1}^{t} \tilde{R}_i\right)}$. Berücksichtigt man dann noch, dass auch die Lebensspanne $\tilde{T}_x$ stochastisch ist und addiert schließlich alle Barwerte, ergibt sich der stochastische Barwert $\widetilde{SPV}$ als $\sum_{t=1}^{\tilde{T}} E_t * e^{-\left(\sum_{i=1}^{t} \tilde{R}_i\right)}$.

Es lässt sich daher festhalten, dass der stochastische Barwert eines konkreten Entnahmeplanes von einer Reihe anderer Zufallsgrößen abhängig ist: Der verbleibenden Lebensspanne $\tilde{T}$ sowie von den Anlagerenditen ($\tilde{R}_1 \ldots \tilde{R}_{\tilde{T}}$) in den diversen Perioden.

Im Folgenden unterstellen wir für die stochastischen Renditen in allen Perioden Normalverteilungen mit jeweils identischen Erwartungswerten $E(\tilde{R})$ und Volatilitäten $\sigma(\tilde{R})$. Die Lebensspannen bzw. Anlagehorizonte dagegen ergeben sich durch das in Kapitel 3 ausführlich besprochene Gompertz-Makeham-Mortalitätsmodell mit den Parametern m (Modalwert der Lebensspanne) und b (Lebensspannungsstreuung).

Abbildung 10.1 zeigt zu beiden Zufallsvariablen entsprechende Histogramme und Verteilungsfunktionen.

[2] Gleichung (10.1) entspricht im Kern der Gleichung (2.3) aus Kapitel 2, mit dem Unterschied, dass in (10.1) eine stetige Zinskonvention unterstellt wird und in (2.3) eine diskrete. Auch ist (10.1) in offener Summenform geschrieben und es wird kein Endvermögen berücksichtigt. (2.3) dagegen ist ein geschlossener Ausdruck.

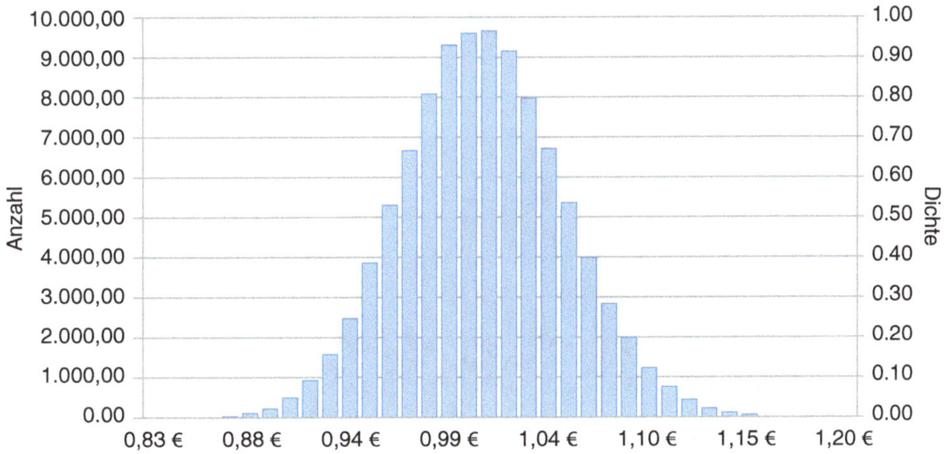

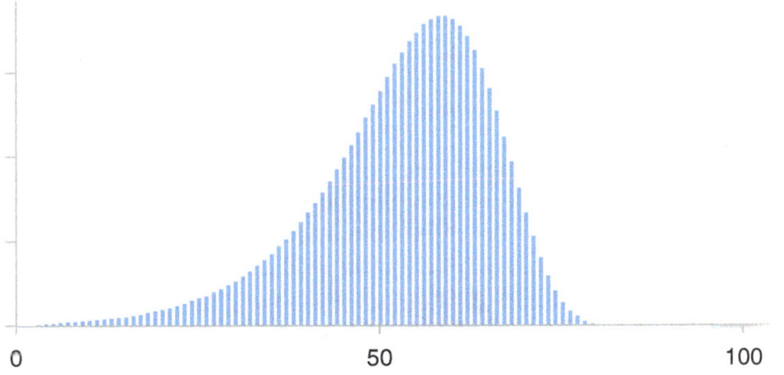

Abb. 10.1 Histogramm einer normalverteilten monatlichen Wertentwicklung eines Euros (oben) mit den Parametern $E(\tilde{R}) = 8\%$ p. a. und $\sigma(\tilde{R}) = 15\%$ p. a. sowie die einer Gompertz-Makeham-verteilten Lebenspanne (unten) für eine 50-jährige Person. Die entsprechenden Wahrscheinlichkeiten wurden auf Basis des Gompertz-Makeham-Modells mit den Parametern $m = 89$ und $b = 10$ ermittelt

Mini-Exkurs: Gomperts-Makeham-Verteilung der Lebensspanne
Die stochastischen Lebensspannen $\tilde{T}$ folgen der Funktion $F^{-1}(\tilde{u}) = b * \ln\left\{1 - e^{\frac{m-x}{b}} * \ln(1-\tilde{u})\right\}$ mit $\tilde{u} \sim [0;1]$. $F^{-1}(\tilde{u})$ ist dabei die Umkehrfunktion der Gombert-Makeham'schen Verteilungsfunktion $F(t) := W(\tilde{T} < t) = 1 - \exp\left\{e^{\frac{x-m}{b}}\left(1 - \mathrm{e}^{\frac{t}{b}}\right)\right\}$ für die Überlebenswahrscheinlichkeiten.

Die Verteilung des stochastischen Barwertes $S\tilde{P}V$ ergibt sich nun als eine Überlagerung der Verteilungen für $\tilde{T}$ und $\tilde{R}_t$ (aller t Perioden). Als Beispiel einer solchen Überlagerung

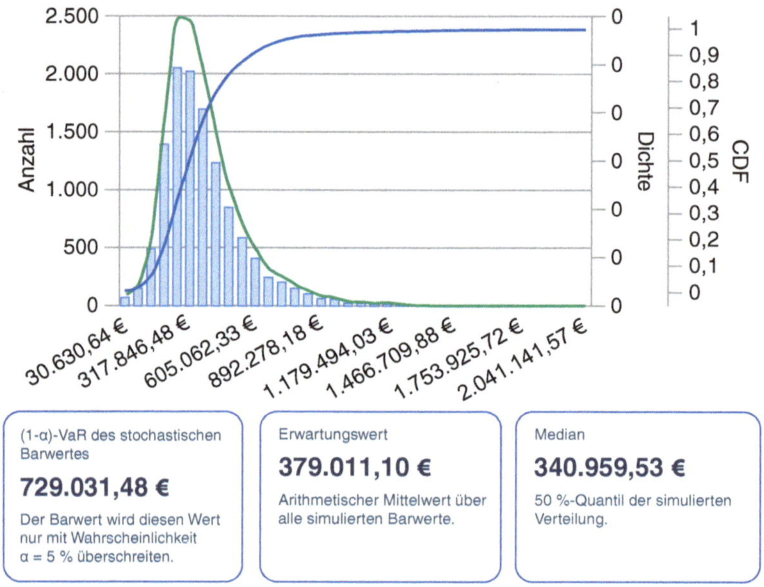

Abb. 10.2 Histogramm und Verteilungsfunktion des stochastischen Barwertes einer jährlich um 2 % erhöhten monatlichen Zahlung von anfänglich 2.000 €, welche einer 50-jährigen Person bis an deren Lebensende bezahlt wird. Die Lebenspanne wurde mit einer Gompertz-Makeham-Verteilung ($m = 89$ und $b = 10$) modelliert, die Monatsrenditen dagegen mit einer Normalverteilung mit $E(\tilde{R}) = 8\%$ p. a. und $\sigma(\tilde{R}) = 15\%$ p. a. Der 95 %-*VaR* beträgt 729.031 €, d. h. der stochastische Barwert wird diesen Betrag nur mit 5 % Wahrscheinlichkeit überschreiten

zeigt Abbildung 10.2 den stochastischen Barwert einer monatlichen Auszahlung von anfänglich 2.000 € an eine 50-jährige Person, welche jährlich um 2 % erhöht und bis ans Lebensende bezahlt wird.

Beachte, dass Realisierungen geringer Renditen und langer Lebensspannen zu großen Werten von $\widetilde{SPV}$ führen und umgekehrt. So ist Abb. 10.2 beispielsweise zu entnehmen, dass die Renditen nur mit einer Wahrscheinlichkeit von 5 % so gering bzw. die Lebenspannen so hoch sein werden, dass dies einen stochastischen Barwert bewirkt, der 729.031 € überschreitet.

Stochastischer Barwert und Endvermögen

Vielleicht hat sich der eine oder andere Leser schon gefragt, was denn der stochastische Barwert mit der eigentlichen Zielsetzung eines optimalen Entnahmeplanes zu tun hat. Geht es dabei doch in erster Linie darum, die Entnahmen zu maximieren, zugleich aber zu gewährleisten, dass das verfügbare Vermögen mit an Sicherheit grenzender Wahrscheinlichkeit ausreicht, die Entnahmen über den gesamten (unbekannten!) Entnahmezeitraum hinweg zu finanzieren.

Tatsächlich ist es genau diese Zielsetzung, für die man die Kennzahl stochastischer Barwert benötigt, um sie konkret umsetzen zu können. Zwischen dem (zu einem unbekannten Endzeitpunkt) vorhandenen Endvermögen und dem stochastischen Barwert eines konkreten Auszahlplanes besteht nämlich der folgende Zusammenhang:

Der stochastische Barwert eines Auszahlungsplanes ist genau dann kleiner als der ursprüngliche Anlagebetrag (aus dem die Entnahmen finanziert werden), wenn das am Lebensende noch vorhandene Vermögen größer als Null ist.

Dieser erstaunliche Zusammenhang zwischen dem stochastischen Barwert und dem am Ende eines unbekannten Anlagehorizontes noch vorhandenen Vermögen ist für die Optimierung von Entnahmeplänen von so fundamentaler Bedeutung, dass wir ihn in einem separaten Anhang 2 detailliert herleiten. Erst durch diesen Zusammenhang wird es möglich, einen Entnahmeplan so zu optimieren, dass am Ende des Anlagehorizontes mit einer an Sicherheit grenzenden Wahrscheinlichkeit noch ein ausreichend hohes Vermögen zur Verfügung stehen wird – obwohl man die Dauer des Anlagehorizontes zum Zeitpunkt dieser Festlegung nicht kennt! An Abb. 10.2 beispielsweise ist abzulesen, dass der stochastische Barwert einer unbefristeten und um 2 % jährlich ansteigenden anfänglichen Entnahme von 2.000 € pro Monat an eine 50-jährige Person mit 95 % geringer als 729.031 € sein wird. Aufgrund des beschriebenen Zusammenhangs zwischen dem stochastischen Barwert dieser Auszahlungen und dem Endvermögen wissen wir nun auch, dass ein Vermögen in Höhe von 729.031 € mit 95 % Wahrscheinlichkeit ausreichen wird, diese Entnahmen zu finanzieren.

Beispiel:

In einem der letzten Beispiele hatten wir die Situation einer 60-jährigen Dame analysiert, die über ein Vermögen von 600.000 € verfügt, eine verbleibende Lebenserwartung von 25 Jahren hat und sich monatlich ansteigende 1.750 € aus einem auf 25 Jahre angelegten Entnahmeplan auszahlen lässt. Um dabei das Langlebigkeitsrisiko zu berücksichtigen, hatte sie einen Risikopuffer von 60.000 € festgelegt, der mit 95 % Wahrscheinlichkeit halten sollte. Das heißt der Entnahmeplan wurde unter der Nebenbedingung $5\%VaR(\tilde{V}_{25}) \geq 60.000$ € *festgelegt. Mit Hilfe des stochastischen Barwertes dieser Entnahmen kann man nun feststellen, ob dem Langlebigkeitsrisiko damit ausreichend Rechnung getragen wurde. Abbildung 10.3 zeigt, dass der stochastische Barwert dieser Entnahmen mit 93,50 % Wahrscheinlichkeit kleiner als 600.341 € sein wird [d. h.* $93{,}50\%VaR(\widetilde{SPV}) = 600.341$ €]. *Oder anders ausgedrückt: Das Vermögen wird mit gut 6,50 % Wahrscheinlichkeit nicht ausreichen.* ◄

Mit Hilfe des Konzeptes des stochastischen Barwertes kann somit die Wahrscheinlichkeit ermittelt werden, ob ein vorhandenes Vermögen ausreichen wird, ein bestimmtes Entnahmeniveau bis ans Lebensende zu finanzieren. Damit lassen sich auf einer rationalen Grundlage und unter Berücksichtigung biometrischer Realitäten Entnahmestrategien

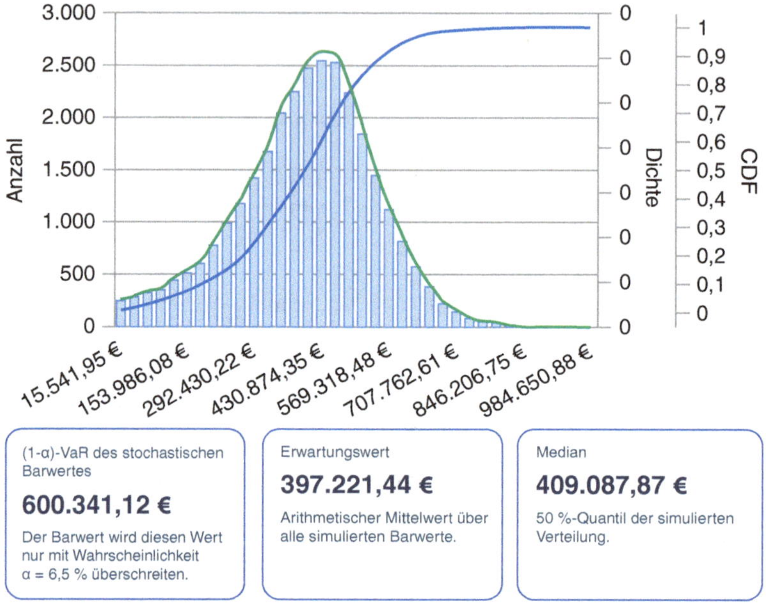

Abb. 10.3 Histogramm des stochastischen Barwertes einer jährlich um 2 % erhöhten monatlichen Zahlung von 1.750 €, welche einer 60-jährige Person bis an deren Lebensende bezahlt wird. Die Lebenspanne wurde mittels einer Gompertz-Makeham-Verteilung (m = 89 und b = 10) modelliert, die Monatsrenditen dagegen mittels einer Normalverteilung mit $E(\tilde{R}) = 4,15\%$ p. a. und $\sigma(\tilde{R}) = 4,50\%$ p. a. (was einer Aktienquote von 30 % entspricht). Der 93,50 %-*VaR* beträgt 600.341 €, d. h. das Anfangsvermögen wird mit einer Wahrscheinlichkeit von gut 6,50 % vorzeitig aufgebraucht

konstruieren, die das Langlebigkeitsrisiko faktisch ausschalten, ohne dafür Versicherungen zu benötigen.

10.2 Entnahmepläne und stochastische Barwerte

Unabhängig davon, in welche Finanzmarktanlage investiert wird, empfiehlt sich, für die Festlegung eines konkreten Entnahmeplans das folgende Procedere bzw. Optimierungskalkül.

Grundsätzliche Vorgehensweise bei der Optimierung

Zunächst muss für die verwendeten Finanzmarktinstrumente eine konkrete Anlagestrategie festgelegt werden. Wie bisher auch, reduzieren wir diese komplexe Entscheidung auf die Wahl einer Aktienquote θ, von der wir unterstellen, dass sie gemäß Gleichung (6.6) aus Kapitel 6 festgelegt wird. Damit sind dann zugleich die zu erwartende Rendite und die Volatilität der Anlage festgelegt. Um die folgenden Vergleiche der verschiedenen Umsetzungsmöglichkeiten möglichst realitätsnah zu gestalten, unterstellen wir für alle Finanzmarktanlagen – analog zu Kapitel 8 – pauschale Kosten von $k = 1\,\%$ p. a. des noch vorhandenen Vermögenswertes, die monatlich abgezogen werden. Die optimale Entnahmestrategie ist dann das Ergebnis des folgenden Maximierungskalküls.

$$\text{maximiere} \underset{E_1}{\rightarrow} E_1 \tag{10.3}$$

unter den folgenden Nebenbedingungen

(a) $(1-\alpha)\%VaR\left(\widetilde{SPV}\right) \leq \bar{W}$

(b) $\tilde{R}_{t;P} \sim N\left[\theta E(\tilde{R}) + (1-\theta)r;\ \theta\sigma(\tilde{R})\right]$ $\quad (t = 1 \ldots \tilde{T})$

(c) $W_0 = \bar{W}$

(d) $\tilde{W}_t = (1-k)\,W_{t-1}e^{\tilde{R}_{t;P}} - E_t$ $\quad (t = 1 \ldots \tilde{T})$

(e) $E_t = E_{t-1}e^{\frac{i}{12}}$ $\quad (t = 2 \ldots \tilde{T})$

Es wird somit der maximale anfängliche Entnahmebetrag E_1 ermittelt und anschließend entsprechend (10.3e) an die Inflation angepasst.[3] Zugleich aber soll der stochastische Barwert aller Entnahmen mit $(1 - \alpha)\,\%$ Wahrscheinlichkeit kleiner sein als das ursprünglich angelegte Ruhestandsvermögen $\bar{W}$. (10.3a).[4] Die stochastische Rendite $\tilde{R}_{t;P}$, zu der angelegt wird, „gehorcht" in jeder Periode einer Normalverteilung mit dem Erwartungswert $\theta E(\tilde{R}) + (1-\theta)r$ und der Standardabweichung $\theta\sigma(\tilde{R})$ (10.3b). Während der gesamten Auszahlphase entwickelt sich der Vermögenswert, der zu Beginn W beträgt (10.3c), gemäß Bedingung (10.4d). Beachte, dass das Maximierungskalkül (10.3) lediglich den ersten Entnahmebetrag E_1 festlegt. Die Werte für die restlichen Perioden werden gemäß der Nebenbedingung (10.3e) angepasst.

Finanzmarktanlagen ohne Tontine-Eigenschaft

Zunächst wenden wir das Optimierungskalkül (10.3) auf ein „normales" Wertpapierdepot mit einer Aktienquote von 30 % an.

Beispiel:

Wir bemühen die Dame unserer bisherigen Beispiele. Sie ist 60 Jahre alt und will in den Ruhestand gehen. Weiter verfügt sie über ein Vermögen von 600.000 €, das mit einer Aktienquote von 30 % angelegt ist. Die zu erwartende Rendite beträgt daher

[3] Statt wie in (10.3e) können die Entnahmebeträge auch entsprechend dem in Kapitel 5 beschriebenen Fisher-Kriterium angepasst werden.

[4] Denn dadurch ist – wie schon mehrfach erwähnt – gleichzeitig sichergestellt, dass das Vermögen mit der gewählten Wahrscheinlichkeit von 95 % bis ans Lebensende reichen wird.

4,15 % p. a. und die zu erwartende Volatilität 4,5 % p. a. Ihr Ziel besteht nun darin, einen dynamischen Entnahmeplan festzulegen, der mit 95 % Wahrscheinlichkeit sicherstellt, dass ihr Vermögen ausreichen wird – unabhängig davon, wie lange sie noch zu leben hat. <u>Lösung</u>: Auf der Basis dieser Informationen erhält man durch Anwendung des Optimierungsprogrammes (10.3) einen ersten monatlichen Entnahmebetrag von $E_1 = 1.700$ *€. Der stochastische Barwert der entsprechenden (um 2 % p. a. steigenden) Entnahmen ist wie in Abbildung 10.4 dargestellt verteilt:*

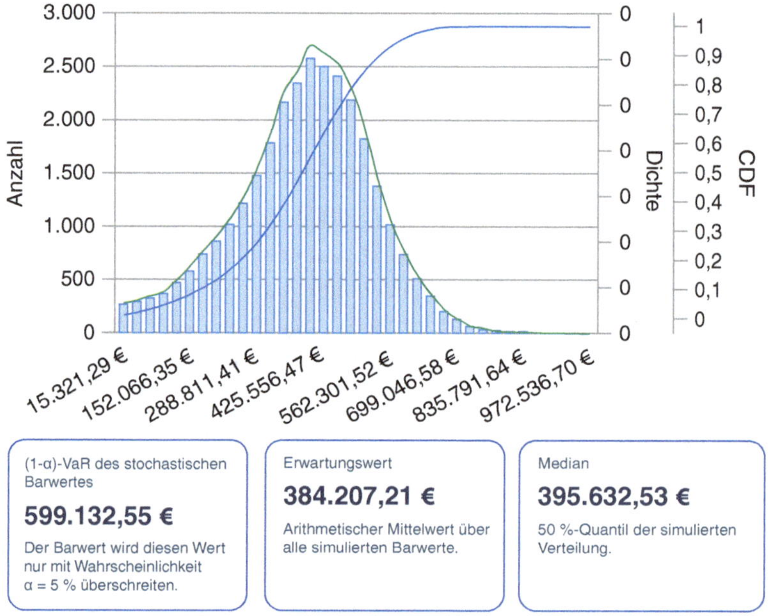

Abb. 10.4 Histogramm und Verteilungsfunktion des stochastischen Barwertes einer jährlich um 2 % erhöhten monatlichen Zahlung von 1.700 €, welche einer 60-jährige Person bis an deren Lebensende bezahlt wird. Der Betrag ist das Ergebnis des Maximierungskalküls (10.3) mit der Nebenbedingung, dass der stochastische Barwert der Auszahlungen den Wert von 600.000 € nur mit einer Wahrscheinlichkeit von 5 % überschreitet. Die Lebenspanne wurde mittels einer Gompertz-Makeham-Verteilung ($m = 89$ und $b = 10$) modelliert, die Monatsrenditen dagegen mittels einer Normalverteilung mit $E(\tilde{R}) = 4,15\%$ p. a. und $\sigma(\tilde{R}) = 4,50\%$ p. a., was einer Aktienquote von 30 % entspricht. Als Kostensatz wurde 1 % des Vermögens p. a. unterstellt. Beachte, dass Bedingung (10.3a) sogar leicht übererfüllt ist, denn der 95 $\%VaR(\widetilde{SPV})$ beträgt nicht 600.000 €, sondern 599.132 €. Die Überschreitungswahrscheinlichkeit von 600.000 € ist somit sogar ein klein wenig geringer als 5 %

Hinweis: Wählt man als Sicherheitsniveau nicht 95 %, sondern z. B. 99 %, dann beträgt der maximale (anfängliche) Entnahmebetrag 1.485 € pro Monat. ◄

Wertpapierdepot mit Solidaritätsprämie: Die Sofort-Tontine

Im Folgenden nehmen wir an, dass das anzulegende Vermögen wie bisher investiert wird, nun aber in Form einer Tontine. Zusätzlich zur „normalen“ Anlagerendite kann dadurch noch die in Kapitel 9 erläuterte Solidaritätsprämie vereinnahmt werden. Die zu erwartende Rendite der Tontine-Anlage beträgt daher[5]

$$E(\tilde{R}_T) = \left[1 + E(\tilde{R})\right]\left[1 + (1 - C)E(\tilde{L})\right] - 1 \qquad (10.4)$$

bzw. in stetiger Schreibweise:

$$E(\tilde{R}_T) = e^{E(\tilde{R}) + (1-C)E(\tilde{L})} - 1 \text{ mit } E(\tilde{L}) = \frac{q}{1-q}. \qquad (10.4)$$

Hierbei[6] ist $E(\tilde{R})$ die zu erwartende „normale“ Rendite der Anlage und $(1 - C)E(\tilde{L})$ die nach einem pauschalen prozentualen Abschlag von C zu erwartende Solidaritätsprämie.[7] Um dies im Rahmen einer Optimierung zu berücksichtigen, muss im Optimierungskalkül (10.3) die Bedingung (10.3d) durch

$$\tilde{W}_t = (1 - k)\,W_{t-1}\,e^{\tilde{R}_{t,P} + (1-C)E(\tilde{L})} - E_t \quad \left(t = 1 \ldots \tilde{T}\right) \qquad (10.3\text{d})$$

ersetzt werden.[8]

Wie bereits im letzten Kapitel und durch Abb. 9.2 betont, bietet eine Tontine-Anlage vor allem in späteren Lebensjahren einen deutlich größeren finanziellen Spielraum. Um wieviel er tatsächlich vergrößert wird, verdeutlicht das folgende Beispiel.

Beispiel:

Wir behalten sämtliche Parameter des letzten Beispiels bei, so dass die einzige Veränderung darin besteht, dass sich die Anlagerendite nun um die Solidaritätsprämie

---

[5] Vergleiche dazu die Hintergründe der Gleichung (9.2) aus Kapitel 9.

[6] In (10.4) steckt die implizite Annahme, dass $\tilde{R}$ und $\tilde{L}$ unabhängige Zufallsvariablen sind, was nach unserer Überzeugung durchaus plausibel ist.

[7] Abhängig von dem tatsächlichen Sterbegeschehen im Tontine-Pool wird die realisierte Solidaritätsprämie höher oder geringer ausfallen, sich im Schnitt aber bei $E(\tilde{L})$ einpendeln. Vergleiche hierzu auch Abschnitt 9.3.

[8] Wie schon erwähnt, ist auch die tatsächliche Solidaritätsprämie – abhängig vom Sterbegeschehen im Pool – eine stochastische Größe, die eigentlich mit einer Binomialverteilung modelliert werden müsste. Aus Gründen besserer Nachvollziehbarkeit verzichten wir jedoch auf diese Komplikation. Stattdessen unterstellen wir einen pauschalen Abschlag von C auf die zu erwartende Solidaritätsprämie.

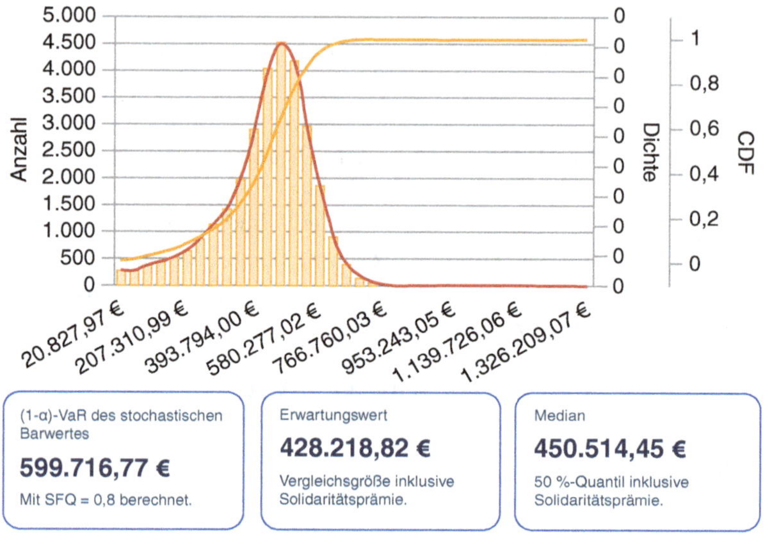

Abb. 10.5 Dichte- und Verteilungsfunktion des stochastischen Barwertes einer jährlich um 2 % erhöhten monatlichen Zahlung von 2.240 €, welche einer 60-jährige Person bis an deren Lebensende bezahlt wird. Es gelten dieselben Parameter wie im letzten Beispiel, mit dem einzigen Unterschied, dass die Marktrendite nun um die mit fortschreitendem Lebensalter ansteigende Solidaritätsprämie ergänzt wird. Um dem systematischen Langlebigkeitsrisiko Rechnung zu tragen, wurde bei allen Kalkulationen ein pauschaler Abschlag auf die Solidaritätsprämie von 20 % unterstellt. Die Kosten der Wertpapieranlage wurden mit 1 % des jeweils vorliegenden Vermögens veranschlagt, welche monatlich vom Vermögenswert abgezogen werden

erhöht. Um eine mögliche Minderung der Solidaritätsprämie aufgrund der adversen Selektion zu berücksichtigen, reduzieren wir sie pauschal um 20 %. Eine Optimierung entsprechend (10.3) [mit modifizierter Nebenbedingung (10.3d)] gibt einen ersten monatlichen Entnahmebetrag von E_1 = 2.240 €, also über 30 % mehr als bei der Anlage des letzten Beispiels (ohne Solidaritätsprämie), die nur 1.700 € erlaubte. Abbildung 10.5 zeigt die Verteilung des entsprechenden stochastischen Barwertes. ◄

Das durch die Solidaritätsprämie deutlich erhöhte Wertentwicklungspotential einer Tontine-Anlage bewirkt – unabhängig davon, welche Beträge entnommen werden –, dass das Risiko eines vorzeitigen Vermögensverzehrs deutlich verringert wird. Durch die Wahl einer geeigneten Entnahmestrategie kann es faktisch gegen Null gedrückt werden.[9] Um speziell diesen Punkt zu illustrieren, zeigt Abbildung 10.6 zwei alternative Wertentwicklungen einer Anlage von 600.000 € über 30 Jahre hinweg, aus der von einer 60-jährigen Person monatlich anfängliche 2.240 € entnommen werden: Sowohl die einer „normalen" Wertpapieranlage als auch die derselben Anlage in Form einer Tontine.

[9] Bzw. in eine Region, in der sich auch die Wahrscheinlichkeit befindet, dass die von einer privaten Versicherung garantierten Zahlungen abgesenkt werden. Im Gegensatz zur Überzeugung der meisten ist das nämlich unter bestimmten Umständen durchaus möglich.

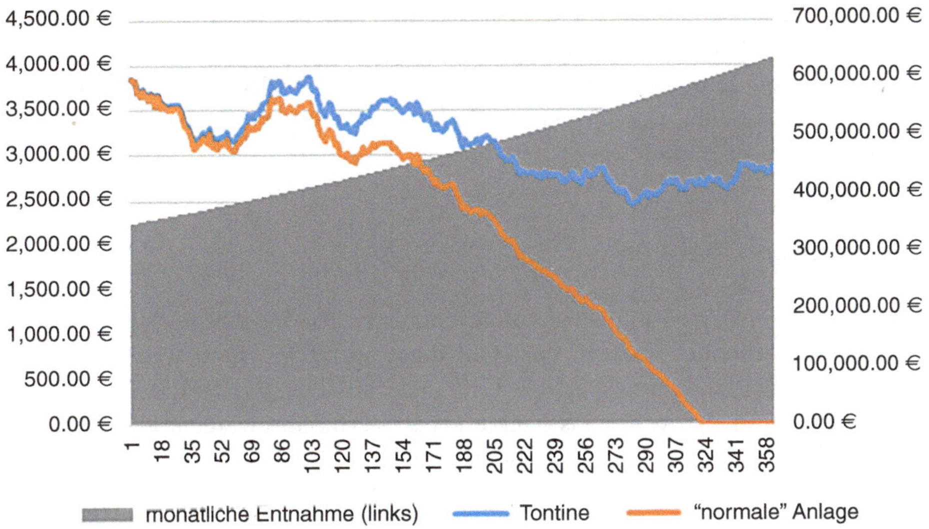

Abb. 10.6 Wertentwicklung-Szenarien für ein anfängliches Vermögen von 600.000 € (angelegt mit und ohne Tontine-Eigenschaft), aus dem von einer 60-jährigen Person anfängliche 2.240 € monatlich entnommen werden, die mit 2 % pro Jahr ansteigen

Während das Vermögen der normalen Anlage bereits in einem Alter von ca. 87 Jahren aufgebraucht ist, steht dem Tontine-Investor selbst mit 90 Jahren noch eine Vermögensreserve von über 400.000 € zur Verfügung.

Abb. 10.6 unterstreicht somit das Potential einer Tontine-Anlage, das Langlebigkeitsrisiko auf ein vernachlässigbares Niveau abzusenken und zugleich auch im hohen Alter noch überraschende Ausgaben (z. B. für medizinische Dienstleistungen) bestreiten zu können.

10.3 Kombination aus aufgeschobener Tontine und Überbrückungsstrategie

In Kapitel 8 hatten wir die Vorzüge einer Kombination aus befristetem Entnahmeplan und aufgeschobener Leibrente gegenüber einer Sofortrente herausgearbeitet. Einerseits besteht der Vorteil darin, dass aufgrund der hohen Kosten von Versicherungen und der höheren Rendite von Kapitalmarktanlagen auch höhere Auszahlungen möglich werden, anderseits aber auch in einer höheren Flexibilität einer Kombination (vgl. hierzu Abb. 8.7 in Kapitel 8, in der diese beiden Alternativen gegenübergestellt werden).

Eine ähnliche Kombination ist nun auch für Tontine-Anlagen möglich, allerdings mit der Einschränkung, dass sowohl das Vorteilhaftigkeitsargument geringerer Kosten als auch das höherer Renditen von Kapitalmarktanlagen entfällt.[10] Eine Kombination aus

[10] Weder ist bei einer Tontine-Kombination eine teure Versicherung beteiligt, noch ist man bei einer Sofort-Tontine daran gehindert, in renditestarke Finanzmarktanlagen zu investieren.

befristetem Entnahmeplan und aufgeschobener Tontine hat daher zwangsläufig ein etwas geringeres Auszahlungspotential als eine Sofort-Tontine. Immerhin verzichtet man während des Aufschubzeitraumes auf die Solidaritätsprämie. Andererseits entsteht dadurch eine größere Flexibilität, was für manche Anleger die etwas geringeren Entnahmemöglichkeiten aufwiegen dürfte.

Aufgeschobene Tontinen

Die Funktionsweise und Logik einer aufgeschobenen Tontine entspricht der einer aufgeschobenen Leibrente. Auch in dem Fall muss sofort investiert werden, wogegen die Zahlungen erst ab einem späteren Zeitpunkt zufließen. Zur Bestimmung optimaler Auszahlungen kann weiter das Kalkül (10.3) verwendet werden, allerdings muss in der Zielfunktion E_1 durch E_{a+1} ersetzt werden und die Nebenbedingung (10.3e) durch:[11]

$$E_t = \begin{cases} 0 \text{ für } t = 0, \dots, a \\ E_{a+1} \text{ für } t = a+1 \\ E_{t-1} e^{i/12} \text{ für } t = a+1, \dots, \tilde{T} \end{cases} \tag{10.3e)'}$$

Der Aufschubzeitraum wird dabei als a bezeichnet.

Aufgrund des erst später einsetzenden Kapitalverzehrs und des dadurch verstärkten Vermögenszuwachses können aus einer aufgeschobenen Tontine deutlich höhere Beträge entnommen werden als aus einer „Sofort-Tontine“. Hierzu betrachten wir das folgende Beispiel.

Beispiel:

Alle Parameter der vorherigen Beispiele werden beibehalten, insbesondere das Anlagevolumen von 600.000 €. Wir ermitteln mit Hilfe des modifizierten Kalküls (10.3) die von einer aufgeschobenen Tontine nach Ablauf von zehn Jahren gezahlten Beträge, die gerade so hoch sind, dass die 600.000 € mit 95 % Wahrscheinlichkeit ausreichen. Als Ergebnis erhalten wir eine anfängliche Monatszahlung (nach Ablauf von zehn Jahren) von 4.720 €, die anschließend jährlich um 2 % erhöht wird. Dieser Entnahme entspricht die in Abbildung 10.7 dargestellte Verteilung des stochastischen Barwertes.

[11] Diese etwas umständlichen Modifikationen sind aus Gründen formaler Korrektheit nötig, für das grundlegende Verständnis der dargestellten Vorgehenswese aber nicht erforderlich. Es reicht völlig aus, sich klarzumachen, dass bei einer aufgeschobenen Tontine der zu maximierende Betrag erst eine Periode nach Ablauf des Aufschubzeitraumes a zufließt; darum die Bezeichnung E_{a+1}.

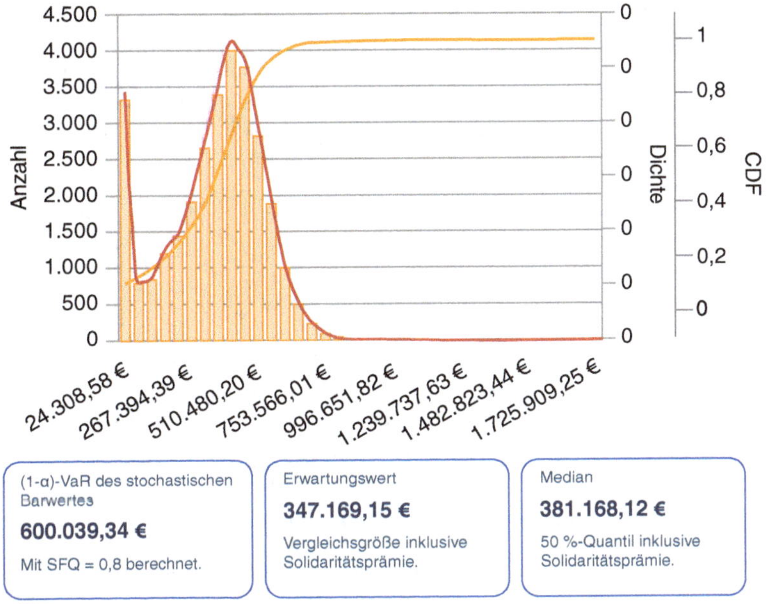

Abb. 10.7 Histogramm des stochastischen Barwertes einer jährlich um 2 % erhöhten monatlichen Zahlung von 4.700 €, welche einer heute 60-jährigen Person ab deren 70. Geburtstag bis an ihr Lebensende bezahlt wird

Beachte, dass der 95 %-VaR einen Wert von 600.039 € hat, also nur knapp über den geforderten 600.000 €. Die Wahrscheinlichkeit, dass das Vermögen vorzeitig aufgebraucht wird, ist somit minimal größer als 5 %. ◄

Der Hintergrund des ausgeprägten Häufigkeitsbalkens in Abb. 10.7 bei Werten von Null (und etwas darüber) ist wie folgt: Sollten Anleger während des Aufschubzeitraumes versterben, dann fließen ja überhaupt keine Zahlungen und der stochastische Barwert ist Null. Leben sie dagegen nur geringfügig länger, dann fließen zwar Beträge, aber nur eine sehr kurze Zeit und der stochastische Barwert ist entsprechend gering.[12]

Abbildung 10.8 zeigt – passend zum letzten Beispiel – für ein konkretes Szenario die Wertentwicklungen einer Anlage mit Tontine-Charakter sowie die einer vergleichbaren „normalen" Anlage; aus beiden wird erst nach Ablauf von zehn Jahren entnommen.

Auch in diesem Szenario ist das Vermögen bei einer „normalen" Anlage vorzeitig aufgebraucht.

[12] Null ist dabei die Untergrenze, denn der stochastische Barwert positiver Auszahlungen kann nicht negativ werden.

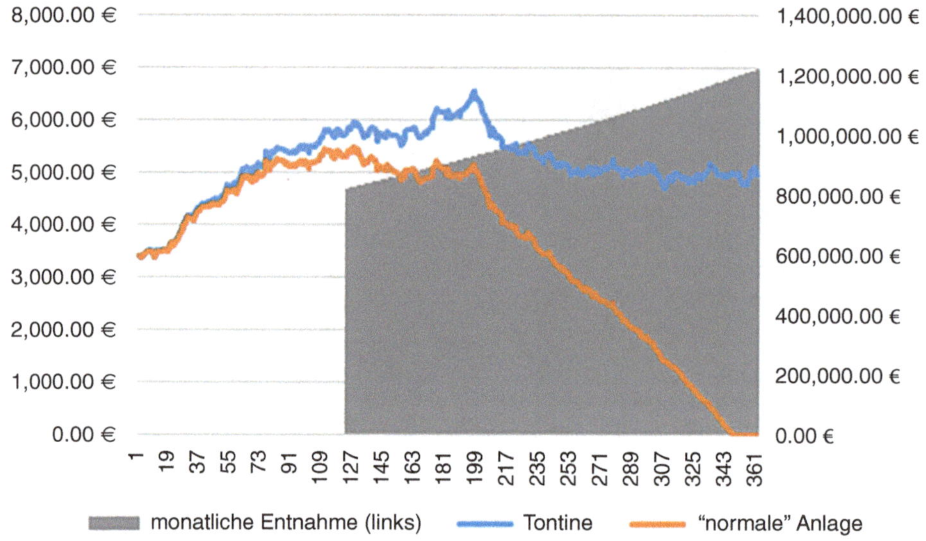

Abb. 10.8 Wertentwicklung-Szenarien für ein anfängliches Vermögen von 600.000 € (angelegt mit und ohne Tontine-Eigenschchaft), aus dem von einer heute 60-jährigen Person mit Beginn ihres 70-ten Lebensjahres anfängliche 4.720 € monatlich entnommen werden, die mit 2 % pro Jahr ansteigen

Konstruktion einer Kombination

In Kapitel 8 hatten wir eine Sofortrente einer Kombination aus aufgeschobener Leibrente und Überbrückungsstrategie gegenübergestellt. Um die entsprechende Kombination zu ermitteln, wurde eine Vorgehensweise in vier Schritten gewählt. Diese Vorgehensweise wollen wir zur Ermittlung einer optimalen Kombination aus aufgeschobener Tontine und Überbrückungsstrategie grundsätzlich beibehalten, passen sie jedoch wie folgt an:

(1) Zunächst wird als Referenz die größtmögliche anfängliche monatliche Zahlung E_{sofort} ermittelt, die man aus einer Sofort-Tontine entnehmen könnte, in die das vorhandene Ruhestandsvermögen V_0 investiert ist. Hierbei muss die Bedingung $(1-\alpha)\,VaR\left(\widetilde{SPV}\right) \leq V_0$ erfüllt sein, d. h. das Vermögen muss mit einer Wahrscheinlichkeit von $(1-\alpha)$ ausreichen.

(2) Danach bestimmt man den erforderlichen Anlagebetrag V_0^a in eine um a Jahre aufgeschobene Tontine, die nach Ablauf des Aufschubzeitraumes dieselben Auszahlungen leistet wie die Sofortrente. Dabei soll ebenfalls mit $(1-\alpha)$-Wahrscheinlichkeit sicherstellt sein, dass das Vermögen ausreicht. Es gilt daher: $V_0^a = (1-\alpha)\%VaR\left(\widetilde{SPV}\right)$, d. h. der in die aufgeschobene Tontine anzulegende Betrag V_0^a entspricht dem $(1-\alpha)$-Value at Risk des stochastischen Barwertes eines nach Ablauf von a Jahren fließenden (und dann um i % jährlich erhöhten) Zahlungsstromes mit einem Anfangswert von $E_{a+1} = E_{\text{sofort}}e^{ia}$.

(3) Anschließend konstruiert man einen auf a Jahre befristeten Auszahlplan, die „Überbrückungsstrategie". Aus dieser Strategie entnimmt man (fiktiv) dieselben Beträge, die auch durch die Sofortrente möglich wären und ermittelt die Wahrscheinlichkeit, mit der das Vermögen ausreicht, diese Entnahmen a Jahre zu finanzieren.

(4) Schließlich werden die höchstmöglichen (anfänglichen) monatlichen Auszahlungen $\hat{E}$ ermittelt, die aus der Überbrückungsstrategie entnommen werden können, so dass das Vermögen mit $(1-\alpha)$-Wahrscheinlichkeit ausreicht, diese Entnahmen den gesamten Überbrückungszeitraum zu finanzieren.

Für sämtliche Strategien veranschlagen wir jährliche Kosten in Höhe von k % des jeweils vorliegenden Vermögenswertes, die monatlich abgezogen werden. Zudem wird die Solidaritätsprämie pauschal um den Faktor C verringert.[13]

Wie bereits erwähnt, wird – im Gegensatz zur Gegenüberstellung beim Einsatz von Versicherungen – eine Kombination aus aufgeschobener Tontine und Überbrückungsstrategie finanziell gesehen immer etwas schlechter abschneiden als die vergleichbare Sofort-Tontine.[14] Bei gleichem Risikoniveau muss daher mehr investiert werden, oder aber man akzeptiert geringere Auszahlungen. Der einzige Vorteil einer Tontinen-Kombination besteht in der größeren Flexibilität während des Aufschubzeitraumes, in dem über das Vermögen ja völlig frei verfügt werden kann und es sich insbesondere auch vererben lässt. Der Anleger muss sich daher entscheiden, ob er bereit ist, für die größere Flexibilität der Kombination eine vorübergehende Absenkung der Entnahmen hinzunehmen oder mehr dafür zu bezahlen.

Um die Unterschiede auch quantitativ deutlich herauszuarbeiten, deklinieren wir die skizzierte Vorgehensweise im Folgenden anhand konkreter Zahlen durch. Als ausreichendes Sicherheitsniveau wählen wir dabei durchgehend $(1 - 0{,}05) = 0{,}95 = 95\ \%$, als jährlichen Wertpapierkostensatz $k = 0{,}01 = 1\ \%$ und als Tontinenabschlag $C = 0{,}20 = 20\ \%$.

1. *Schritt: Ermittlung der anfänglichen monatlichen Zahlung E_{sofort} aus einer Sofort-Tontine.*
   Hierfür können wir unmittelbar an Beispiel 10.3 und Abb. 10.5 anknüpfen. Dort hatten wir für eine Sofort-Tontine, in die 600.000 € investiert wurden, einen ersten monatlichen Entnahmebetrag von $E_{\text{sofort}} = 2.240$ € ermittelt. Es gilt somit: $V_0 = 600.000$ €, $E_{\text{sofort}} = 2.240$ €.
2. *Schritt: Ermittlung des erforderlichen Anlagebetrages V_0^a in eine um a Jahre aufgeschobene Tontine, die nach Ablauf des Aufschubzeitraumes mit $(1-\alpha)$ %-Wahrscheinlichkeit dieselben Auszahlungen leistet wie die Sofortrente.*

Unterstellen wir eine Inflation von $i = 2\ \%$ und einen Aufschubzeitraum von $a = 10$ Jahren, dann muss die aufgeschobene Tontine eine erste Entnahme von $2.240\ € \ e^{0{,}02*10} = 2.736$ € erlauben (ein Betrag, der anschießend ebenfalls um 2 % p. a. erhöht wird). Der in Abbildung

[13] In Kapitel 8 repräsentierte C eine Versicherungsmarge, hier dagegen einen pauschalen Abschlag auf die Solidaritätsprämie, um den Effekt einer adversen Selektion bei der Zusammensetzung des Tontine-Pools zu berücksichtigen.

[14] Darum ist – wie sich noch zeigen wird – die in Punkt 3 zu ermittelnde Wahrscheinlichkeit geringer als das geforderte Sicherheitsniveau.

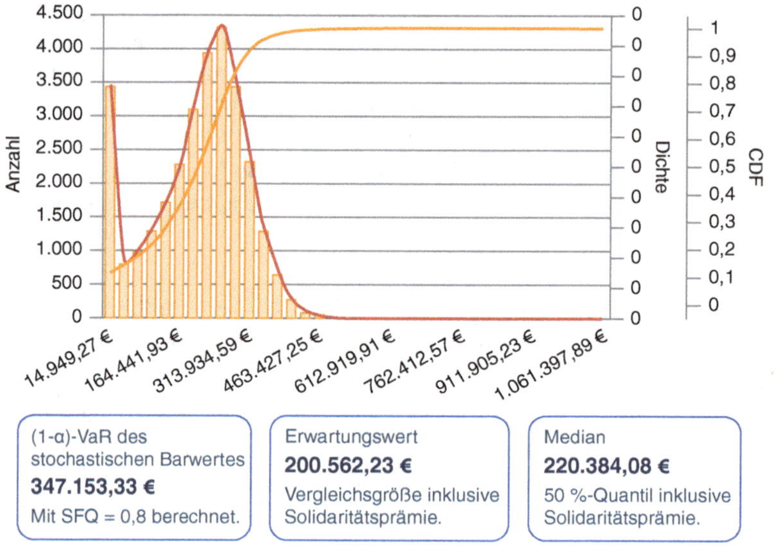

Abb. 10.9 Histogramm des stochastischen Barwertes einer jährlich um 2 % erhöhten monatlichen Zahlung von anfänglich 2.736 €, welche einer heute 60-jährigen Person ab deren 70. Geburtstag bis an ihr Lebensende bezahlt wird. Ansonsten gelten die Parameter des letzten Beispiels

10.9 dargestellteVerteilung des stochastischen Barwertes dieser Auszahlungen aus einer um 10 Jahre aufgeschobenen Tontine kann entnommen werden, wie hoch das erforderliche Anlagevolumen ist.

Der 95 %-*VaR* des stochastischen Barwerts beträgt 347.153 €. Dieser Betrag reicht somit mit 95 % Wahrscheinlichkeit aus, ab 70 eine um 2 % jährlich steigende Entnahme von anfänglich 2.736 € ein Leben lang zu finanzieren. Damit steht aber auch der Betrag fest, der in die aufgeschobene Tontine investiert werden muss: $V_0^a = 95\% VaR\left(\widetilde{SPV}\right) = 347.153$ €.

3. *Schritt: Ermittlung der Wahrscheinlichkeit, mit der eine Überbrückungsstrategie in der Lage ist, während des Aufschubzeitraumes dieselben Auszahlungen zu finanzieren, wie sie auch die Sofort-Tontine bietet.*
   Da insgesamt 600.000 € zur Verfügung stehen und für die aufgeschobene Tontine 347.769 € ausgegeben werden müssen, bleiben für die Überbrückungsstrategie noch 600.000 € – 347.153 € = 252.847 € übrig. Eine Monte-Carlo-Simulation mit 30.000 Iterationen ergibt eine Wahrscheinlichkeit von knapp 49 %, dass dies ausreicht, die ersten zehn Jahre dieselben Beträge zu finanzieren, wie sie auch eine Sofortrenten bietet, sprich anfängliche 2.240 € pro Monat. Die Entnahmen aus der Überbrückungsstrategie müssen daher abgesenkt werden.
4. *Schritt: Bestimmung der höchstmöglichen (anfänglichen) monatlichen Auszahlungen $\hat{E}$, die aus der Überbrückungsstrategie entnommen werden können, so dass das Vermögen mit einer vorzugebenden Wahrscheinlichkeit von $(1 - \alpha)$ ausreicht.*

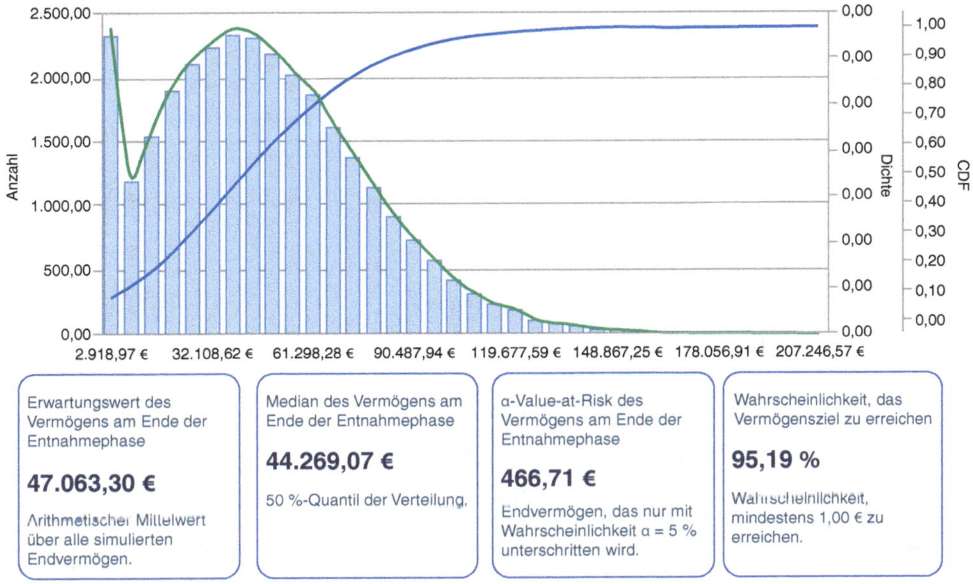

Abb. 10.10 Histogramm des in die Überbrückungsstrategie investierten Vermögens nach Ablauf von zehn Jahren bei einer mit 2 % jährlich ansteigenden Entnahme von anfänglich 1.950 € pro Monat. Es gelten die Parameter der letzten Beispiele

Für diese Aufgabe kann dieselbe Methode herangezogen werden, die bereits in Kapitel 8 verwendet wurde [vgl. Optimierungskalkül (8.2) in Kapitel 8]. Dabei ergibt sich ein anfänglicher monatlicher Entnahmebetrag von 1.950 €.

Abbildung 10.10 zeigt die Verteilung der entsprechenden Anlage nach zehn Jahren.

Da die Wahrscheinlichkeit eines nicht ganz ausreichenden Überbrückungsvermögens auch bei einer anfänglichen Entnahme von „nur" 1.950 € pro Monat nicht ganz Null ist, muss für den Fall extrem negativer Marktentwicklungen mit einem vorzeitigen Verzehr gerechnet werden Selbst dann handelt es sich aber nur um eine vorübergehende Finanzierungslücke, da ja nach Ablauf der Überbrückungsphase in jedem Fall die Auszahlungen aus der aufgeschobenen Tontine von anfänglich 2.736 € monatlich zur Verfügung stehen.

Die beiden Grafiken in Abbildung 10.11 zeigen den wahrscheinlichsten Fall eines ausreichenden (oben) sowie den höchst unwahrscheinlichen Fall eines vorzeitig verbrauchten Überbrückungsvermögens (unten). Die untenstehende Grafik unterstreicht exemplarisch, dass eine etwaige Versorgungslücke – wenn sie denn überhaupt entsteht – nur von kurzer Dauer ist

In der Tabelle (Abbildung 10.12) sind sämtliche der in den Kapiteln 8 und 10 besprochenen Alternativen gegenübergestellt.

Die Zahlen machen deutlich: Wenn das Langlebigkeitsrisiko mit Hilfe von Versicherungen abgesichert wird, dann ist eine Kombination in jedem Fall vorzuziehen. Denn neben ihrer grundsätzlich größeren Flexibilität ist eine Kombination auch rein finanziell überlegen.

Hier liegt der wesentliche Unterschied zur Situation, in der die Absicherung mit einer Tontine-Anlage angestrebt wird. Nun ist es eine individuelle Entscheidung jeder

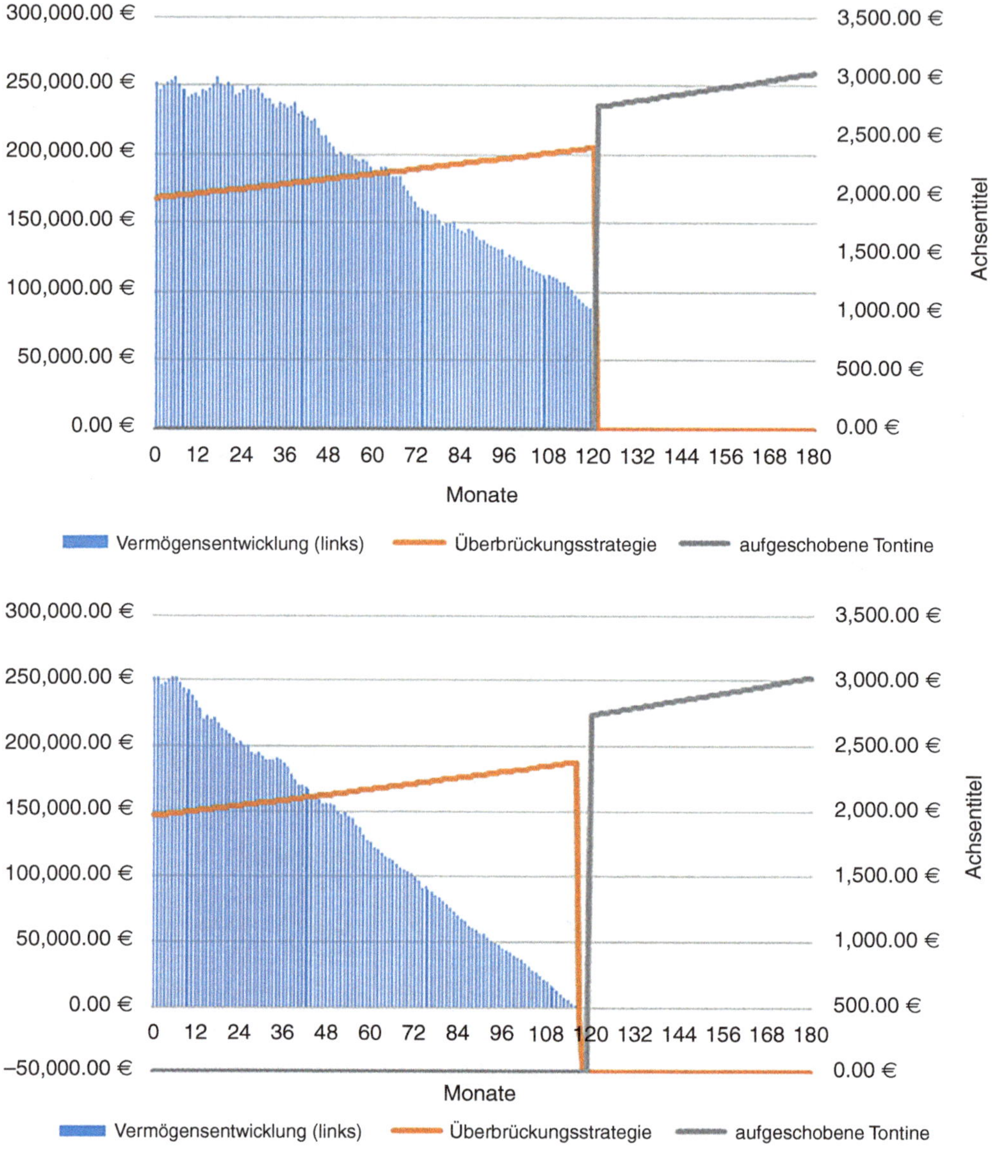

Abb. 10.11 Alternative Entwicklungen des in die Überbrückungsstrategie investierten Vermögens bei einer mit 2 % p. a. anwachsenden Auszahlung von anfänglich 1.950 € pro Monat: Einmal der höchstwahrscheinliche Fall ausreichenden Vermögens (oben), anderenfalls der mit (knapp) vorzeitigem Verzehr. Gezeigt werden zudem die Auszahlungen aus der aufgeschobenen Tontine für anschließende 60 Monate

Abb. 10.12 Vergleich sämtlicher in den Kapiteln 8 und 10 besprochenen Entnahmestrategien für eine 60-jährige Anlegerin, welche ihren Ruhestand mit einem Vermögen von 600.000 € finanzieren möchte, die ihr bei Rentenantritt zur Verfügung stehen

Art des Entnahmeplans	Eigenschaften	Risiken	Kennzahlen des Beispiels (Anlage von 600.000€)
Wertpapierbasierter Entnahmeplan mit Lebenserwartung als Anlage-horizont	Höhere Auszahlungen möglich / Hohe Vermögenswerte am Ende des Planungshorizontes wahrscheinlich	„Langlebigkeitsrisiko" nicht zufriedenstellend adressiert	1.750€ pro Monat, mit 2 % p.a. ansteigend (95 % Konfidenz, Risikopuffer 60.000€) $E(\tilde{W}_{25}) = 411.954€$ $Med(\tilde{W}_{25}) = 380.074€$
Sofortrente einer Versicherung (theoretische Werte, kalkulierte Marge von 20 %)	Geringe Auszahlungen / Im Falle des Todes geht Vermögen an Versicherung	„Langlebigkeitsrisiko" rechtlich abgesichert	1.782€ pro Monat, mit 2 % p.a. ansteigend. nach 10 Jahren: 2.176€ pro Monat, weiter mit 2 % p.a. ansteigend
Wertpapierbasier ter Entnahmeplan ($S\tilde{P}V$-Be dingung: Das Vermögen muss am Lebensende mit einer Wahrscheinlichkeit von (1-α) noch positiv sein)	Vermögen verbleibt zu jedem Zeitpunkt bei Anleger / Hohe Vermögenswerte am Lebensende wahrscheinlich	„Langlebigkeitsrisiko" statistisch faktisch abgesichert	1.700€ pro Monat, mit 2 % p.a. ansteigend (95 % Konfidenz)
Sofort-Tontine	Hohe Auszahlungen / im Todesfall geht das Vermögen an die Tontine-Gemeinschaft	„Langlebigkeitsrisiko" statistisch faktisch abgesichert	2.240€ pro Monat, mit 2 % p.a. ansteigend
Kombination aus befristeten Entnahmeplan und aufgeschobener Leibrente einer Versicherung	Höhere Auszahlungen möglich / Im Falle des Todes geht Vermögen nur teilweise an Versicherung / Hohe Vermögenswerte am Ende des Überbrückungszeitraum s wahrscheinlich	„Langlebigkeitsrisiko" rechtlich abgesichert / Geringes Restrisiko, dass Vermögen nicht ausreicht, die Entnahmen den gesamten Überbrückungszeitraum zu finanzieren	In der Überbrückungsphase: 1.860€ pro Monat, mit 2 % p.a. ansteigend. Nach 10 Jahren: 2.176€ pro Monat, weiter mit 2 % p.a. steigend (analog der Sofortrente) $V_0^a = 359.405€$ $W_0 = 240.595€$
Kombination aus befristetem Entnahmeplan und aufgescho bener Tontine	Höher Auszahlungen möglich / im Todesfall geht das Vermögen nur teilweise an die Solidargemeinschaft / Hohe Vermögenswerte am Ende des Über brückungszeitraumes sehr wahrscheinlich	„Langlebigkeitsrisiko" statistisch faktisch abgesichert / Geringes Restrisiko, dass Vermögen nicht ausreicht, die Entnahmen den gesamten Über brückungszeitraum zu finanzieren	1.950€ pro Monat, mit 2 % p.a. ansteigend / nach 10 Jahren 2.736€ pro Monat, weiter mit 2 % p.a. ansteigend $V_0^a = 347.153€$; $W_0 = 252.847€$ $E(\tilde{W}_{10}) = 47.063€$ $Med(\tilde{W}_{10}) = 44.269€$

Anlegerin, ob sie im Gegenzug zur größeren Flexibilität einer Kombination bereit ist, eine vorübergehende Absenkung der Entnahmen während der Überbrückungsphase zu akzeptieren.[15] Doch unabhängig davon, wie diese Entscheidung ausfällt: Tontinen sind den entsprechenden Versicherungslösungen immer überlegen.

Tontinen in der Ansparphase

Bisher haben wir Tontinanlagen fast ausschließlich im Zusammenhang mit der Entnahmephase thematisiert. Aufgrund der in späteren Lebensjahren stark ansteigenden Solidaritätsprämie sind Tontinen in dieser Phase auch am nützlichsten.

Trotzdem können vor allem aufgeschobene Tontinanlagen auch in der Ansparphase eine konstruktive Rolle spielen, denn sie bieten vor allem jüngeren Anlegerinnen und Anlegern eine günstige Möglichkeit, sich des Langlebigkeitsrisikos ein für allemal zu entledigen. Der Hintergrund hierbei sind die mit einer entsprechenden Anlage verbundenen extrem langen Anlagehorizonte sowie der sich dadurch so richtig entfaltende Zinseszinseffekt.

Um zu verdeutlichen, wie stark dieser Effekt tatsächlich wirkt, unterstellen wir eine Verzinsung von 5 % p. a. und ermitteln für eine 35-jährige weibliche Person, welchen Einmalbetrag bzw. welche Sparleistung sie aufbringen muss, um sich ab 85 eine gleichbleibende monatliche Zahlung von 4.000 € zu sichern.

Hierzu verwenden wir die aktuarischen Barwertfaktoren des Leibrentenrechners des Statistischen Bundesamtes. Da in dessen Kalkulationen keine Versicherungsmargen enthalten sind, stellen sie eine gute Approximation der für Tontineanlagen geltenden aktuarischen Barwertfaktoren dar.

Welcher Einmalbetrag ist erforderlich?

Da die Dame unseres Beispiels 35 Jahre alt ist und die Zahlungen erst ab ihrem 85. Lebensjahr zufließen sollen, benötigen wir den aktuarischen Barwertfaktor für eine um 50 Jahre aufgeschobene Tontine bzw. Leibrente. Gemäß Leibrentenrechner beträgt er: ${}_{35}ABWF_{50}$ = 0,254. Damit muss sie, um ab 85 eine monatliche Rente von 4.000 € zu erhalten, aktuell (d. h. im Lebensalter von 35) einen Betrag von 4.000 €*12*0,254 = 12.192 € bezahlen.

Wie hoch ist die entsprechende Sparleistung?

Da der Betrag unter der Annahme kalkuliert ist, dass er sofort bezahlt wird, entspricht die Umrechnung in eine monatliche Zahlung letztlich einem Kredit, der vom 35-sten bis zum 65-sten Lebensjahr verzinst und getilgt werden muss. Unterstellen wir für diesen ebenfalls eine Verzinsung von 5 %, dann entspricht dies gemäß Formel (2.2) aus Kapitel 2 dem Betrag $\frac{12.192(1{,}05)^{30}}{\left[(1{,}05)^{30}-1\right]\frac{1}{0{,}05}} = \frac{52.693}{66{,}44} = 793$ € p. a., bzw. einer monatlichen Zahlung von 793 €/12 = 66 €.

[15] Bzw. für die Kombination entsprechend mehr zu bezahlen.

Die Dame kann sich daher entweder gegen eine Einmalzahlung von 12.192 € oder mit einer monatlichen Zahlung von 66 € über 30 Jahre hinweg ab ihrem 85-sten Lebensjahr eine monatliche Rente von 4.000 € sichern und damit das Thema Langlebigkeitsrisiko ein für allemal abhaken.

Relation zur normalen Spartätigkeit

Ob nun die im letzten Abschnitt ermittelten Beträge als hoch oder gering anzusehen sind, hängt auch davon ab, wie hoch die Sparleistung generell ist, die für die Altersvorsorge gedacht ist. Daher ermitteln wir, welche Sparleistung erforderlich ist, um für den Zeitraum von 65 bis 85 eine Entnahme von 4.000 € monatlich finanzieren zu können. Hierfür benötigt man zunächst den Betrag, der hierfür mit 65 zur Verfügung stehen muss. Bei einem Zinssatz von 5 % ergibt sich dieser Wert entsprechend Formel (2.3) aus Kapitel 2 wie folgt:

$$4.000\,€ * 12 * \left[(1{,}05)^{30} - 1\right]\frac{1}{0{,}05} = 598.186\,€.$$

Dieser Betrag rechnet sich wie folgt in eine monatliche ab 35 fließende Sparleistung um:

$$S = \frac{598.186\,€}{\left[(1{,}05)^{30} - 1\right]\frac{1}{0{,}05}} = 9.004\,€ \text{ p. a. bzw. } 9.004/12 = 750\,€ \text{ pro Monat.}$$

Vergleicht man nun diesen Wert mit dem Betrag, der aufgebracht werden muss, um dasselbe Einkommen ab dem 85-ten Lebensjahr sicherzustellen, wird deutlich, wie attraktiv diese Form der Absicherung des Langlebigkeitsrisikos tatsächlich ist: Rund 10 % der ohnehin nötigen Sparleistung reichen aus, um es auszuschalten.

Abschließende Bemerkungen 11

Mit diesem Kapitel geht gewissermaßen eine Reise durch das weite Land der Finanz und Ruhestandsplanung zu Ende. Wie bei den meisten Reisen konnten nicht wirklich alle interessanten Plätze besucht werden. Man hätte also durchaus auch eine andere Route wählen können. Trotzdem hat der Autor versucht, die seiner Meinung nach wichtigsten Ziele anzusteuern, insbesondere solche, an denen zugleich finanz- und versicherungsmathematische Konstruktionen betrachtet werden können.

11.1 Eine kurze Nachbetrachtung

Beginnend bei einfachen finanzmathematischen Fragestellungen unter Sicherheit (Kapitel 2) führte die Reise zu einem allgemein anerkannten Modell der Entwicklung menschlicher Sterblichkeit (Kapitel 3) und direkt anschließend zu einem Knotenpunkt, an dem durch die gemeinsame Anwendung finanzwirtschaftlicher und aktuarwissenschaftlicher Methoden die Barwerte lebenslang geleisteter Zahlungen berechnet werden (Kapitel 4). Nach einem kurzen Abstecher zu den unterschiedlichen Gestaltungsmöglichkeiten für einen Entnahmeplan (Kapitel 5) ging es zur Frage, wie Aktienquoten auf rationaler Grundlage festgelegt werden können (Kapitel 6). Abschließend wurde in den verbleibenden Kapiteln gewissermaßen ein Resümee der Reise gezogen und die gewonnenen Erkenntnisse zu einem schlüssigen Konzept einer quantitativen Ruhestandsplanung verdichtet, sowohl für die Anspar- (Kapitel 7) als auch die Entnahmephase (Kapitel 8 und 10). Kapitel 9 stellt insofern eine Besonderheit dar, da hier eine Anlageform vorgestellt wurde – die sogenannte Tontine –, die bis dato erst in Ansätzen zur Verfügung steht, aber das große Potenzial hat, die desolate Situation der Alterssicherungssysteme in vielen Ländern deutlich zu verbessern.

11.2 Zur Robustheit der Resultate

Insbesondere die in den Kapiteln 7, 8 und 10 ermittelten Spar- und Entnahmebeträge sind das Ergebnis intertemporaler stochastischer Optimierungen, welche jeweils die gesamte Anspar- bzw. Auszahlphase umfassen. Dabei wird implizit unterstellt, dass die

S. May, *Aktuarisch fundierte Ruhestandsplanung*,
https://doi.org/10.1007/978-3-658-51938-4_11

zugrundeliegenden Parameter, wie beispielsweise Aktienquoten oder Risikopräferenzen, über den gesamten Zeitraum unverändert bleiben. Das ist jedoch in der Realität nicht der Fall. Stattdessen verändern sie sich mit der Zeit bzw. sollten in regelmäßigen Abständen an sich verändernde Umstände hinsichtlich Alter, Risiko- und Zeitpräferenzen, Vermögenswerten, usw. angepasst werden, so dass die optimalen Spar- bzw. Entnahmebeträge auf jeweils veränderter Grundlage erneut ermittelt werden können. Solche dynamischen Anpassungen von Optimierungskalkülen an sich wandelnde Rahmenbedingungen bewirken grundsätzlich bessere Ergebnisse. Man kann daher davon ausgehen, dass sich die mit Hilfe der dargestellten Methoden und Optimierungskalküle ermittelten Sparleistungen und Auszahlbeträge sowie die damit verbundenen Risiken in der Praxis als wesentlich günstiger herausstellen werden. Aus diesem Grund halten wir das in den Optimierungsbeispielen durchgängig verwendete Konfidenzniveau von 95 % auch im Rahmen realer Anwendungen für eine geeignete Größe, obwohl ein akzeptiertes Risikolevel von 5 % zunächst vielleicht als sehr hoch erscheinen mag. Die tatsächlichen Risiken werden sich in der Praxis als deutlich geringer erweisen.

Eine zentrale Empfehlung in diesem Buch besteht darin, im Rahmen einer fundierten Ruhestandsplanung den Anteil an Versicherungsannuitäten möglichst gering zu halten.[1] Sollte die in Kapitel 9 beschriebene Tontine-Anlage auch in Deutschland Realität werden, kann man im Rahmen einer Ruhestandsplanung sogar vollständig auf Versicherungen verzichten. Solange das aber nicht der Fall ist, sind nicht deren Sofortrenten das Mittel der Wahl, sondern die in den Kapiteln 4 und 8 ausführlich beschriebene Kombination aus aufgeschobener Leibrente und einer befristeten, kapitalmarktgestützten „Überbrückungsstrategie“.

Damit sich die Situation der privaten Altersvorsorge in Deutschland wirklich nachhaltig verbessert, kann man nur hoffen, dass von den Versicherungen verstärkt aufgeschobene Leibrenten angeboten werden und das gesamte Angebotsspektrum endlich auch durch Tontinanlagen ergänzt wird.

[1] Ausdrücklich sind damit nur kapitalgebundene Versicherungen gemeint und keinesfalls Risikoversicherungen.

Anhang 1: Ausgewählte aktuarische Barwertfaktoren

		Aktuarische Barwertfaktoren für Aufschubzeiträume von ...				
Aktuelles Alter	Lebens-erwartung	0 Jahren (= Sofortrente)	7 Jahren	10 Jahren	20 Jahren	22 Jahren
45	*84*	34,98 (24,18)	24,48 (17,79)	20,74 (15,40)	11,04 (8,79)	9,55 (7,71)
50	*84*	31,08 (22,27)	21,10 (15,89)	17,59 (13,53)	8,63 (7,11)	7,29 (6,08)
60	*85*	23,38 (17,99)	14,50 (11,71)	11,47 (9,45)	4,29 (3,76)	3,43 (2,96)
65	*86*	19,69 (15,68)	11,37 (9,50)	8,63 (7,35)	2,57 (2,31)	1,86 (1,69)
67	*86*	18,26 (14,75)	10,18 (8,61)	7,56 (6,52)	1,99 (1,82)	1,39 (1,28)
70	*87*	16,18 (13,34)	8,47 (7,30)	6,05 (5,31)	1,28 (1,18)	0,83 (0,77)
80	*90*	10,05 (8,82)	3,71 (3,38)	2,12 (1,96)	0,12 (0,11)	0,05 (0,047)
85	*88*	7,55 (6,81)	2,04 (1,89)	0,95 (0,90)	0,0146 (0,0142)	0,0039 (0,0038)
90	*95*	5,49 (5,07)	0,91 (0,86)	0,31 (0,29)	0,0006 (0,0006)	0,0001 (0,0001)

Die dargestellten Werte sind Lösungen der Gleichungen (4.4) für Sofortrenten und (4.4a) für aufgeschobene Leibrenten. Die Altersstufen und Aufschubzeiträume wurden so gewählt, dass sämtliche Beispiele des Buches nachvollzogen werden können. Als Verzinsung wurde 2,5 % und als Inflationsrate 2 % unterstellt. Sämtliche Zahlungen wachsen monatlich anteilig mit dieser Rate. Die Parameter des zugrundeliegenden Gompertz-Makeham-Modells lauten: $m = 89$ und $b = 10$. Die Werte in Klammern gelten für konstante Zahlungen.

S. May, *Aktuarisch fundierte Ruhestandsplanung*,
https://doi.org/10.1007/978-3-658-51938-4

Wie im Text ausführlich dargestellt, kann ein bestimmter Geldbetrag durch Multiplikation mit dem Kehrwert des Barwertfaktors in eine jährlich bis ans Lebensende bezahlte Zahlung umgewandelt werden. Der Kehrwert eines Barwertfaktors ist aber nichts anderes als ein Prozentsatz, sprich eine Art Verzinsung, die mit Zinsätzen alternativer Anlagen verglichen werden kann. Nehmen wir als Beispiel den aktuarischen Barwertfaktor in Höhe von 15,68 für eine sofort einsetzende, gleichbleibende Zahlung an eine 65-jährige Person. Der entsprechende Kehrwert ist 1/15,68 = 0,063775 ≈ 6,38 %. Für 100.000 € erhält man also lebenslang 6.380 € jährlich. Dies kann nun mit den Zinssätzen alternativer Anlagen verglichen werden, z. B. mit 30-jährigen Anleihen der Bundesrepublik Deutschland, die aktuell (Januar 2026) eine Verzinsung von aktuell 3,4 % abwerfen. Die Differenz von 2,98 % lässt sich als jährliche Prämie dafür interpretieren, dass man im Falle des Ablebens auf sein Vermögen verzichtet.

Die Interpretation der dynamischen Barwertfaktoren ist etwas verwickelter. Nehmen wir als Beispiel wieder eine 65-jährige Person. Der aktuarische Barwertfaktor beträgt 19,69, sein Kehrwert 1/19,69 = 0,050787 ≈ 5,08 %. Gegen Hingabe von 100.000 € erhält man demnach eine anfängliche Zahlung in Höhe von 5.080 € jährlich, die jedes Jahr um einen bestimmten Prozentsatz (hier: 2 %) ansteigt. Oder anders ausgedrückt: Jedes Jahr erhält man einen um 2 % (nicht Prozentpunkte!) höheren Zinssatz. Da Kapitalmarktanlagen üblicherweise feste Zinssätze aufweisen, ist ein unmittelbarer Vergleich schwierig; allenfalls inflationsindexierte Anleihen bieten sich an. So beträgt beispielsweise die aktuelle (Januar 2026) Rendite einer inflationsindexierten Anleihe der Bundesrepublik Deutschland 1,30 %, die Differenz zur „aktuarischen Verzinsung" beträgt somit 3,78 %. Eine Interpretation als Prämie wäre allerdings nur dann zulässig, wenn der Markt eine langfristige Durchschnittsinflation von 2 % p. a. erwarten würde.

Anhang 2: „Beweis" des Stochastischen-Barwert-Resultats

Zu zeigen ist, dass $\widetilde{SPV}_{\tilde{T}} \langle\, V_0 \Leftrightarrow V_{\tilde{T}} \rangle 0$ für beliebige Realisierungen von Lebensspannen und Periodenrenditen gilt. Hierzu betrachten wir ohne Beschränkung der Allgemeinheit die Realisierungen der stochastischen Größen: $\tilde{T} \to T$ und $\tilde{r}_t \to r_t\ \forall\, t$. Aus $\widetilde{SPV}_{\tilde{T}} < V_0$ wird daher $SPV_T < V_0$ und aus $V_{\tilde{T}} > 0$ wird $V_T > 0$.

Zunächst halten wir fest, dass sich die Bedingung $SPV_T < V_0$ wie folgt schreiben lässt:

$$SPV_T = E_1 e^{-r_1} + E_2 e^{\sum_{i=1}^{2} r_i)} + E_3 e^{-\left(\sum_{i=1}^{3} r_i\right)} + \ldots\ E_T e^{-\left(\sum_{i=1}^{T} r_i\right)} < V_0 \tag{1}$$

Die Bedingung $V_T > 0$ dagegen als:

$$V_T = \{\ldots\ \{\langle[(V_0 e^{r_1} - E_1) e^{r_2} - E_2] e^{r_3} - E_3\rangle e^{r_4} - E_4\}\ \ldots..\} e^{r_T} - E_T > 0 \tag{2}$$

Hierbei entspricht der Ausdruck in der runden Klammer von (2) dem Vermögen nach der ersten Periode V_1, der Ausdruck in der eckigen Klammer dem Vermögen nach der zweiten Periode V_2, der in der dreieckigen Klammer dem nach der dritten Periode V_3, der in der geschweiften Klammer dem nach der vierten Periode V_4 usw., bis hin zum am Ende der Periode T vorliegenden Vermögen V_T.

Nun formen wir (2) so um, dass der Ausdruck identisch mit der Ungleichung (1) ist. Hierzu multiplizieren wir zunächst sämtliche Klammerausdrücke auf der rechten Seite von (2) aus:

$$V_0 e^{\left(\sum_{i=1}^{T} r_i\right)} - E_1 e^{\left(\sum_{i=2}^{T} r_i\right)} - E_2 e^{\left(\sum_{i=3}^{T} r_i\right)} - \ldots - E_{T-1} e^{r_T} - E_T > 0$$

Dann bringen wir alle Terme mit negativem Vorzeichen auf die rechte Seite:

$$V_0 e^{\left(\sum_{i=1}^{T} r_i\right)} > E_1 e^{\left(\sum_{i=2}^{T} r_i\right)} + E_2 e^{\left(\sum_{i=3}^{T} r_i\right)} + \ldots + E_{T-1} e^{r_T} + E_T$$

S. May, *Aktuarisch fundierte Ruhestandsplanung*,
https://doi.org/10.1007/978-3-658-51938-4

Wenn wir nun den gesamten Ausdruck mit $\frac{1}{e^{\left(\sum_{i=1}^{T} r_i\right)}}$ durchmultiplizieren, erhalten wir Ungleichung (1):

$$V_0 > E_1 e^{-r_1} + E_2 e^{-\left(\sum_{i=1}^{2} r_i\right)} + \ldots + E_{T-1} e^{-\left(\sum_{i=1}^{T-1} r_i\right)} + E_T e^{-\left(\sum_{i=1}^{T} r_i\right)}$$

Damit ist gezeigt, dass für jede beliebige Realisierung der Zufallsvariablen $\tilde{T}$ und $(\tilde{r}_1; \tilde{r}_2 \ldots \tilde{r}_{\tilde{T}})$ der stochastische Barwert dann und nur dann kleiner als das Anfangsvermögen ist, wenn auch das Endvermögen größer Null ist, d. h. es gilt: für alle denkbaren Szenarien $\widetilde{SPV}_{\tilde{T}} \langle V_0 \Leftrightarrow V_{\tilde{T}} \rangle 0$. Damit folgt aber auch: $W\left(\widetilde{SPV}_{\tilde{T}} < V_0\right) = W(V_{\tilde{T}} > 0)$·

Literatur

Agnew, J. R., Anderson, L. R., Gerlach, J. R., Szykman, L. R., 2008, Who chooses Annuities? An experimental Investigation of the Role of Gender, Framing and Defaults, 2008, American Economic Review, 98(2), S. 418–422.

Akerlof, G. A., 1970, The Market for "Lemons": Quality Uncertainty and the Market Mechanism, Quarterly Journal of Economics, 84(3), S. 488–500.

Bodie, Z., Merton, R. C., Samuelson, W. F., 1992, Labor Supply Flexibility and Portfolio Choice in a Life Cycle-Model, Working Paper Nr. 3954, National Bureau of Economic Research, Cambridge, USA.

Charupat, N., Huang, H., Milevsky, M. A., 2012, Strategic Financial Planning over the Life Cycle, Cambridge University Press.

Ciecka, J. E., 2008, The first mathematically correct life annuity valuation formula, Journal of Legal Economics, Vol. 15(1), 59–63.

Deutsche Aktuarvereinigung e.V., 2018, Herleitung der DAV-Sterbetafel 2004R für Rentenversicherungen, Köln.

Donnelly, C., 2014, Quantifying Mortality Risk in Small Defined-Benefit Pension Schemes, Scandinavian Actuarial Journal, 1, S. 41–57.

Dunham, L. M., Washer, K. M., 2020, Using Life Tables for Retirement Planning, The Journal of Wealth Management, 23(3), S. 28–36.

Finke, M., Fichtner, J. J., 2022, Employee Opinions about Partial Annuitization in a Retirement Plan, The Journal of Retirement, 9(3), S. 9–31.

Fisher, I., 1930, The theory of interest: As determined by impatience to spend income and opportunity to invest, The Macmillan Company.

Fisher, I., Fisk, E. L., 1915, How to live: rule for healthful living based on modern science, Funk and Wagnal Company, New York.

Forman, J. B., Fullmer, R. K., Turner, J. A., 2021, Tontines and Collective Annuities: Lessons from an International Survey, NYU Review of Employee Benefits and Executive Compensation.

Fullmer, R., K., 2019, Tontines—a Practitioner's Guide to Mortality-Pooled Investments, CFA Institute Research Foundation.

Fullmer, R. K., Sabin, M. J., 2019, Individual Tontine Accounts, Journal of Accounting and Finance, Vol. 19(8), S. 31 bis 61.

Fullmer, R. K., Turner, J. A., 2022, Robo Tontines, The Journal of Retirement, Summer.

Goldsticker, R., 2007, A Mutual Fund to Yield Annuity-Like Benefits, Financial Analysts Journal, 63(1), 63–67.

Gompertz, B., 1825, On the nature of the function expressive of the law of human mortality and on a new mode of determining the value of life contengencies, Philosophical Transactions of the Royal Society, Vol. 115, 513–585.

S. May, *Aktuarisch fundierte Ruhestandsplanung*,
https://doi.org/10.1007/978-3-658-51938-4

Heitmann, D., Skill, T., Weiß, C., 2022, Finanzmathematik – Eine Einführung für Mathematik, Wirtschaftswissenschaften und Praxis, Springer Gabler.

Kojen, R. S., Nijman, T. E., Werker, B. J., 2011, Optimal Annuity Risk Management, Review of Finance, 15(4), S. 799–833.

Kotlikoff, l. J., Burns, S., 2008, Spend 'til the end: the revolutionary guide to raising your living standard today and when you retire, Simon and Schuster, New York.

Lintner, J., 1965, The Valuation of Risk Assets and the Selection of Risky Investments in Stock Portfolios and Capital Budgets, Review of Economics and Statistics, 47(1), S. 13–37.

Lockwood, L. M., 2012, Bequest Motives and the Annuity Puzzle, Review of Economic Dynamics, 15(2), S. 226–243

Loewenstein, G., Prelec, D., 1991, Negative time preference, American Economic Review, Vol. 81(2), 347–352.

Makeham, W. M., 1890, On the future development of Gompertz's law, Journal of the Institute of Actuaries, Vol. 29, 316–332.

McKeever, K., 2010, A Short History of Tontines, Fordham Journal of Corporate Financial Law, Vol. 15, 2.

Meerten, H., Hooghiemstra, S. N., 2017, PEPP—Towards a Harmonized European Legislative Framework for Personal Pensions, SSRN, Juli.

Merton, R. C., 1990, Continuoustime finance, Blackwell Publishing, Oxford.

Milevsky, M. A., 2010, The 7 most important equations for your retirement, John Wiley & Sons.

Milevsky, M. A., 2015, King William's tontine—why the retirement annuity of the future should resemble its past, Cambridge University Press.

Milevsky, M. A., Salisbury, T. S., 2015, Optimal Retirement Income Tontines, Insurance: Mathematics and Economics, 64, 91–105.

Milevsky, M. A., 2022, How to build a modern tontine, Springer Verlag, open access.

Missov, T. I., Canudas-Romo, V., Lenart, A., Nemeth, L., Vaupel, J. W., 2015, The Gompertz force of mortality in terms of the modal age of death, Demographic Research, 32, 1031–1048.

Mitchell, O. S., Poterba, J. M. Warshawsky, M. J., Brown, J. R., 1999, New Evidence on the money's wortzh of individual annuities, American Economic Review, 89(5), S. 1299–1318.

Newfield, P., 2014, The Tontine: An Improvement on the Conventional Annuity?, The Journal of Retirement, Winter.

Oeppen, J., Vaupel, J. W., 2002, Broken Limits to Life Expectancy, Science, 296, 1029–1031.

Olshansky, S. J., Carnes, B. A., Cassel, C., 1990, In Search of Methusalah: Estimating the Upper Limits to Human Longevity, Science, 250, 634–640.

Peijnenburg, K., Nijman, T., Werker, B. J., 2017, Health Cost Risk: A potential Solution to the Annuity Puzzle, The Economic Journal, 127(603), S. 1598–1625.

Piggott, J., Valdez, E. A., Detzel, B., 2005, The Simple Analytics of a Pooled Annuity Fund, The Journal of Risk and Insurance, Vol. 72(3), S. 497–520.

Ruß, J., Kling, A., Seyboth, A., 2023, Die Rolle der lebenslangen Rente in der geförderten Altersvorsorge, Institut für Finanz- und Aktuarwissenschaften.

Samuelson, P. A., 1969, Lifetime portfolio selection by dynamic stochastic programming, The Review of Economics and Statistics, Vol. 51(3), 239–246.

Sharpe, W., 1964, Capital Asset Prices: A Theory of Market Equilibrium under Conditions of Risk, Journal of Finance, Vol. XIX, 3, S. 425–442.

Stewart, I., 2012, Seventeen equations that changed the world, Profile Books, London.

Weinert, J. H., 2017, The fair surrender value of a tontine, ICIR Working Paper Series, 26/17

Yaari, M. E., 1965, Uncertain lifetime, life insurance, and the theory of the consumer, Review of Economic Studies, Vol. 32, 137–150.

WebSites

https://www.aktuar.de
https://rente.check24.de/
https://service.destatis.de/DE/leibrentenrechner/
https://www.transparent-beraten.de/rechner/sofortrente/
https://www.destatis.de/

Kolibri 360 GmbH
Ferdinand-Jühlke-Straße 7
99095 Erfurt, Deutschland
produktsicherheit@kolibri360.de

DEUTSCHE AKADEMIE DER WISSENSCHAFTEN ZU BERLIN

VORTRÄGE UND SCHRIFTEN
HEFT 64

EDGAR LEHMANN

ALBRECHT PENCK
EINE GEDÄCHTNISREDE

AKADEMIE-VERLAG · BERLIN
1959

Gedächtnisrede,
gehalten anläßlich des 100. Geburtstages
ALBRECHT PENCKS
auf der wissenschaftlichen Sitzung des Plenums
der Deutschen Akademie der Wissenschaften zu Berlin
am 23. Oktober 1958

Erschienen im Akademie-Verlag GmbH, Berlin W 8, Mohrenstraße 39

Lizenz Nr. 202 • 100/721/59
Gesamtherstellung: VEB Druckerei „Thomas Müntzer" Bad Langensalza
Bestell- und Verlagsnummer: 2003/64
Preis: DM 2,—
Printed in Germany
E S 15 B

Albrecht Penck

Eine Gedächtnisrede

von Edgar Lehmann

Die ehrenvolle Aufforderung, anläßlich des 100. Geburtstages Albrecht Pencks ein Wort des Gedenkens zu sprechen, würde gewiß auch von einem Berufenen schwierig zu erfüllen sein. Bedeutend und vielfältig ist, was die Wissenschaft aus dem Leben Albrecht Pencks empfing. Was er wirkte, wächst in der Gegenwart weiter. Die Pioniertaten, die Albrecht Penck als Geomorphologe und als Physiogeograph, als Kartenwissenschaftler und als Länderkundler vollbrachte, sind zu einem guten Teil in die allgemeine Wissenschaftsleistung als ein so fester Bestandteil eingegangen, daß die Entwicklungslinien, die auf ihn zurückgehen, neu aufgespürt sein wollen. Der Versuch, dies im Rahmen einer Gedächtnisstunde zu tun, ist angesichts der Größe und Bedeutung des wissenschaftlichen Vermächtnisses, das uns Albrecht Penck überließ, zum Scheitern verurteilt. Es kann nur versucht werden, das Eigentümliche und das Einzigartige seines Wesens an einigen Beispielen seiner Denk- und Arbeitsweise in die Erinnerung zu bringen.

Albrecht Pencks Lebenswerk ist ein Ganzes — so wie es die Geographie als Wissenschaft selbst ist, deren Charakter er in mannigfacher Weise gefestigt hat. Sein scharf profiliertes Werk ist aus einem Guß und hat schon darum einen harmonischen Klang. Albrecht Penck hat durch eigene Forschungen die geographische Wissenschaft in allen ihren Zweigen zu einem bedeutenden Fortschritt geführt. Worum Penck als junger Eiszeitforscher in den 2 letzten Jahrzehnten des vorigen Jahrhunderts kämpfte, ist sicherer Besitz der Wissenschaft geworden. Es ist auch heute noch sehr anregend, seine ältesten Veröffentlichungen zu lesen, ihm Schritt um Schritt bei der harten Arbeit zu folgen und zu sehen, wie er den Grundstein für eigene, weitgespannte Forschungen legte. Die Einfachheit seiner Gedanken gibt sich frühzeitig als der Schlüssel seiner geistigen Größe zu erkennen. Sie nehmen später zu einem guten Teil einen geradezu klassischen Zug an.

Zwei große Forschungskreise sind es, die auf alle Zeit mit Albrecht Pencks Namen verbunden sein werden, weil er in ihnen Größtes erreichte: die Eiszeitlehre und die Geomorphologie. Albrecht Penck hatte noch nicht das 20. Lebensjahr erreicht, als er von dem Geologen Hermann Credner für würdig befunden wurde, an der geologischen Aufnahme Sachsens mitzuwirken. Penck, der die Sektionen Colditz und Grimma schuf, verdankte dieser verantwortungsvollen, eigentlich einem erfahrenen Wissenschaftler zustehenden Feldarbeit die Entwicklung einer Gabe, die wie sein scharfes Denkvermögen in ihm tief angelegt war: die Kunst der Beobachtung. Wem es vergönnt war, an einer seiner meist mehrtägigen Exkursionen teilzunehmen, etwa in das Ith-Hils-Gebiet oder auch nur in den Berliner Grunewald, wo er den Studenten im Rahmen eines Anfängerausfluges die Augen öffnete für das, was vor den Toren ihrer Universität lag, wo er ihnen die Auswirkung der Grundwasserverhältnisse auf den physiogeographischen Zustand der Havelseen, ihre Beziehung zu Niederschlag und Abfluß am Standort zeigte, der lernte nicht nur den bedeutenden Lehrer noch tiefer verehren, sondern gewann angesichts der Natur und der Art, wie er sie befragte, die vielleicht eindrucksvollste Einsicht in seine Geistesarbeit. Tausende von Beobachtungen trug er zusammen. Jede war ein Prüfstein, größere Zusammenhänge zu erkennen. Was er sah und oft als Erster beobachtete, verband er mit den Problemen, von denen er sich leiten ließ. Als sich Penck sehr bald nach seinen geologischen Kartierungen auch der Kartographie im allgemeinen Sinn zuwendet, stützt er sich einzig und allein auf seine Geländebeobachtungen. Er nimmt ohne jede theoretische Voreingenommenheit Stellung zu den angewendeten kartographischen Verfahren oder zur generalisierenden Auswertung des Beobachtungsmaterials. Er sucht die Regeln der kartographischen Geländedarstellung zu erfassen. Daß die Gebundenheit des kartographischen Objekts an einen Zweck entscheidend ist, leuchtet aus seinen vielen Kritiken heraus und verdient in der Gegenwart eine besondere Beachtung. Er kannte die Grenzen kartographischer Aussagefähigkeit. Nicht die Karte, sondern die Natur war ihm die erste Quelle. Er förderte die Kartographie, weil er ihre Bedeutung für die Lehre und Forschung, ja für die moderne Wirtschaft und Gesellschaft tief erkannt hatte.

Zweifellos wurde Penck durch die geologische Kartierungsarbeit näher an eines der Zentralprobleme seines Forscherlebens, die Eiszeitfragen, herangeführt. Die Neigung, sich mit dem „Diluvium" zu beschäftigen, war schon in frühester Jugend in ihm entfaltet. Penck, der am 25. September 1858 in Leipzig[1]) als Sohn eines geographisch interessierten, kaufmännischen Angestellten geboren wurde, hat es in einer nachgelassenen Schrift[2]) selbst bemerkt, daß die Lage seiner Vaterstadt an der Grenze des norddeutschen Tieflandes ihn frühzeitig auf das Glazialproblem wies. Mehr als der Ort schien die Zeit reif zu sein, einem hochbegabtem, zum Forschen und Führen berufenen Mann zur vollen Entwicklung seiner Kräfte zu verhelfen. Der Gang einer ganzen Wissenschaft, der Glazialmorphologie, sollte in vieler Hinsicht mit seinem eigenen Werdegang identisch werden.

Sachsen stand in der geologischen Spezialaufnahme an der Spitze, als Penck seine erste und sogleich grundlegende Arbeit (1879) über die „Geschiebeformation Norddeutschlands"[3]) veröffentlichte. Aber auch in anderen deutschen Ländern verzeichnete die geologische Geländearbeit Fortschritte. In Preußen löste die lange vernachlässigte Flachlandkartierung, die jetzt schnell aufholte, lebhafte Diskussionen über die Entstehung der eiszeitlichen, jungen Aufschüttungslandschaften aus. Das Interesse wendete sich in der Form zahlreicher Hypothesen besonders den „Geschieben" zu, die in dem Formenschatz auffielen. Der Geologe Charles Lyell, der von dem Grundsatz ausging, daß die gleichen Kräfte, die heute wirken, auch früher tätig waren, nahm an, daß die Geschiebe auf dem Rücken von Eisbergen transportiert worden seien, die sich von den Gletschern Skandinaviens ablösten, um schließlich im Süden, beim Abschmelzen der Eisblöcke, den Boden

[1]) Nach Mitteilung von Herrn Dr. Paul Platen bezeichnete bis zum 4. XII. 43, als Leipzig einen schweren Fliegerangriff erlitt, an dem Grundstück Kreuzstr. 7 eine Gedenktafel die Stätte, an der Albrecht Penck geboren wurde.

[2]) A. Penck: „Sechzig Jahre Eiszeitforschung" in „Die Erde", Z. d. Ges. f. Erdkunde zu Berlin, Bd. I, 1949/50, S. 6

[3]) A. Penck: „Die Geschiebeformation Norddeutschlands" in Zschr. d. Dtsch. Geolog. Ges., Bd. XXXI, 1879, S. 117ff.

des norddeutschen Tieflandes es bilden. Als diese Drift- oder Treibeistheorie, nach der ganz Norddeutschland bis zum Rande der Mittelgebirge vom Meer bedeckt war, allmählich durch die Inlandeistheorie des schwedischen Geologen Otto Torell (1875) abgelöst wurde, gehört Penck zu ihren ersten wenigen Bekennern. Wie Torell auf jene eigentümlichen, schon 1836 von Sefström beobachteten Schrammen im Rüdersdorfer Muschelkalk wies, die er als Spuren des Gletscherschurfes ansah, so hatte Penck unweit Taucha bei Leipzig unter dem Geschiebelehm einen völlig polierten, deutlich geschrammten und gefurchten Rundhöcker entdeckt, der sich nur mit skandinavischen Felsenkuppen vergleichen ließ.

Diese Beobachtung, die er übrigens durch eine ähnliche Feststellung Hermann Credners gestützt sah, ist ihm Anlaß, lernend und forschend sein Blickfeld auszuweiten. Albrecht Penck reist. Der Weg führt ihn durch fast ganz Nordeuropa. Die erste Frucht seiner Studien im Gelände ist die erwähnte Arbeit über „Die Geschiebeformation Norddeutschlands“. Ihre historische Bedeutung liegt nicht im Problem selbst, das von anderen bedeutenden Forschern der Zeit klargestellt war, sondern in der Art seiner Lösung. Sie liegt auch nicht darin, daß Penck letzte Zweifel an den Forschungsergebnissen Torells beseitigt. Sie liegt in der bewußten Befreiung von allen nicht auf eigene Feldarbeit gegründeten Hypothesen und Spekulationen. Penck wandert von Aufschluß zu Aufschluß. Er stellt den geologisch-morphologischen Befund in den Mittelpunkt der Diskussion. Er beherrscht die Gabe, zu sehen, was der Beobachtung anderer Forscher entging. Die Erläuterungen zum Beispiel, die er zu den von ihm aufgenommenen geologischen Kartenblättern Sachsens gibt, „eilten dem Wissensstande seiner Zeit soweit voraus, daß sie viel später bei einer Neuaufnahme nicht durchschaut und daher vernachlässigt wurden.“[4]) Die Genauigkeit und Schärfe seiner Beobachtungen wird zum Fundament neuer weiterführender Erkenntnisse. Die Lebendigkeit seiner Darstellung aber gründet sich auf das strenge Durchdenken eines erkannten Sachverhaltes.

Die Beobachtung, daß Schichten von Geschiebelehmen durch stark kiesige Ablagerungen verschiedener Zusammensetzung ge-

[4]) R. Grahmann: „Albrecht Penck 80 Jahre alt“, Quartär, Bd. II, 1939, S. 154.

trennt sind, festigt auf Grund zahlreicher anderer Feststellungen in ihm die Überzeugung, daß Norddeutschland mindestens dreimal von einem Inlandeise bedeckt gewesen ist. „Wir haben es", sagte er 1879[5]), „mit glazialen und interglazialen Perioden zu tun. Jede (glaziale) Periode der Vereisung (Eiszeit) wird durch einen Geschiebelehm, jede dazwischenliegende interglaziale durch geschichtete Sand- und Tonmassen repräsentiert". In welche Weiten diese Anschauung Pencks führte, läßt sich kaum überschätzen. Der erste großartige Ausbau der Lehre vom Inlandeis ist mit einem Schlage angebahnt. Die Aufgabe kündigt sich an, die Glazial- und Interglazialperioden der verschiedenen, vergletschert gewesenen Gebiete Europas zu parallelisieren. Penck verglich aus eigener Anschauung die schottischen Hochgebirge, die Alpen und die Pyrenäen hinsichtlich der Entfaltung des Glazialphänomens.[6]) Besonders die Alpen, in denen bereits Spuren mehrerer Eiszeiten bekannt waren, rücken in den Kreis seiner ausgedehnten Forschungen. Als er 1909 das zusammen mit Eduard Brückner verfaßte Standardwerk „Die Alpen im Eiszeitalter"[7]) der Öffentlichkeit übergibt, ist ein Kulminationspunkt seiner glazialen Forschungen erreicht. Die von Albrecht Penck in diesem Werk begründete Gliederung des alpinen Quartärs in 3 Interglazialzeiten und 4 Eiszeiten, die er nach den Flüssen Günz, Mindel, Riß und Würm benennt, wurde die klassische Grundlage der gesamten Quartärgeographie. Wenn man Albrecht Penck den steilen Pfad seiner Jugend heraufkommen sieht, der ihn mit 27 Jahren auf den Lehrstuhl für Geographie an der Universität Wien führt, und dann auf diesen Gipel seines Schaffens blickt, empfindet man Bewunderung darüber, wie sich Wesenszüge, die tief in seinen ursprünglichen Anlagen verankert sind, auf allen Stufen seiner Entwicklung mit Stetigkeit wiederholen.

Die großen Erfolge Pencks in der Glazialforschung beruhen nicht zuletzt darauf, daß er die seit Carl Ritter und Alexander von Humboldt erstrebte regionale Betrachtungsweise auf die kritische Prüfung zahlreicher isolierter Aufschüttungen und schließlich auf ganze Formenserien überträgt, die fluvioglazialer Akkumulation oder

[5]) A. Penck: „Die Geschiebeformation Norddeutschlands", a. a. O., S. 195.
[6]) A. Penck: „Die Eiszeit in den Pyrenäen", Mitt. d. Ver. f. Erdkunde zu Leipzig, 1883.
[7]) Das Werk, von dem etwa drei Viertel von Penck verfaßt wurden, erschien von 1901—1909 in drei Bänden.

Erosion ihre Entstehung verdanken. Aus der Art, wie die Schotterbetten eiszeitlicher Alpenflüsse, je nach ihrer verschiedenen tektonischen Beeinflussung, ineinandergeschachtelt oder übereinandergelagert wurden, beweist er den Gang der alpinen Talgeschichte während der Eiszeit. Es gelingt ihm, die Schotterhalden der Voralpen den einzelnen Eiszeiten zuzuordnen. Es war dadurch nicht nur ein einzelnes morphogenetisches Problem gelöst. Das Bild der eiszeitlichen Alpennatur erhielt feste, klare Umrisse. Ein Beitrag letzten Sinnes zum Weltbild des modernen Menschen war geliefert.

Die Arbeitsweise Pencks kann den Eindruck erwecken, daß die Aufeinanderfolge der einzelnen Glazialserien das eigentliche Ziel seiner Forschung sei. Die von ihm angewendete Methodik scheint, wenigstens streckenweise, auf die Verwandlung des räumlichen geographischen Nebeneinander in ein geologisches Nacheinander hinauszulaufen, so daß die heutige Landschaft fast nur als ein Mittel zum Zweck erscheinen mag. Doch dieser Schein trügt. Es geht Penck darum, das allgemeine Gesetz zu erkennen, auf Grund dessen Landformen eine bestimmte Gestalt annahmen. Er untersucht die Sukzession nur um des Produktes, um der Formung der Landschaft willen.[8]) Seine Arbeitsweise ist in der Zielrichtung durchaus geographisch, in der Methode aber geologisch, da aus den exogenen Vorgängen und den morphologischen Tatsachen nicht selten auf die Entwicklung der Krustenbewegungen geschlossen wird. ,,Die genetische Morphologie der Erdoberfläche beruht auf geologischer Basis" — hat er selbst in einer früheren Schrift gesagt.[9]) Hier liegt ein schwacher Punkt, der die Kritik anderer Geographen, besonders Siegfried Passarges[10]), auf den Plan gerufen hat. Denn die Wirkungsart und das Ineinandergreifen der exogenen Kräfte war zu wenig geklärt, um sie als Ursache mit voller Sicherheit den Kräften gegenüberzustellen, die in der Erde selbst ihren Ursprung haben. Er verfolgte indessen das gegenseitige Verhältnis von endogenen und exogenen Ursachen als Formenbildner mit einer solchen Schärfe der Beobachtung an untrüglichen Befunden, daß nicht nur seine Eiszeitgliederung, sondern viele Begriffe,

[8]) H. Spreitzer: ,,Albrecht Penck", Quartär, 1951, S. 109ff.
[9]) A. Penck: ,,Oberflächenbau", in ,,Anleitung zur deutschen Landes- und Volksforschung", Stuttgart 1889, S. 52.
[10]) S. Passarge: ,,Physiologische Morphologie", Mitt. Geogr. Ges. Hamburg, Bd. 26, 1912.

die er prägte, Gemeingut der geographischen Wissenschaft blieben. So steckt in seiner 1894 erschienen zweibändigen „Morphologie der Erdoberfläche", dem ersten systematischen Handbuch dieser Wissenschaft, eine starke Anregungskraft auch für den gegenwärtigen Forscher, dem ein unvergleichlich größeres Beobachtungsmaterial durch die leichteren Reisemöglichkeiten und eine fast unübersehbare Literatur zur Verfügung stehen. Wie lebendig sein Werk fortlebt, zeigt ein Blick in das moderne Schrifttum, in dem selten ein Autor um eine kritische Würdigung von Pencks Auffassung herumkommt —, ganz gleich, ob er sie verwirft oder, was weit häufiger der Fall ist, bestätigt. Denn die Zusammenfassung eines oft aus eigenen Beobachtungen im Gelände gewonnenen Materials wird beherrscht und geordnet durch eine Fülle völlig neuer Gedanken, die von großem Einfluß auf die Entwicklung jeglicher geographisch-morphologischer Forschung blieben. So ist der Begriff der „Massenbewegungen", den er in die Bewegung loser Massen, die Bergstürze und die Abspülung untergliederte, von gewissen Einschränkungen abgesehen, die der neuere Stand der Forschung auslöste, noch heute von grundsätzlicher Bedeutung. So hat sich auch die Auffassung Pencks, daß eiszeitliche Aufschotterungen und Tiefenerosion sich nacheinander abzulösen pflegen — von gewissen lokalen Korrekturen abgesehen — als richtig erwiesen. Es ist ein glänzendes Zeichen für die weittragende Bedeutung der heute als klassisch zu bezeichnenden Darlegungen Pencks, wenn J. Büdel[11]) 1944 nachweist, daß nicht nur in den Flußtälern der vergletschert gewesenen Gebiete, sondern in ihrem gesamten Umkreis, im sogenannten periglazialen Bereich, infolge starker Bodenabtragung ebenfalls eine kaltzeitliche Flußaufschotterung stattfand, die in einer nachfolgenden wärmeren Klimaperiode durch Tiefenerosion abgelöst wurde. Als 1950 ein jüngerer Gelehrter meint, daß ein Vorgang, der nach Penck für die diluviale Talbildung von entscheidender Bedeutung sei, nicht bestehe — nämlich eine Seitenerosion bei fluvioglazialer Akkumulation —, stellt C. Troll[12]) 1957 fest, daß die Einwände keine zureichende

[11]) J. Büdel: „Die morphologischen Wirkungen des Eiszeitklimas im gletscherfreien Gebiet", Geol. Rundschau, 34 (Klimaheft), 1944, S. 482ff.

[12]) Carl Troll: „Tiefenerosion, Seitenerosion und Akkumulation der Flüsse im fluvioglazialen und periglazialen Bereich" in „Geomorphologische Studien", Machatschek-Festschrift, Gotha 1957.

Überzeugungskraft hätten. Troll weist auf die eindrucksvollen Beispiele, die Penck von den fluvioglazialen Schotterfeldern des Alpenvorlandes gegeben hatte, und bedauert, daß „diese lehrreichen Formenbilder nicht Eingang in die Lehr- und Handbücher gefunden haben."

Den Zeugnissen einer immer originellen Konzeption, die sich bis in die Gegenwart als fruchtbar und tragfähig erwies, ließen sich eine größere Zahl von Beispielen gegenüberstellen, die zeigen, daß die von Penck selbst ausgelöste Arbeitsrichtung, vor allem die durch ihn angeregte Vertiefung und Verbreiterung geomorphologischer Studien zur Korrektur, ja zur Aufgabe mancher früh gebildeten Auffassung führte. Penck, der niemals anders als mit weitem, unabhängigem Blick auf das Ganze eines geographischen Phänomens sah, war vollkommen frei und selbstständig gegen sich selbst, wenn es galt, eigene Ergebnisse durch die Einsichten und Erkenntnisse der fortschreitenden Forschung zu kontrollieren, zu verbessern oder auch preiszugeben. Es lag im Wesen dieser bedeutenden Persönlichkeit, der alles Kleinliche fremd war, auf die große Linie Gewicht zu legen.

Die Schärfe seiner Problemstellung zielte auf die Erfassung genetischer Zusammenhänge — etwa in dem Sinn, in dem ein Anatom vergleichend einen Organismus betrachtet. Die neuere morphologische Arbeitsrichtung hat sich gegen die Überbetonung der genetischen Fragestellung gewandt und faßt die Formen der Erdoberfläche mehr nach ihren Funktionen gleichsam vom Standpunkt des Physiologen ins Auge. Die klimatische Morphologie rückte in den Vordergrund, das heißt dem Klima wurde von den jüngeren Geographen ein größerer Einfluß auf die Gestalt der Landformen zugeschrieben als es Penck tat, der die Beziehungen zwischen dem geologischen Bau und den Oberflächenformen in den Vordergrund rückte. In beiden Arbeitsrichtungen kommen die Vorgänge, die als Ausfluß eines räumlich verschiedenen Energiehaushaltes auf der Erdoberfläche spielen, in vollem Maße zur Geltung. In der gegenwärtigen Forschung wird sichtbar, daß die genetische Entwicklung, daß heißt die Einordnung der Formen in eine zeitliche Reihenfolge, für die Erkenntnis des Formenbildes genau so wichtig ist wie die Auffassung der geschaffenen Landformen als Ergebnis eines physikalisch-chemischen Prozesses, bei dessen Untersuchung die zeitliche Folge der Vorgänge von zweitrangiger Bedeutung ist. Albrecht Pencks Erbe lebt in gewandelter und geläuterter Form als Ingredienz mancher neueren Erkenntnis weiter, wenn auch, wie ich andeutete, die Forschung manchen Begriff, den er prägte und in der Absicht einer ersten Sichtung und Ordnung des Materials einführte, fallen lassen mußte, — wenn auch feststeht, daß er zunächst die exogenen Kräfte als vermeintlich bekannte Größen in seine Untersuchungen einführte, — wenn er auch in den heute einseitig erscheinenden Vorstellungen verharrte, die, wie H. Louis bemerkte[13]), außer acht ließen, „daß es klimageomorphologische Gegebenheiten gibt, bei denen beträchtliche Landhebung gar nicht spezifisch im Formencharakter der Landschaft zum Ausdruck kommt, und daß es Klimaänderungen gibt, die durchgreifende Änderungen des Formenstils einer Landschaft nach sich ziehen, ohne daß Krustenbewegungen dabei beteiligt sein müssen.“ Die Schwerpunkte der Forschung haben sich verschoben. Pencks Verfeinerung der genetischen Lehre vom morphologischen Zyklus des Amerikaners W. M. Davis fürte nicht weiter. Aber es zeigte sich, daß die Lösung der morphologischen Hauptprobleme, um die die Arbeit der Geographen seit den Tagen Alexander von Humboldts und Carl Ritters und in verstärktem Maß seit Ferdinand von Richthofen bis auf den heutigen Tag kreist, nicht möglich ist, ohne die Einsichten und Erkenntnisse zu nützen, die in dem Lebenswerk Albrecht Pencks überliefert sind. Die Schichtstufenlandschaften zum Beispiel, denen wir in vielen Teilen der Erde und nicht zuletzt Deutschlands begegnen, deutete Penck als unmittelbar erosiv entstanden, — eine Auffassung, wie H. Mortensen[14]) betont, „zu der wir, wenn auch mit sehr wesentlichen Verfeinerungen, im Anschluß an die Darlegungen Gradmanns und Schmitthenners wieder zurückgekehrt sind.“ In einer wiederum grundsätzlichen Arbeit schreibt Penck[15]) 1913: „Nicht die einzelnen Formen, nicht das einzelne Tal oder Düne oder Moräne ist bezeichnend für die Abhängigkeit der Formen der Landoberfläche vom Klima, sondern der Formen-

[13]) H. Louis: „Rumpfflächenproblem, Erosionszyklus und Klimageomorphologie“, Machatschek-Festschrift, Gotha 1957, S. 26.

[14]) Hans Mortensen: „Sechzig Jahre moderne geographische Morphologie“, Jahrbuch der Akademie der Wissenschaften in Göttingen für das Geschäftsjahr 1943/44. Göttingen 1944, S. 72.

[15]) A. Penck: „Die Formen der Landoberfläche und Verschiebungen der Klimagürtel“, Sitzungsberichte der Preuß. Akad. d. Wiss., 1913, S. 2.

komplex, die Landschaft. Mustert man die einzelnen Formenkomplexe, so erkennt man in der Tat ganz auffällige und enge Beziehungen zwischen ihren charakteristischen Eigentümlichkeiten und dem Klima.“ Wie lebendig Pencks morphologisches Werk fortlebt, zeigt auch die Tatsache, daß ein kürzlich erschienenes, über 800 Seiten umfassendes Grundwerk, in dem der Geologe Arthur Winkler-Hermaden[16]) das Zusammenwirken der Tektonik mit den Formen bildenden Kräften an der Erdoberfläche untersucht, dem Andenken Pencks gewidmet ist.

Die bisher erwähnten Hauptwerke, die Pencks Namen auf alle Zeiten mit der Geographie als Wissenschaft verbunden haben, entstanden sämtlich in den 20 tief erfüllten und reich bewegten Lebensjahren von 1886 bis 1906, in denen er die geographische Lehrkanzel der altehrwürdigen Universität Wien zu einem internationalem Anziehungspunkt der Forschung und Lehre gestaltete. Als er auf seinem Lebensweg jenen erhabenen Standort erreicht hatte, den man die Höhe des Lebens zu nennen pflegt, als er, ein Mann von Weltruf, mit 47 Jahren nach Berlin ging, sollte er wiederum volle 20 Jahre einer ganzen Wissenschaft die Richtung geben und zahlreiche Nachbardisziplinen, die Geologie wie die Kartographie, die Wirtschaftswissenschaften wie die Vorgeschichte in starkem, oft durch hohe Ehrungen anerkanntem Maße fördern. Niemand war würdiger, die Arbeit Ferdinand von Richthofens, des geistigen Nachfolgers Alexander von Humboldts und Carl Ritters, in der deutschen Hauptstadt als einer Stätte großer geographischer Tradition, ja Ruhmes, weiterzuführen. Aus dem Briefwechsel[17]), den er mit seinem aufrichtig verehrten Freund und bedeutenden Kollegen Joseph Partsch führte, geht hervor, wie schweren Herzens er von der liebgewordenen Wiener Wirkungsstätte schied, trotzdem er manche harte und bittere, ihn bedrückende Auseinandersetzung mit Institutionen zu bestehen hatte, die offenbar nicht von einem Standpunkt aus gegen ihn kämpften, den die Wissenschaft aufgibt. Übrigens spiegeln die schönen ruhigen Schriftzüge Pencks, wie sie zum Beispiel in dem Briefwechsel mit Joseph Partsch auffallen, ebenso so sinnbildhaft das Wesen seiner

16) A. Winkler-Hermaden: „Geologisches Kräftespiel und Landformung“, Wien, 1957.
17) Aufbewahrt in der Abteilung „Forscherarchiv“ des Deutschen Instituts für Länderkunde zu Leipzig.

steten Persönlichkeit wie sein kristallklarer Stil, der nicht nur schwierigste wissenschaftliche Fragenkreise in genialer Einfachheit zu gestalten verstand, sondern auch im rein menschlichen Bereich und in landschaftlichen Schilderungen zu glänzendem Ausdruck gelangte.

Das Berlin der Zeit von der Jahrhundertwende bis zum Ausbruch des ersten Weltkrieges bot Penck große Möglichkeiten der Entfaltung. Es waren sehr verschiedene, im Ganzen aber einzigartige Charakterzüge, die starke Kräfte aus allen Volksschichten und allen Teilen Deutschlands der werdenden Weltstadt aufprägten. Penck hat zu seinem Teil dazu beigetragen, die Unzerstörbarkeit des Wesenskerns dieser bald leidenschaftlich geliebten, bald gehaßten Stadt zu sichern. Er nimmt neben dem Ordinariat die Leitung des Instituts und Museums für Meereskunde in seine feste Hand. Diese einzigartige Schöpfung, die — wenn auch auf die Weltmeere gerichtet, einen methodisch grundsätzlich verwandten Zug mit dem Deutschen Institut für Länderkunde in Leipzig hat — sollte neben dem akademischen Unterricht zugleich der Öffentlichkeit in Form der „University Extension" dienen. Kein Geringerer als Ferdinand von Richthofen hatte an den Aufbau dieser Institution in den letzten Jahren seines Lebens einen wesentlichen Teil seiner Arbeitskraft gewendet. Penck gibt dem Institut neue Perspektiven. Zur Breitenwirkung gesellt sich die wissenschaftliche Tiefenarbeit. Die Hydrogeographie rückt in den Vordergrund seiner vielfältigen Tagesarbeit. Es gelingt ihm, zwei seiner ausgezeichneten Wiener Schüler, zunächst Alfred Grund, später Alfred Merz, an das Institut zu berufen[18]). Alfred Grund, ein bereits angesehener Karstmorphologe, zeigte sich den ozeanographischen Aufgaben völlig gewachsen. Neben Vorlesungen und Übungen führte er Untersuchungen im Sacrower See bei Potsdam durch und organisierte überdies Beobachtungen auf den Feuerschiffen der Elbe durch Studierende. Alfred Merz hatte sich als Adriaforscher bereits einen Namen gemacht durch das Studium der zeitlichen Veränderungen des Meerwassers am gleichen Ort in ganz kurzen Intervallen. Wenn später das deutsche Forschungsschiff „Meteor" mit großem Erfolg von ozeanographischen Expeditionen heimkehrt,

[18]) A. Penck: „Das Museum und Institut für Meereskunde in Berlin", Mitt. d. Geogr. Ges. in Wien, 1912, S. 420.

deren wissenschaftliche Vorbereitung und Durchführung unter Leitung von Alfred Merz stand, so gebührt von dem wissenschaftlichen Ruhm, der sich an die Fahrten dieses Schiffes heftete, Albrecht Penck ein Anteil.

Es liegt in der inneren Logik seines Lebensganges, daß er von seinen Eiszeitforschungen aus frühzeitig den Blick auf die heute vergletscherten Polargebiete und insbesondere auf das Klima der Gegenwart und der Vorzeit richtete. Er war es, der die Deutsche Antarktis-Expedition unter Erich von Drygalski förderte, wo er es vermochte. Es ging ihm auch bei seinen klimatologischen Arbeiten letzten Sinnes um ein geographisches Ziel — um die regionalgeographische Erkenntnis bestimmter physischer Wirkungszusammenhänge. Unter solchem Gesichtspunkt ist auch die sehr bekannt gewordene Großgliederung der Klimate zu bewerten, die Albrecht Penck im Rahmen seiner Studien über das Verhältnis von Niederschlag, Abfluß und Verdunstung aufstellte.[19]) Es lag nahe, daß Penck einen Grundsatz, den er sich auf allen Gebieten seines weiten Arbeitsbereiches, besonders in der Morphologie, zu eigen gemacht hatte, auch auf die geographische Klimaforschung anwendete. Er suchte die Qualitäten der Dinge auf Quantitäten zurückzuführen. Die von ihm geprägten Bezeichnungen arid, humid und nival, die bestimmten Merkmalen des Klimas entsprechen, sind schnell zu festen Begriffen der Forschung geworden. Es erleichterte ihre weltweite Anwendung, daß er sie durch eine von ihm abgeleitete Klimaformel der mathematischen Behandlung zugängig machte und zugleich mit einer morphologischen Kennzeichnung über die Erde hin verband.

So spannen sich weite Bögen von der Eiszeitforschung Pencks zu den klimatischen Untersuchungen, zu zahlreichen morphologischen und kartographischen Arbeiten und zur Betätigung auf solchen Gebieten, die erst in Berlin seine ganze kraftvolle Persönlichkeit in Anspruch nehmen. Seine Forschungen laufen gradlinig weiter. Noch in seinem 80. Lebensjahr nimmt Penck Stellung zu den Formeln, die M. Milankovitch entwickelte, um den Einfluß der wechselnden Entfernung der Erde von der Sonne und die Neigung der einfallenden Strahlen über einen sehr großen Zeitraum hin zu

[19]) A. Penck: „Versuch einer Klimaklassifikation auf physiogeographischer Grundlage", Sitzungsberichte der Preußischen Akademie der Wissenschaften, Berlin, 1910, S. 230ff.

berechnen.[20]) Penck sucht im Rahmen einer umfassenden kritischen Würdigung der Milankovitchschen Strahlungskurven eine Temperaturabnahme als Ursache der Eiszeit erneut zu beweisen. Ein Jahr zuvor spricht Penck in Leipzig über ein anderes grundsätzliches Hauptproblem, das ihn im Anschluß an seine glaziologischen Forschungen immer bewegt hat. Er knüpft, die Vorgeschichte befruchtend, an die paläolithischen Werkzeuge an, die in den Schottern unter den Moränen der vorletzten Vergletscherung in Markkleeberg bei Leipzig gefunden wurden. Er richtet den Blick auf die Entwicklung und die Ausbreitung der Menschheit. Er behandelt zusammenfassend und von hohem wissenschaftlichen Standort große allgemeine Fragen, denen er sich mit eindringender Gründlichkeit sein ganzes reiches Forscherleben hindurch im Einzelnen gewidmet hat. Es sei auf diese Endglieder seines Schaffens, die nicht ohne kritischen Widerspruch blieben,[21]) gewiesen, um zu zeigen, daß Penck die Probleme, die er einmal aufgegriffen hatte, auch an seiner Berliner Wirkungsstätte nicht aus den Augen ließ. Das ist bemerkenswert. Denn die politischen Stürme, der erste Weltkrieg und seine unmittelbaren Nachwirkungen, hatten die Hauptstadt und ihre lebenstapferen Menschen mit besonderer Wucht ergriffen. Die geschichtliche Lage, in die Albrecht Penck gestellt war, war ihm Anlaß, neben den ihm vertrauten physiogeographischen Themenkreisen nun in verstärktem Maß Arbeiten aus dem Sozial- und Wirtschaftsbereich in den Mittelpunkt seiner Forschung zu stellen. Mit der maßvollen Besonnenheit und in der lauteren Redlichkeit des großen Gelehrten geht er Fragen an, die die Zeit bewegen. Das Nahrungsbedürfnis ist es, das er jetzt als Zwischenglied in den Beziehungen zwischen Erde und Mensch auffaßt und als ein Hauptproblem vom geographischen Standort untersucht.

Er schreckt nicht davor zurück, — immer unter der Voraussetzung eines bestimmten Standes der Technik und der Höchstkultur des Bodens — feste Größen für die Tragfähigkeit der Erde zu errechnen. Er bestimmt die potentielle Bevölkerungsdichte eines

[20]) A. Penck: „Die Strahlungstheorie und die geologische Zeitrechnung". Zeitschr. d. Ges. f. Erdkunde zu Berlin, 1938, S. 321 ff.

[21]) Vgl. z. B. die Kritik J. Andrees in seinem Buch „Der eiszeitliche Mensch in Deutschland und seine Kulturen", Stuttgart, 1939, S. 728 an den Schriften A. Pencks: „Völkerbewegungen in Deutschland in paläolithischer Zeit", Sitzungsber. Pr. Akademie der Wiss., 1936 und „Die Ausbreitung des Menschengeschlechtes", Mitt. Ges. f. Erdk., Leipzig, 1937.

Gebietes.[22]) Er regt eine Bonitierung der gesamten Erdoberfläche an, bei der viele tausend kleinere Gebiete in bezug auf ihre Produktionskraft untersucht werden müßten. Solche Studien folgten in stattlicher Zahl. Seine und seiner Schüler Ergebnisse schließen alle einen Unsicherheitsfaktor in sich, auf den Penck selbst deutlich hinwies. Aber wenn auch Ergänzungen und Vertiefungen in jeglicher Hinsicht ebenso möglich wie notwendig sind, wenn z. B. auch nicht nur die Produktivkraft, sondern ebenso die Produktionsweise in die Perspektive der von Penck angestrebten Betrachtung gestellt sein will, so bleibt doch das hohe Verdienst, daß Penck ein wichtiges Problem der ökonomischen Geographie sah und mit der ihm eigentümlichen geistigen Souveränität, immer aus erster Hand, aus der Natur selbst schöpfend, angriff. Hier wurde die Zukunft als vom Menschen zu gestaltende Wirklichkeit ernst genommen. Mit staunenswerter Blickweite wandelt er politische Problematik in Fragen des Erkennens.

Penck war hierzu in besonderer Weise befähigt. Die Breite und Fülle der Möglichkeiten, die ihm das hohe Amt eines Lehrers und Forschers der Geographie in einer vielfältig mit den Staaten und Völkern der Erde verbundenen Stadt bot, entsprachen seiner inneren Berufung. Sein Auge haftete niemals allein am eigenen Land. Wie er von Wien aus mit seinen Studenten zu immer ausgedehnteren Studienreisen, meist innerhalb der ehemaligen Österreichisch-ungarischen Monarchie, aufbricht, wie er gerade dort die geographische Lehre auf neue Fundamente stellt und eine einzig dastehende Zahl hervorragender Geographen heranbildet,[23]) so führen ihn von Berlin aus, dem größeren Wirkungsbereich entsprechend, Reisen fünfmal nach Nordamerika, quer durch Asien, durch alle Länder Europas und nach Australien. Wie in Wien, so gab Penck auch in Berlin vielen Hunderten von Studenten einen wirklich lebendigen Begriff von dem, was geographische Wissenschaft heißt. Da stand vor ihnen ein akademischer Lehrer, — ein ganzer Mann, groß und kräftig gebaut, dem man sehr wohl anmerkte, daß er dauernd in der Problematik und im Wagnis des Erkennens stand.

[22]) A. Penck: „Das Hauptproblem der physischen Anthropogeographie", Sitzungsberichte der Preußischen Akademie der Wissenschaften, Phys.-Math. Kl., 1924, S. 242—257.

[23]) Unter Männern wie R. Sieger, F. Machatschek, A. Grund, O. Lehmann, G. Götzinger, I. Cvijić, E. de Martonne, H. Hassinger, A. Merz und J. Sölch auch seine Nachfolger auf den beiden von ihm innegehabten Lehrstühlen, E. Brückner in Wien und N. Krebs in Berlin.

Auf breiten Schultern ruhte ein Haupt, dessen geistige Züge Kraft — und neben einem großen Scharfsinn auch etwas von der Würde des immer jugendfrisch wirkenden Geheimrates verrieten. Am stärksten war dieses Gesicht durch die großen klaren Augen geprägt. Der Ernst und die Zuverlässigkeit seines Wesens strahlten aus ihnen — wie der Sinn für einen gutmütigen Humor, der sich gern einstellte, wenn er eine scharf geschliffene, kritische Bemerkung aussprach.

Der Rahmen dessen, was das Antlitz eines Menschen aussagt, ist eng. Jede Gesichtsdeutung bleibt im unwissenschaftlichen Halbdunkel. Sie kann einige Bedeutung und einigen Wert nur aus dem Wissen um die Arbeit gewinnen, die an dem Leben und Werk Pencks feilte. Es überrascht nicht, daß er vor dem internationalen Forum der Wissenschaft, auf Kongressen in allen Erdteilen, rasch in den Vordergrund rückte. Person und Wissenschaft waren tief und harmonisch miteinander verbunden. Er rang darum, der Geographie volle internationale Ebenbürtigkeit zu erobern. Er tat es mit großem Erfolg. Ein sinnfälliges Beispiel hierfür ist die Schaffung der „Internationalen Weltkarte 1:1000000", deren Idee und tatkräftige Förderung ihm gehört. Bereits 1892 unterbreitete er dem Internationalen Geographentag zu Bern jenen Vorschlag, an dessen Verwirklichung heute fast alle Staaten der Erde beteiligt sind. Penck fand zunächst wohl Beachtung, aber sehr bald auch Ablehnung. Seine Geschicklichkeit im Verhandeln wird hier offenkundig. Sie gründet sich auf die Achtung von dem Partner und auf das eigene hohe Verantwortungsbewußtsein. Er folgt den Widersachern seines großen Planes willig in alle Einzelheiten ihrer Gedanken, um dann den eignen, anderen Standpunkt zu enthüllen und den Gegner in ebenso scharfer wie überzeugender Weise auf seine Seite zu bringen. Immer wieder, — in London 1896, in Berlin 1899, in Washington 1904 und in Genf 1908 tritt er mit seinem wohldurchdachten Plan vor die geographische Weltöffentlichkeit. Das hohe Ansehen, das er genießt, wird der stärkste Bundesgenosse, um 1913, kurz vor Ausbruch des Weltkrieges, das Erscheinen der ersten Blätter zu sichern. Es sind Höhenschichtenkarten vorwiegend physikalisch-geographischen Inhalts, die dort wo sie heute vorliegen — zum Beispiel in ganz Europa, in größeren Teilen Amerikas, Afrikas und Asiens — den mannigfachsten praktischen Bedürfnissen in einem kaum zu überschätzendem Ausmaß dienen. Man denke nur an das moderne Flugwesen! Die hoffentlich baldige Fertigstellung dieser Erdkarte, für deren Idee und Gestaltungsgrundsätze Pencks Autorschaft in der ganzen Welt anerkannt ist, wird als eine vorbildliche Gemeinschaftsarbeit aller Völker der Erde noch zu feiern sein.

Penck bekannte es offen, daß er es nicht gewagt hätte, nur aus fachlich-kartographischem Interesse die Herstellung eines großen einheitlichen Kartenwerkes zu empfehlen. Es war nicht das erste Mal, daß ihn die Schritt um Schritt in gründlicher Einzelarbeit errungene Übersicht und Einsicht mitten hinein in den Dienst an einer großen Sache stellte. Aber geleitet war ein solcher Durchbruch einzig von der Sorge um den Fortschritt der Wissenschaft. Penck war ein wirklicher Kenner der Karte. Er wußte, wie wenig systematisch die Kartographie als Wissenschaft zu seiner Zeit betrieben wurde.[24]) Er greift häufig zur Feder, die Kartenerzeugnisse unter die kritische Sonde zu nehmen. Was er in einer ganzen Serie von Aufsätzen über die Alpenkarten[25]) seit 1899 niederlegte, hat auch heute noch eine erhebliche Bedeutung. Das Problem der geometrisch einwandfreien Felsdarstellung im Hochgebirge, auf das er schon vor mehr als einem halbem Jahrhundert hinwies, hat erst gegenwärtig eine zureichende Lösung gefunden. Durch die von ihm lebhaft unterstützte Photogrammetrie wurde eine Naturtreue der Vermessung erzielt, die Verfeinerungen kaum noch als möglich erscheinen läßt. Aber mit der Wiedergabe der kleinsten Unebenheiten der Hänge ist die Erfassung der Bergform, die Charakteristik ihrer wirklichen Gestalt, mitunter eher erschwert als erleichtert. Penck weist daher, häufig mehr indirekt als direkt, darauf hin, daß die großen Zusammenhänge in gleicher Prägnanz zum Ausdruck zu bringen sind wie die topographischen Einzelheiten. Bei seiner kartographischen Erziehungsarbeit bleibt Penck immer der Naturwissenschaftler. Seine kritische Arbeit an Karte und Atlas[26]) mündet nicht in die Technik ein. Die Karte ist ihm in erster Linie Mittel zur Naturerklärung. Als er 1909 Aegerters[27])

[24]) A. Penck: „Zur Erdkarte im Maßstab 1:1000000, Ausland, 1891, Nr. 52, S. 3.
[25]) A. Penck: „Neue Alpenkarten“, Geogr. Ztschr. 1899, S. 588—597, 631—643; 1900, S. 325 bis 338, 366—381; 1903, S. 233—266, 332—336, 371—386.
[26]) A. Penck: „Deutsche Handatlanten“, Geogr. Ztschr., 1911, S. 633ff.
[27]) A. Penck: „Aegerters Karte der Ankogel-Hochalmspitzgruppe“, Mitt. d. Dt. u. Österr. Alpenvereins, Jg. 1909, S. 273ff.

Karte der Ankogel-Hochalmspitzgruppe zu Gesicht bekommt brennt es ihn an seinen Wanderschuhen, die Wandungen der Trogtäler, die splittrigen Grate und die Rundhöckerlandschaften der Karte selbst anzuschauen und der Fülle von Problemen nachzugehen, die durch Aegerters meisterliche Kartendarstellung angeregt wurden. Er will im Gelände prüfen, ob die Trogschlüsse und Kare, die sich nach der Darstellung Aegerters durchweg gut erkennen lassen und nach Höhenlage und Funktion zu trennen sind, weitergehende allgemeine Rückschlüsse über die Gletscherbewegung in den 4 Eiszeiten erlauben. Und als 1928 Carl Troll mit dem bedeutenden wissenschaftlichen Ertrag seiner Expedition in die Cordillera Real Boliviens auch die Grundlagen für den Entwurf einer Karte des nordwestlichen Teiles der Cordillera in 1:50000 und des Talkessels von La Paz in 1:15000 heimbringt, ist er hocherfreut festzustellen[28], daß die von ihm geforderte Vertrautheit von Geographen mit photogrammetrischen Aufnahmemethoden dazu führte, einen Überblick über Verhältnisse zu erhalten, die selbst im Gelände nicht mit gleicher Genauigkeit und Klarheit gewonnen werden können. Troll gelang es unter anderem, 2 Eiszeiten in der Cordillera Real nachzuweisen.

Wie innig der Kontakt Pencks mit der Kartographie als einem Forschungsmittel gewesen ist, enthüllt sich auch an einem in der Geschichte der Morphologie berühmt gewordenem Widerstreit der Anschauungen, der um die sogenannte Höttinger Breccie, einer Gehängeschuttbildung des Karwendelgebirges nördlich von Innsbruck, entbrannte. Die hohe Bedeutung der interglacialen Zwischenbildungen hatte Penck bereits 1882 in einem Buch über die „Vergletscherung der deutschen Alpen" zum Anlaß genommen, dieser Erscheinung ein umfassendes Kapitel[29]) zu widmen. Hier weist er nach, daß die Höttinger Breccie zwischen zwei aufeinanderfolgenden Vereisungen gebildet wurde. Wegen der von ihm beobachteten Unterlagerung und Überlagerung der Breccie durch Moränen wendet er sich gegen die Auffassung der Breccie als einer tertiären Bildung. Keiner der Geologen, die das interglaciale Alter der Breccie bestritten, — wie Frech, Geinitz, Lepsius und Aigner — hatte

[28]) A. Penck: „Neue deutsche Hochgebirgsforschung", Zsch. d. Ges. f. Erdk. zu Berlin, 1936, S. 249.

[29]) A. Penck: „Die Vergletscherung der deutschen Alpen", Leipzig, 1882, Kap. XVIII „Alte Breccien der nördlichen Kalkalpen", S. 228—251.

eine neue Beobachtung für die von ihnen aufgestellten Hypothesen beibringen können. Die Ansicht Pencks über das interglaciale Alter der Breccie setzte sich durch. Nicht sicher aber war es, ob die Höttinger Breccie chronologisch in die letzte oder vorletzte Interglazialzeit einzufügen ist. Es ist in höchstem Maße bezeichnend für die Arbeits- und Denkweise Albrecht Pencks, daß er ruhelos-schöpferisch unter neuen Gesichtspunkten seine Beobachtungen an Ort und Stelle viele Male überprüfte und, — das sei unterstrichen — für eine geologisch-topographische Spezialaufnahme unter seiner Leitung und mit Mitteln der Preußischen Akademie der Wissenschaften Sorge trägt. Unmittelbar nach dem Innsbrucker Geographentag (1912), auf dem er seine Anschauungen Angriffen ausgesetzt sieht, entschließt er sich, eine eingehende Monographie der Höttinger Breccie zu verfassen. Das Muster glänzender Beobachtung und lichtvoller Darstellung, das er in den Abhandlungen der Preußischen Akademie der Wissenschaften 1920 zum Abdruck bringt[30], enthält neben zahlreichen Profilen als Fundament seiner Beweisführung eine Karte in 1:2500, die von dem Landmesser Lange und Dr. O. von Grube aufgenommen war, sowie eine generalisierte Karte des Gebietes der Höttinger Breccie in 1:30000. Penck bietet ein hervorragendes, gerade in unseren Tagen wichtiges Beispiel thematischer Kartographie in der Art, wie er die Karte in den Dienst der sachlichen Lösung eines Problems stellt. Er erkennt, daß die ihm zugängliche Originalaufnahme in 1:25000, die der Spezialkarte 1:75000 der Österreichisch-ungarischen Monarchie als Unterlage diente, zur Wiedergabe wichtiger Einzelheiten nicht ausreicht, „da die Genauigkeit ihrer Gehängedarstellung an dem reich gegliederten Abfalle der Inntalterrasse viel zu wünschen übrig läßt". Um die Auflagerung der Höttinger Breccie auf ihrer Liegendmoräne in ihrem genauen Grenzverlauf zu zeigen, kombiniert Penck seine reichen geologisch-morphologischen Beobachtungen mit den photogrammetrisch gewonnenen Aufnahmeresultaten in den beiden erwähnten Karten.

In der kartographischen Schaffensrichtung Pencks ist eine Absicht spürbar, der wir in vielen seiner Arbeiten begegnen. Er zielt auf eine quantitative Betrachtung der Erscheinungen im Sinne

[30]) A. Penck: „Die Höttinger Breccie und die Inntalterasse nördlich Innsbruck", Abhandl. der Preuß. Akad. d. Wiss., Jg. 1920, Physikalisch-mathematische Klasse, Berlin 1920.

einer Gesetzeswissenschaft. Das heißt nicht, daß er eine mathematische Ausdrucksform für zweckmäßig hielt, so gern er sich ihrer gelegentlich bediente. Die anschauliche Generalisierung, die mit jeder Karte verbunden ist, führt zur Heraushebung bestimmter typenhafter Züge — ähnlich wie in der Allgemeinen Geographie das Gesetzmäßige im Ablauf jener Prozesse vor das Auge geführt wird, die in der Physis oder Gesellschaft eines Landes wirksam sind. In diesem Zusammenhang noch ein Wort über die Stellung Pencks zur Länderkunde. Denn die Länderkunde zeigt den Spielraum, der der Anwendung der Gesetze bleibt. „Sie erhält ihr festes Gerippe durch die allgemeine Erdkunde und diese ihren begrifflichen Zusammenhang durch die Länderkunde."[31]) Penck gelangt auf dem Wege streng induktiver Forschung zu der Länderkunde als einer wissenschaftlichen Forderung. Noch in seiner Wiener Zeit schuf er das große Werk über das Deutsche Reich.[32]) Es ist ein einzigartiger Versuch, unter historisch-genetischer Problemstellung den Boden und die Bevölkerung eines großen Länderraumes darzustellen. Das im einzelnen veraltete Werk birgt auch für den heutigen Leser eine starke Kraft der Anregung. Es ist nicht entscheidend, daß Penck später eine korrelative Betrachtung gegenwärtiger landschaftlicher Verhältnisse der von ihm angewendeten, unter den Entwicklungsgedanken gestellten Gestaltung vorgezogen hätte. Diese Kritik am eigenen Werk übersieht, daß es ihm glänzend gelungen ist, den Zusammenhang der Phänomene unter historischer Sicht herauszuarbeiten. Hier setzt Penck, ohne daß er es beabsichtigte, eine Linie der Wissenschaftsentwicklung fort, die auf den von ihm hochgeschätzten Carl Ritter zurückgeht. Es ist bezeichnend, daß er die Größe und Bedeutung der Länderkunde durch die Tat, durch eine streng von der Forschung genährte Auffassung in helles Licht rückt. Penck neigte nicht zu einer Überschätzung methodischer Studien. Er zeigte und löste sachliche Probleme. Er entwickelte durch die Praxis die Methoden der Geographischen Forschung. Philosophisch begründete methodische Erwägungen erschienen ihm als Dilettantismus, wenn sie sich nicht als notwendiges Mittel der Selbstbesinnung in

[31]) A. Penck: „Die Wiener länderkundliche Schule", Jahrbuch f. Landeskunde von Niederösterreich, Wien 1936, S. 1.

[32]) A. Penck: „Das Deutsche Reich", Leipzig 1887 (in „Länderkunde des Erdteils Europa" herausgegeben von A. Kirchhoff).

der Praxis, d. h. in fruchtbarer, konkreter Arbeit bewährt hatten. In einer Zeit weltgeschichtlichen Wandels, in der alle Wissenschaften, nicht zuletzt die Geographie, ihre Arbeitsmaximen und Denkformen einer Revision unterziehen, ist auch die Prüfung dessen, was in der gedanklichen Konzeption des länderkundlichen Werkes Pencks zukunftsträchtig ist, eine Verpflichtung.

Als Albrecht Penck am 4. Juli 1907 in der Öffentlichen Sitzung der (einstigen) Preußischen (heutigen Deutschen) Akademie der Wissenschaften zur Feier des Leibniztages die Antrittsrede[33]) hielt, bekannte er, in einem Widerstreit der Pflichten zu stehen. Er befürchtete, daß die amtliche Arbeitsfülle, die er in Berlin zu bewältigen hätte, seine Mitarbeit in der Akademie beeinträchtigen könnte. Wir wissen es heute: die für Penck ehrenvolle Wahl zum Mitglied dieser Akademie, die für ihn ein mächtiger Antrieb war, seine Kraft und Begeisterung auf dem weiten Felde der Geographie nur noch stärker zu entfalten, — diese Wahl gereichte der Akademie selbst zur Ehre. Seine Werke bezeugen es wie die Wirkungen, die von dem Kern seiner Persönlichkeit weit über die Fachgrenzen bis in unsere Gegenwart ausstrahlen. Die Geisteshaltung des großen Wissenschaftlers, der dem eigenen Leben mit der gleichen Objektivität, Unabhängigkeit und inneren Freiheit gegenüberzustehen versucht wie den Problemen der Forschung, schaffte ihm Beziehungen und Freunde in der ganzen Welt. Was er in einem Nachruf auf seinen Freund Fridtjof Nansen sagte[34]), gilt auch von ihm selbst: „ihn leiteten scharfes kritisches Urteil und eine seltene Treffsicherheit des Blickes. Er sah die Probleme und fand Wege, sie selbst zu lösen . . . Er war ein Beobachter ersten Ranges und zugleich war er ein Mann der Tat. Als solcher wirkte er im öffentlichen Leben.“ In ernsten Stunden des Jahres 1918 wählte ihn die Universität Berlin zu ihrem Rector magnificus. Er fördert an entscheidender Stelle den Aufbau des Berliner Volkshochschulwesens. Er versteht es, die im Weltkrieg abgerissenen internationalen Verbindungen schnell neu zu knüpfen. Er sucht das Karten- und Vermessungswesen in eine neue, vom Militär gelöste produktive Richtung zu weisen. Er betätigt sich in hervorragender Weise in der

[33]) Antrittsrede des Hrn. Penck, gehalten in der öff. Sitzung zur Feier des Leibnizischen Jahrestages vom 4. Juli [1907]. S. B. Preuß. Akad. Wiss. 1907 II. 634—640.
[34]) A. Penck: „Fridtjof Nansen“, Forschungen und Fortschritte, 1930, S. 218.

landeskundlichen Kommission des Deutschen Geographentages. Er bewältigt alle diese öffentlichen Aufgaben, ohne die eigene wissenschaftliche Arbeit zu gefährden. Er zog sich zurück, wenn die Institutionen, in denen er mitarbeitete, eine Richtung einschlugen, die er für abwegig hielt, das heißt: er handelte im Leben wie in der Wissenschaft. Einer seiner bedeutendsten Schüler, Herbert Louis[35]), sagt von ihm: „Seine ungemein schöpferische wissenschaftliche Phantasie war eben von jener wachen Selbstkritik begleitet, die befähigt, einen wissenschaftlichen Irrtum einzusehen und fallen zu lassen. Von dieser Seite seines Wesens ging auch die stärkste Wirkung auf seine Schüler aus. Vor ihnen hatte er keine Geheimnisse ... Er entwickelte vor ihnen die als Lösungsmöglichkeiten in Frage kommenden Arbeitshypothesen und zeigte, wie durch planvolle Beobachtung im Gelände deren Richtigkeit oder Unbrauchbarkeit zu erweisen ist . . . Bei solchen Überlegungen, die sich stets in Rede und Gegenrede vollzogen, kannte er keine Unterschiede des Alters oder Ranges der Beteiligten, sondern nur die Durchschlagskraft ihrer Argumente." Die wissenschaftliche Welt bedachte ihn mit hohen Ehren und Auszeichnungen. Er erhielt auch den „Pour le Mérite" der Friedensklasse. Eine Art unsichtbaren Ordens wurde ihm durch die Berufung in die Mittwochsgesellschaft verliehen, einen Kreis von bedeutenden Persönlichkeiten der Universität, des Staates und der Wirtschaft.[36]) Als Penck Kanzler dieser Gesellschaft war, die seit 100 Jahren bestand und nie mehr als 16 Mitglieder umfaßte, gehörten ihr Männer wie der Biologe Eugen Fischer, der Botaniker Ludwig Diels, der Finanzminister Johannes Popitz, der Generaloberst Ludwig Beck, der Wirtschaftshistoriker Jens Peter Jessen, der Kunsthistoriker Wilhelm Pinder, der Schriftsteller Paul Fechter, der Chirurg Ferdinand Sauerbruch, der Literaturhistoriker Julius Petersen, der Philosoph Eduard Spranger, der General Groener und andere an. Drei Männer aus diesem Kreis fanden nach den Ereignissen des 20. Juli 1944 den Tod. Albrecht Penck, der im Herbst 1943 seine Berliner Wohnung durch Bombeneinwirkung verloren hatte, starb am 7. März 1945 in einem Prager Krankenhaus — trotz körperlicher Hinfälligkeit

[35]) H. Louis: „Albrecht Penck. Der bahnbrechende Eiszeitforscher" in „Forscher und Wissenschaftler im heutigen Europa — Weltall und Erde", 1956, S. 287.

[36]) P. Fechter: „Menschen und Zeiten. Begegnungen aus 5 Jahrzehnten", 3. Aufl., 1949, S. 375.

bis zum letzten Augenblick seines Lebens tätig, kaum daß — wie Hans Spreitzer[37]) in der ausgezeichneten, umfassenden Analyse seines wissenschaftlichen Lebensganges berichtet —, eine Klage über seine Lippen kam.

Ich habe versucht, das Gesamtschaffen Albrecht Pencks an einigen Reflexen seiner Denkweise zu erfassen, die hell in unsere Gegenwart leuchten. Das Herausgreifen einzelner Bereiche aus seinen Arbeiten erscheint möglich, — eben, weil alles an ihm umfassend, von großem Zusammenhang und hohem Zuge war. Ich habe nur Weniges gestreift und wichtige Gebiete seiner Forschung übergangen. Ich habe auch sein Verhältnis zu hervorragenden Persönlichkeiten nicht behandeln können, die in anderer Weise und in anderer Arbeitsrichtung an der bedeutenden Entwicklung der Geographie seiner Zeit einen wesentlichen Anteil hatten. Ich habe schließlich das persönliche Leben des großen Mannes nur berühren können, wo es die wissenschaftliche Situation erforderte. So wurde selbst des frühen Todes seines bedeutenden Sohnes, des Geologen Walter Penck, nicht gedacht, — eines Ereignisses, das sein reiches und erfülltes Leben tief überschattete.

Ich konnte nur andeuten und auswählen, um den Sinn dieser Stunde erfüllen zu helfen:

Erinnerung und Dank!

Nachsatz: Am 7. November 1958, zwei Wochen nach der Feierstunde der Deutschen Akademie der Wissenschaften, hielt Herr Prof. Dr. Herbert Louis eine aus der vollen Kenntnis Albrecht Pencks, seiner Forschung und Lehre schöpfende Gedächtnisrede in der „Gesellschaft für Erdkunde zu Berlin". Auf die tiefgreifende Darstellung des Herrn Prof. Louis, die für die obigen Ausführungen nicht mehr herangezogen werden konnte, sei besonders hingewiesen. Sie erschien unter dem Titel „Albrecht Penck und sein Einfluß auf Geographie und Eiszeitforschung", in „Die Erde", Zschr. d. Ges. für Erdkunde zu Berlin, 89. Jg., 1958, S. 161—182. Siehe auch die „Albrecht Penck zum Gedächtnis" geschriebene Arbeit, die Prof. Louis in „Eiszeitalter und Gegenwart", Band IX, 1958, S. 45ff., veröffentlichte.

[37]) H. Spreitzer: „Albrecht Penck", a. a. O., S. 195ff. sowie: „Albrecht Pencks letztes Lebensjahr". Zschr. f. Gletscherkunde und Glazialgeologie, Bd. I, S. 187—192.

FSC
www.fsc.org
MIX
Papier | Fördert
gute Waldnutzung
FSC® C083411

Kolibri 360 GmbH
Ferdinand-Jühlke-Straße 7
99095 Erfurt, Deutschland
produktsicherheit@kolibri360.de